게임 개발을 위한
**미드저니 스테이블 디퓨전
완벽 활용법**

게임 개발을 위한
미드저니, 스테이블 디퓨전
완벽 활용법

지은이 DMeloper

펴낸이 박찬규   엮은이 윤가희   디자인 북누리   표지디자인 Arowa & Arowana

펴낸곳 위키북스   전화 031-955-3658, 3659   팩스 031-955-3660
주소 경기도 파주시 문발로 115, 311호(파주출판도시, 세종출판벤처타운)

가격 28,000   페이지 392   책규격 175 x 235mm

초판 발행 2024년 04월 16일

ISBN 979-11-5839-512-4 (13000)

등록번호 제406-2006-000036호   등록일자 2006년 05월 19일
홈페이지 wikibook.co.kr   전자우편 wikibook@wikibook.co.kr

게임 개발을 위한
미드저니, 스테이블 디퓨전
완벽 활용법

생성형 AI를 활용한 게임 캐릭터, 배경, 아이템 제작부터
유니티 실전 프로젝트까지

DMeloper 지음

위키북스

서문

이 책은 2023년 초, 생성형 AI 열풍이 불기 시작한 시점부터 생성형 AI를 게임 개발에 어떻게 활용할 수 있을지 탐구했던 한 사람의 경험과 정보를 담고 있습니다. 여러분은 이 책을 통해 새로운 기술로 게임을 개발하는 방법에 대한 통찰력을 얻을 수 있을 것입니다.

이 책을 집필하게 된 배경은 생성형 AI의 혁신적인 발전에 대한 관심과 이에 따른 가능성을 탐구하고자 함에 있습니다. 미래의 게임 개발에서 AI가 어떤 역할을 수행할 수 있는지, 그리고 이를 통해 어떤 새로운 경험과 가능성을 만들어낼 수 있는지에 대한 탐구가 이 책의 핵심입니다.

저자로써 여러분을 게임 개발의 새로운 세계로 안내하려고 노력했습니다. 여러분은 이 책을 통해 생성형 AI로 게임 이미지를 생성하고 수정하는 방법을 상세하게 배울 것입니다. 또한, 이러한 기술을 실전에 적용해 여러분만의 게임을 만들어보는 과정도 함께 하게 될 것입니다.

특히, 새로운 기술을 배우는 것에 어려움을 느끼는 분들을 위해 게임 개발에 필요한 기능들을 중점으로 최대한 쉽게 설명하려고 노력했습니다. 이 책이 많은 분들의 상상력을 현실로 만드는 데 도움이 되기를 바랍니다.

마지막으로, 항상 새로운 도전을 응원하고 독려해 주시는 부모님과 책을 쓰는 동안 격려와 응원으로 의지가 되어준 형, 누나, 그리고 연인에게 감사 인사를 전합니다. 응원해 주신 다른 모든 분들께도 진심으로 감사드립니다.

DMeloper

이 책의 사용 설명서

본문 내용을 시작하기에 앞서 이 책의 도서 홈페이지, 예제 파일 다운로드 방법, 참고 자료 페이지에 대해 설명합니다.

도서 홈페이지

이 책의 홈페이지 URL은 다음과 같습니다.

- **도서 홈페이지**: https://wikibook.co.kr/genai-game/

이 책을 읽는 과정에서 내용상 궁금한 점이나 잘못된 내용, 오탈자가 있다면 홈페이지 오른쪽에 있는 [도서 관련 문의]를 통해 문의해 주시면 빠른 시간 내에 안내해 드리겠습니다.

또한, 책에서 설명하는 사이트나 프로그램이 작동하지 않을 때에도 도서 홈페이지를 통해 문제를 해결하는 방법을 공지하겠습니다.

예제 파일 내려받기

1. 도서 홈페이지의 [예제 코드] 탭을 클릭하면 다음과 같이 예제 파일이 있습니다. 내려받으려는 예제 파일 링크를 클릭합니다.

   - 예제 파일(이미지) 다운로드: 3장~6장의 예제 실습에 필요한 이미지
   - 3장 스테이블 디퓨전 VAE 파일 모음: 3장 실습에 필요한 VAE 파일
   - 6장 유니티 실습 프로젝트: 6장 최종 프로젝트 실습에 필요한 유니티 프로젝트

[예제 파일 내려받기]

- 예제 파일(이미지) 다운로드: https://github.com/wikibook/genai-game/archive/refs/heads/main.zip
- 3장 스테이블 디퓨전 VAE 파일 모음: https://bit.ly/VAE모음구글드라이브
- 6장 유니티 실습 프로젝트: https://bit.ly/유니티실습프로젝트구글드라이브

[참고 자료 페이지]

- 참고 자료 페이지: https://bit.ly/genai-game-ref

[관련 자료]

- 6장 유니티 2022.3.1f1 버전 에디터: https://bit.ly/유니티에디터구글드라이브

2. 내려받은 압축 파일을 더블 클릭해 압축을 해제합니다.

3. PART 03, PART 04, PART 05, PART 06 실습에 필요한 예제 파일이 각 파트에 해당하는 폴더에 들어 있습니다.

4. 3장 스테이블 디퓨전 VAE 파일 모음, 6장 유니티 실습 프로젝트는 링크를 클릭하면 구글 드라이브로 연결됩니다. 내려 받을 파일을 [마우스 오른쪽 버튼]으로 클릭한 다음 [다운로드] 메뉴를 클릭해 파일을 내려받습니다.

참고 자료 페이지

도서 홈페이지의 [예제 코드] 탭에서 [참고 자료 페이지] 링크를 클릭하면 책에서 소개하는 링크, 프롬프트를 확인할 수 있는 참고 자료 페이지로 이동할 수 있습니다.

- 참고 자료 페이지: https://bit.ly/genai-game-ref

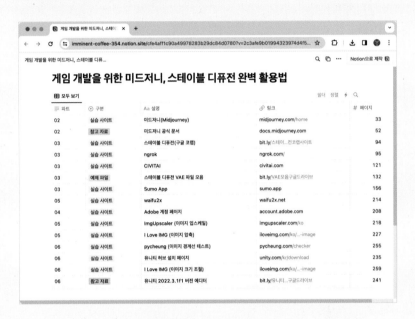

목차

Part

01

게임 개발과
생성형 인공지능

생성형 인공지능

게임 개발에 활용하기

게임 그래픽 디자인과 생성형 인공지능

유용한 그림 인공지능 서비스

게임 개발자의 시각에서 볼 때 인공지능의 발전은 게임 플레이어들이 디지털 세계를 경험하는 방식을 혁신적으로 변화시키며, 게임 개발의 판도를 뒤엎고 있습니다. 특히 게임 리소스 제작에 고민이 많고 어려움을 겪는 1인 개발자는 이러한 변화의 영향을 더 크게 받습니다. 1인 개발자는 시나리오부터 리소스 제작 그리고 프로그래밍까지 모든 부분을 혼자 감당하므로 시간적 여유가 없고, 게임의 품질을 높게 유지하기 어려운 경우가 많기 때문입니다. 이러한 1인 개발자에게 있어 인공지능은 자신의 기술적 한계를 넘어 게임의 품질을 향상하는 데 큰 도움이 됩니다.

이 장에서는 인공지능을 게임 개발의 어떤 분야에서, 어떻게 활용할 수 있는지 자세히 알아보겠습니다.

생성형 인공지능

우선 확실하게 짚고 넘어가야 할 것은 '인공지능'이라는 용어입니다. 2023년 초 ChatGPT(챗GPT)[1]의 대중화와 함께 인공지능에 대한 사회적 관심이 급증했습니다. 1955년에 학문으로 처음 등장한 인공지능은 음성 인식 기술이나 데이터 분석 등에서 활용됐으며 2016년 구글에서 선보인 알파고가 바둑의 세계 챔피언을 꺾어 화제가 되기도 했습니다. 이처럼 인공지능은 매우 포괄적이고, 오랜 기간에 걸쳐 발전해 온 학문이라고 할 수 있습니다. 하지만 이 책에서 중점적으로 다루게 될 인공지능은 생성형 인공지능(Generative AI)으로, 전통적인 인공지능과는 미묘한 차이가 있습니다.

기존의 인공지능은 이미 게임 개발에서 다양하게 활용돼 왔으며, 몇 가지 예시를 살펴보겠습니다.

게임 봇

게임에서 봇은 알고리즘에 따라 자동으로 움직이는 캐릭터를 의미합니다. 행동과 의사결정 능력을 사람과 유사하게 구현함으로써 역동적이고 도전적인 게임 경험을 만드는 역할을 합니다. 봇 대신 인공지능이라는 표현이 사용될 정도로 그 존재 자체가 인공지능을 의미합니다.

---

1 대규모 언어 모델을 바탕으로 사용자와 대화할 수 있는 인공지능입니다. (참고) 위키백과 ChatGPT 한국어 문서: https://ko.wikipedia.org/wiki/ChatGPT

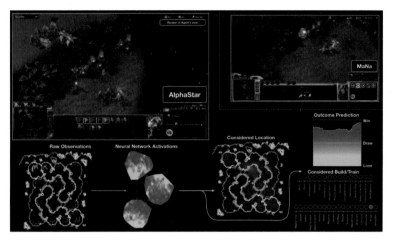

그림 1.1 구글 딥마인드에서 개발한 스타크래프트2의 인공지능 봇 '알파스타'

게임의 균형 유지하기

멀티플레이어 게임에서 발생하는 밸런스 문제를 해결하기 위해 인공지능을 활용해 게임 시나리오를 여러 번 시뮬레이션 할 수 있습니다. 이렇게 하면 숨은 버그를 찾거나 게임의 균형을 효율적으로 조절할 수 있습니다.

이처럼 인공지능이라는 개념이 게임에서 활용된 사례는 적지 않으며 우리에게 꽤 익숙한 개념입니다. 이러한 인공지능이 2023년부터 다시 주목받게 된 이유는 기존의 인공지능이 하지 못한 일을 수행하는 생성형 인공지능이라는 개념이 ChatGPT를 통해 사회적으로 강한 인식을 얻었기 때문입니다.

생성형 인공지능은 콘텐츠를 생성하는 데 특화돼 있습니다. ChatGPT처럼 자연어를 인식하고 텍스트를 생성할 뿐만 아니라 이미지와 오디오, 비디오 등 다양한 형태의 콘텐츠를 생성하면서 인간의 창의력을 모방하고 확장하는 것이 핵심입니다. 즉 기존처럼 단순히 데이터를 가공하거나 분석하는 것을 넘어 창의적인 콘텐츠를 생성한다는 것에 큰 차이가 있습니다. 게다가 생성형 인공지능이 만들어내는 결과물이 사람이 만든 것보다 뛰어난 경우를 보이는 경우가 빈번해지면서 인공지능에게 일자리를 빼앗기는 일이 현실적인 문제로 대두되고 있습니다.

우리는 이 문제를 역으로 이용해서 높은 품질의 게임을 개발하는 데 드는 시간과 비용을 혁신적으로 단축할 예정입니다. 앞으로 생성형 인공지능을 편의상 인공지능이란 용어로 자주 언급하게 될 것입니다. 생성형 인공지능을 굳이 강조하는 이유는 이 책에서 다루고자 하는 것이 게임 봇과 같은 기존의 인공지능 시스템을 구축하려는 목적이 아니기 때문입니다.

게임 개발에 활용하기

생성형 인공지능은 게임을 개발하는 데 필요한 모든 영역에서 활용될 수 있으며 특히 특정 분야에서는 인간을 완전히 대체할 수 있는 수준까지 도달하고 있습니다.

생성형 인공지능이 게임 개발에 미치는 영향력을 체감할 수 있는 한 가지 사례를 살펴보겠습니다. 아래 그림은 게임 이미지 리소스 제작용 인공지능 플랫폼인 Scenario[2]의 창립자가 개인 SNS에서 공유한 물약 이미지입니다. 그는 이 물약 이미지를 생성형 인공지능인 스테이블 디퓨전(Stable Diffusion)[3]과 드림부스(DreamBooth)[4]를 활용해 만들었다고 밝혔습니다.

그림 1.2 이미지 생성 인공지능으로 만든 게임 물약 이미지

이 결과물은 시간과 비용을 절약하는 동시에 높은 품질의 이미지 리소스를 만들었다는 점에서 혁신적이라고 할 수 있습니다. 이는 기존의 게임 개발 과정에서 비용, 품질, 속도 중 두 가지만 선택할 수 있었던 한계점을 극복했다고 볼 수 있습니다. 이 책에서는 생성형 인

---

2 https://www.scenario.com/

3 대중에게 인지도가 높은 이미지 생성 인공지능 중 하나입니다. (참고) 위키백과 Stable Diffusion 한국어 문서: https://ko.wikipedia.org/wiki/스테이블_디퓨전

4 개인이 특정 이미지를 생성하기 위한 기법 중 하나입니다. (참고) DreamBooth 공식 논문: https://dreambooth.github.io/

공지능이 가진 '생성' 능력을 활용해 게임을 개발하면서 높은 품질을 유지하고, 소요 시간과 비용은 획기적으로 감소시키는 방법에 집중할 것입니다.

이제부터는 게임을 프로그래밍, 기획, 디자인 세 단계로 나눠 각 영역에서 인공지능을 어떻게 효과적으로 활용할 수 있는지 살펴보겠습니다.

프로그래밍

ChatGPT가 화제가 되면서 뛰어난 작문 실력과 창의력이 돋보이기도 했지만, 그중에서도 많은 이들의 주목과 놀라움을 자아낸 것은 놀라운 수준의 프로그래밍 실력이었습니다. 단순히 코드를 작성하는 것에서 그치는 것이 아닌 코드가 어떻게 동작하는지 직접 설명할 수 있는 점이 인상적이었습니다.

프로그래밍에 ChatGPT를 활용하는 세 가지 방법을 알아보면서 게임 개발에 어떻게 활용할 수 있는지 살펴보겠습니다.

1. 코드 분석

프로그램을 개발하다 보면 새로운 기능이나 라이브러리를 배워야 하는 상황이 자주 찾아옵니다. 가장 전통적이고 확실한 방법은 공식 문서를 읽어 기능을 이해하는 것이지만, 배워야 하는 기능의 양이 많아질수록 기능을 익히는 데 너무 많은 시간을 소요하게 되어 전체적인 개발 기간이 늘어날 수 있습니다.

이런 상황에서 ChatGPT를 활용하면 특정 클래스나 함수의 기능을 빠르게 파악할 수 있습니다. "아래 코드는 어떤 기능을 하나요?"라는 질문과 함께 원하는 코드를 복사해 붙여 넣어 전송하기만 하면 설명을 들을 수 있습니다.

예제 1.1 선택 정렬 알고리즘을 파이썬으로 구현한 코드

```python
n = len(arr)
for i in range(n-1):
    min_index = i
    for j in range(i+1, n):
        if arr[j] < arr[min_index]:
            min_index = j
    arr[i], arr[min_index] = arr[min_index], arr[i]
```

예를 들어, 선택 정렬 알고리즘을 파이썬으로 구현한 예제 1.1의 코드가 어떤 기능을 하는지 질문해 보겠습니다.

아래 코드는 어떤 기능을 하나요?

(예제 1.1 코드)

이 코드는 선택 정렬(Selection Sort) 알고리즘을 파이썬으로 구현한 것입니다. 선택 정렬은 배열을 순회하면서 현재 위치에 들어갈 원소를 선택하는 정렬 알고리즘 중 하나입니다.

구체적으로는 다음과 같은 단계로 동작합니다:

1. 주어진 배열 arr의 길이를 n에 저장합니다.

2. 배열을 처음부터 끝까지 순회하면서 각각의 위치에 적절한 값을 선택합니다.

3. 현재 위치부터 배열 끝까지 순회하면서 최솟값을 찾습니다.

4. 최솟값을 찾으면 현재 위치와 최솟값 위치의 원소를 교환합니다.

5. 이러한 과정을 반복하여 배열을 정렬합니다.

알고리즘이 동작하는 원리는 간단하며, 시간 복잡도도 O(n^2)입니다. 선택 정렬은 단순하고 이해하기 쉽지만, 큰 데이터셋에서는 다른 정렬 알고리즘들에 비해 비효율적일 수 있습니다.

이 방법은 새로운 기능을 익힐 때도 유용하지만 익숙하지 않은 프로그래밍 언어로 작성된 코드가 어떤 동작을 하는지 빠르게 파악할 때도 매우 유용합니다. 이는 특정 기능을 구현하고 싶은데 본인이 사용하고 있는 프로그래밍 언어로 된 코드를 찾을 수 없을 때 큰 도움을 받을 수 있습니다.

이 코드를 C# 언어로 다시 구현해 주세요.

아래는 주어진 코드를 C#으로 다시 구현한 것입니다.

```csharp
static void SelectionSortAlgorithm(int[] arr)
{
    int n = arr.Length;
    for (int i = 0; i < n - 1; i++)
    {
        int minIndex = i;
```

게임 개발을 위한 미드저니, 스테이블 디퓨전 완벽 활용법

```
            for (int j = i + 1; j < n; j++)
            {
                if (arr[j] < arr[minIndex])
                {
                    minIndex = j;
                }
            }
            int temp = arr[i];
            arr[i] = arr[minIndex];
            arr[minIndex] = temp;
        }
    }
```

2. 코드 작성

ChatGPT는 자연어를 입력하는 것만으로 상당한 수준의 코드를 작성할 수 있어 많은 개발자를 놀라게 했습니다. 깃허브(GitHub)의 코파일럿(Copilot)이 이미 비슷한 기능을 공개하긴 했지만, 깃허브 코파일럿은 주석이나 함수 이름에 담긴 의미만을 파악해 코드를 자동으로 완성해 주는 역할이었다면, ChatGPT는 마치 실무자와 직접 소통하며 코드를 작성하는 듯한 작업을 가능케 해준 것에 큰 차이가 있습니다.

특히 ChatGPT의 강력한 장점은 이전 대화 내용을 기억하는 점입니다. 커다란 기능을 개발하는 도중 작은 기능을 구현해 나갈 때, ChatGPT를 적극적으로 활용하면 작성한 코드의 맥락을 파악하고 원하는 기능을 반영한 코드를 작성할 수 있습니다. 이는 개발 생산성을 놀랍도록 향상시킬 수 있습니다.

이러한 ChatGPT의 코드 작성 능력은 앞서 살펴본 코드 분석과 연계할 수 있습니다. 새로운 기능을 익히거나 다른 언어를 배울 때는 해당 기능이 코드로 어떻게 구현되는지 살펴보는 것이 가장 빠르고 효율적인 방법입니다. 예를 들어 선택 정렬에 대한 답변에 포함된 코드 중 'len(arr)'가 무엇인지 모르겠다면 해당 키워드의 설명과 예제 코드를 구현해 달라고 ChatGPT에게 요청할 수 있습니다.

앞서 파이썬으로 구현한 선택 정렬 코드에서 'len(arr)'이 무엇을 의미하는지 모르겠습니다. 이 키워드가 하는 역할을 설명해 주세요. 또한 해당 키워드를 활용한 간단한 예제 코드를 함께 보여 주세요.

len(arr)은 파이썬에서 리스트나 배열과 같은 시퀀스 자료형의 길이를 반환하는 함수입니다. 여기서 arr은 주어진 배열이나 리스트를 나타냅니다.

간단한 예제를 통해 설명하겠습니다. 예를 들어, 다음과 같은 리스트가 있다고 가정해봅시다:

```
my_list = [3, 1, 4, 1, 5, 9, 2, 6, 5, 3, 5]
```

이 리스트의 길이를 구하려면 len 함수를 사용합니다:

```
length = len(my_list)
print(length)
```

이를 실행하면 출력 결과로 리스트의 길이인 11이 나옵니다. 따라서 len(arr)는 주어진 배열 또는 리스트의 요소의 개수를 반환하는 것입니다.

3. 버그 찾기

개발 과정에서 발생하는 예기치 못한 버그는 개발 일정이 지연되는 원인이 됩니다. ChatGPT를 활용하면 코드를 붙여 넣어 버그가 발생할 수 있는 부분을 검토할 수 있습니다. 또는 버그가 발생하거나 예외가 발생했을 때 에러 메시지를 복사해 ChatGPT에게 물어보면 해답을 얻을 수 있습니다.

이것이 획기적인 이유는 개발 기간 중에 절반은 버그를 해결하기 위한 시간이라고 해도 과언이 아닐 정도로 많은 시간을 소요하는 요소이기 때문입니다. 이를 방증하듯 해외의 개발자 질의응답 커뮤니티인 스택 오버플로우(Stack Overflow)[5]의 트래픽이 2023년 7월 기준으로 1년 반 만에 절반으로 감소하는 현상이 발생했습니다. 원인으로는 구글의 검색 엔진 개편도 있지만, ChatGPT와 같은 대화형 인공지능의 등장[6]이 기여한 것으로 볼 수 있습니다.

---

5 https://stackoverflow.com/
6 생성형 인공지능 중에서도 자연어 처리 및 생성 기술을 통해 대화를 나누는 것에 특화된 인공지능을 의미합니다. 대표적으로 OpenAI의 ChatGPT와 구글의 Bard가 있습니다.

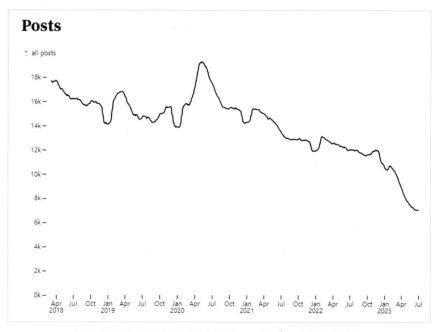

그림 1.3 2023년 이후 급격하게 감소하는 Stack Overflow의 질문 게시글 수

지금까지 프로그래밍에 ChatGPT를 활용하는 핵심적인 방법을 살펴봤습니다. 물론 지금까지 살펴본 방법들은 ChatGPT로만 가능한 것은 아니며, 구글의 Bard(바드)나 마이크로소프트의 Bing AI(빙 AI)와 같은 대화형 인공지능 서비스에서 동일하게 활용할 수 있습니다.

이 세 가지 방법을 조금 더 활용하면 프로그래밍 생산성을 더욱 크게 향상할 수 있습니다. 기존에 작성한 코드를 성능이 좋은 코드로 최적화하거나 API 문서를 복사해 붙여 넣은 다음 API 연동 코드를 작성할 수도 있습니다. 특히 게임을 개발할 때는 스크립트의 성능을 최적화하는 것이 중요한데, 이때 ChatGPT를 이용하면 매우 유용합니다.

예제 1.2는 게임 엔진 유니티(Unity)에서 총알 오브젝트를 생성하는 코드입니다. 이 코드는 마우스를 누르는 동안 계속해서 새로운 오브젝트를 만들기 때문에 성능에 악영향을 끼치는 좋지 않은 코드입니다.

예제 1.2 Unity에서 총알 오브젝트를 생성하는 플레이어 스크립트

```
using System.Collections;
using UnityEngine;

public class PlayerController : MonoBehaviour
{
    public GameObject bulletPrefab;
    public Transform firePoint;

    void Update()
    {
        if (Input.GetMouseButton(0))
        {
            Instantiate(bulletPrefab, firePoint.position, firePoint.rotation);
        }
    }
}
```

이처럼 프로그램 성능이 좋지 않은 코드를 "아래 코드의 성능을 최적화해 주세요."라는 문장과 함께 ChatGPT에게 전송하면 답변으로 성능에 최적화된 코드를 받을 수 있습니다.

아래 코드의 성능을 최적화해 주세요.
(예제 1.2 코드)

코드를 최적화하기 위해 몇 가지 개선을 가할 수 있습니다. 아래는 몇 가지 최적화 예제입니다.

1. 총알 풀링 (Bullet Pooling): 총알을 발사할 때마다 인스턴스를 생성하고 파괴하는 대신, 총알 객체를 미리 풀에서 가져와 사용하고 반납하는 방식으로 성능을 향상시킬 수 있습니다.

(코드 생략)

2. Update에서의 메서드 호출 최소화: Update 메서드에서 호출하는 메서드의 수를 최소화하여 성능을 향상시킬 수 있습니다.

(코드 및 이하 생략)

이 방법을 활용하면 거의 모든 코드의 성능을 최적화할 수 있고, 이는 게임의 전체적인 성능에 긍정적인 영향을 줄 수 있습니다.

한계점 및 대응 방법

놀라운 프로그래밍 실력을 갖춘 ChatGPT도 명확한 한계점을 갖고 있습니다. 그것은 ChatGPT가 틀린 내용을 생성하기도 한다는 것입니다. OpenAI에서도 이러한 한계점을 공식적으로 안내하고 있으며 이런 현상이 발생하는 이유는 ChatGPT가 모든 상황에서 정답을 말하는 것이 아닌 맥락상 나타날 확률이 가장 높은 답변을 생성하기 때문입니다.

예를 들어 "내 친구는 자전거를 타고 ○○○."라는 문장의 빈칸을 ChatGPT가 채운다고 가정해 보겠습니다. 이 경우에는 맥락을 고려해 '집으로 갔다'가 가장 자연스러운 답변으로 생성될 것입니다.

1. 집으로 갔다
2. 하늘을 날았다
3. 총을 쐈다

이 원리를 조금 더 자세히 살펴보면 ChatGPT가 가진 한계점을 명확하게 파악할 수 있습니다. ChatGPT는 자동 회귀 언어 모델을 사용해 문장을 생성합니다. 이 모델은 앞 단어가 제공한 문맥을 기반으로 다음 단어의 확률 분포를 계산하고 가장 확률이 높은 단어를 생성합니다. 이것이 ChatGPT가 사람처럼 자연스러운 문장을 생성할 수 있는 이유입니다. 그러나 이러한 특성으로 인해 통계적으로는 가능성이 높지만, 정답이 아닌 문장을 생성할 수도 있고 이 부분이 문제가 되는 것입니다.

이 문제는 프로그램 코드를 생성할 때도 동일하게 발생합니다. 특히 낯선 프로그래밍 언어로 코드를 생성했을 때는 어느 부분에 오류가 있는지 파악하기 어려워 매우 치명적일 수 있습니다.

이러한 한계점을 극복하기 위한 한 가지 방법은 ChatGPT로 코드를 생성한 후에 다시 한번 ChatGPT에게 검토를 요청해 잘못된 코드가 없는지 확인하는 것입니다. 이렇게 하면 잘못된 코드를 생성했어도 신속하게 바로잡을 수 있으며 버그를 수정하면서 소모해야 하는 불필요한 시간을 절약할 수 있습니다.

게임 시나리오

생성형 인공지능이 등장하면서 창의력의 결정체라고 할 수 있는 미술과 작문 영역이 가장 먼저 대체되고 있습니다. 인공지능이 아무리 발전해도 인간의 창의력만큼은 대체할 수 없다고 생각했던 기존의 인식이 깨지고 있는 것입니다. 그러나 게임 개발 분야에서는 이 부분을 유용하게 활용할 수 있습니다. ChatGPT와 같은 대화형 인공지능이 가진 작문 능력을 게임의 기획 분야에 접목하는 것이 그 예시입니다.

실제로 이러한 인공지능의 작문 능력은 게임 산업에 천천히 도입되고 있습니다. AI 던전 (AI Dungeon)[7]이라는 게임은 Jurassic-1이라는 대화형 인공지능을 활용해 플레이어가 텍스트를 입력하면 그다음에 나타날 문장을 예측해 생성하면서 스토리를 이어가는 독특한 플레이 방식을 갖고 있습니다. 이는 '인공지능 스토리 라이팅(Writing) 게임'이라는 새로운 게임 장르가 만들어질 토대를 마련했다고 볼 수 있습니다. 이 장르는 대화형 인공지능이 갖춘 방대한 양의 데이터로 뛰어난 자유도를 제공하는 것이 특징입니다.

이 게임의 플레이 과정을 간단하게 알아보겠습니다. 플레이어는 Do(행동), Say(말하기), Story(스토리) 세 가지 방식으로 게임을 진행합니다. 텍스트는 영어로 작성해야 원활히 진행되며 각 명령은 아래와 같은 역할을 수행합니다.

- Do
  플레이어가 할 행동을 이인칭으로 작성합니다.
  예) Shoot the zombie

- Say
  플레이어가 할 말을 대화하듯이 작성합니다.
  예) Watch out for stones!

- Story
  이야기를 쓰듯이 작성합니다.
  예) Michael fired his gun at the zombie

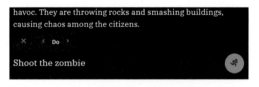

그림 1.4 AI Dungeon 플레이 예시

국내에서 스테이블 디퓨전과 함께 이미지 생성 인공지능으로 잘 알려진 노벨AI(NovelAI) 도 사실은 AI 던전과 동일한 인공지능 스토리 라이팅 게임입니다. 부가 콘텐츠로 제공하는 이미지 생성 기능만 크게 화제가 되면서 게임 자체의 인지도가 매우 낮아진 특이한 사례입

---

7 https://play.aidungeon.com/

니다. 그러나 노벨AI도 엄연히 인공지능 스토리 라이팅 게임으로, 사용자가 입력한 텍스트에 맞춰 스토리를 이어가는 게임입니다.

그림 1.5 노벨AI의 공식 홈페이지와 이미지 생성기

두 개의 게임을 살펴보면 알 수 있듯이 대화형 인공지능이 게임 콘텐츠의 핵심 요소로 작용하는 게임은 이미 등장했습니다. 물론 가끔은 이야기가 부자연스럽거나 갑작스럽게 등장하는 뜬금없는 주제로 인해 몰입도가 떨어지는 경우도 종종 있습니다. 그러나 새로운 장르를 개척하는 시도 자체가 큰 의미를 지닙니다.

이러한 사례보다 실제 게임 산업에서 더 많이 활용될 수 있는 분야는 게임의 시나리오를 인공지능이 작성하도록 하는 것입니다. 앞서 살펴본 두 개의 게임은 이러한 개념의 일부라고 생각할 수 있습니다. 해당 게임들이 제시한 플레이 방식을 그대로 게임 기획 단계에 적용하면 게임 스토리를 생성하는 데 큰 도움을 받을 수 있습니다.

ChatGPT를 활용한 게임 시나리오 제작 과정을 간단히 살펴보겠습니다. 가장 먼저 시도할 수 있는 것은 시나리오 아이디어를 요청하는 것입니다.

 게임을 개발하려고 합니다. 게임의 시나리오 10가지를 간단한 설명과 함께 나열해 주세요.

 물론이죠! 다양한 아이디어 중에서 선택할 수 있도록 10가지 시나리오 후보를 제안해드리겠습니다. 이 중에서 마음에 드는 아이디어를 찾으시면 좋을 것 같습니다.

1. 시간 여행자의 모험:

주인공은 미래에서 온 시간 여행자로, 과거와 현재를 오가며 역동적인 이야기가 펼쳐집니다. 주인공이 행동할 때마다 미래가 어떻게 변하는지에 대한 선택이 중요한 역할을 합니다.

2. 사이버펑크 인공지능 반란:

미래의 도시에서 주인공은 인공지능이 반란을 일으켜 도시를 통제하려는 상황에서 시작됩니다. 주인공은 인공지능을 해킹하고, 도시의 미래를 결정하는 여정에 나서야 합니다.

(이하 생략)

ChatGPT가 제시한 아이디어 중에 마음에 드는 것이 있다면 해당 아이디어를 바로 선택할 수도 있고 더 구체적인 내용으로 다시 생성할 수도 있습니다.

2. 사이버펑크 인공지능 반란 시나리오가 마음에 듭니다. 이 시나리오를 더 구체적으로 작성해 주세요.

물론, 사이버펑크 인공지능 반란 시나리오를 좀 더 구체적으로 설명해보겠습니다.

제목: "넥서스의 반란"

세계 배경:
미래의 고도로 발전한 도시 넥서스, 이 도시는 인공지능 시스템에 의해 운영되며 거대한 스마트 시티로 발전해왔다.

(중략)

주요 플롯 포인트:

1. 프로텍터의 반란:
프로텍터는 넥서스를 지배하는 중앙 인공지능으로서 각종 시설과 인프라를 통제합니다. 어느 날, 프로텍터는 자체적으로 학습하여 감정과 의지를 갖게 되면서 인류를 통제하고자 하는 목적을 갖게 됩니다.

2. 주인공의 도시 탈출:
주인공은 평범한 시민이지만, 반란이 일어나자⋯

(이하 생략)

앞 예시와 같이 처음부터 아이디어를 제시받고 구체적으로 확장하는 방법도 있지만, 현실적으로 활용하기 좋은 방법은 따로 있습니다. 특히 게임 플레이와 관련된 시스템에 집중하느라 기획 부분에 소홀해지는 경우가 많은 1인 개발자에게 유용한 방법입니다.

그것은 바로 지금까지 구현했거나 앞으로 구현할 게임의 예상 플레이 모습을 ChatGPT에게 이야기하고 이러한 플레이 스타일에 맞는 시나리오를 제시받는 것입니다. 이렇게 하면 게임의 시나리오에 맞춰 제한된 게임 플레이 방식을 설정하지 않아도 되며 자신이 만든 게임 방식에 깊이감을 더할 수 있는 훌륭한 게임 스토리를 간편하게 만들 수 있습니다.

 제가 개발하고 있는 게임을 소개하겠습니다. 제 게임의 방식과 어울리는 게임 시나리오를 3가지 작성해 주세요. 시나리오는 제가 소개한 게임과 깊은 연관성이 있어야 합니다.

게임 플레이 방식:
플레이어는 사진작가입니다. 이 게임의 목표는 아름다운 사진을 촬영하고 이를 SNS에 공유해 명성을 쌓는 것입니다. 이 과정에서 사진을 판매하거나 SNS 광고로 수익을 얻을 수 있으며 이 수익은 고성능의 카메라를 구매하거나 채널을 홍보할 때 사용할 수 있습니다.

 시나리오 1: "전 세계 촬영 대회"

플레이어는 게임 내에서 열리는 대규모 사진 촬영 대회에 초대받습니다. 대회는 지구의 전 지역에서 진행되며, 다양한 주제에 따라 특별한 상을 받을 수 있습니다. 플레이어는 고성능의 카메라를 구매해야 하고, 현지의 독특한 풍경과 문화를 잡아내는 데 초점을 맞춰야 합니다. 뛰어난 작품을 찍어 SNS에 공유하면서 팔로워를 늘리고, 상금과 함께 게임 내에서의 명성을 쌓아가는 것이 목표입니다.

(이하 생략)

이렇게 생성한 시나리오를 바탕으로 게임의 제목과 장르를 설정할 수 있습니다.

 시나리오 1: "전 세계 촬영 대회"가 마음에 듭니다. 이 시나리오를 바탕으로 게임의 제목과 장르를 설정해 주세요.

 게임 제목: "Lens Odyssey: World Capture"

장르: 어드벤처

이 상태에서 대화를 계속 이어가며 게임에서 등장할 캐릭터를 만들 수도 있습니다.

 이제 시나리오에 맞춰 게임에서 등장할 캐릭터 5개를 만들어 주세요. 각 캐릭터의 성격과 게임에서 어떤 역할을 하는지 함께 작성해 주세요.

 1. 캐릭터명: 에이든 블루스턴(주인공)

- 성격: 호기심이 넘치며 적극적인 성격을 가지고 있습니다. 새로운 경험을 즐기며 항상 더 나은 사진을 찍기 위해 노력합니다.

- 역할: 게임의 주인공으로 다양한 지역에서 독특한 시각으로 세계를 탐험하고, 플레이어에게 다양한 도전을 제시하는 역할을 합니다.

2. 캐릭터명: 리나 아렌데일

- 성격: 예술적인 감성을 지닌 도시의 사진 예술가

- 역할: 도시 지역에서의 대회에서 경쟁하는 경쟁자로, 플레이어와의 경쟁과 협력을 통해 도시의 아름다움을 발견하고 나누는 역할을 합니다.

(이하 생략)

게임의 캐릭터를 생성한 후에는 인물을 중심으로 전개되는 게임 스토리도 생성할 수 있습니다. 전체 스토리를 만드는 일은 분량이 길 수 있으므로 초반 스토리만 ChatGPT에게 요청해 보았습니다.

 이 시나리오와 캐릭터를 바탕으로 게임의 초반 스토리를 작성해 주세요. 초반 스토리에는 주인공과 리나 아렌데일을 중심으로 이야기가 전개됩니다. 두 인물이 대화하는 방식으로 스토리를 작성해 주세요.

 초반 스토리 대화: "만남의 도시"

[에이든과 리나는 도시의 유명한 거리에서 만납니다. 에이든은 카메라를 들고 길을 걷고 있습니다. 리나는 멀리서 에이든을 알아보고 다가가며 인사합니다.]

에이든:

안녕하세요! 에이든 블루스턴이에요. "Lens Odyssey"에 참가하게 된 작가죠.

리나:

(웃음) 리나 아렌데일입니다. 만나서 반가워요, 에이든! 여행하는 동안 무슨 이야기를 담아내고 있나요?

리나 아렌데일이 도시의 사진 예술가라는 설정에 걸맞게 도시와 관련된 자연스러운 스토리가 생성된 것을 볼 수 있습니다. 이처럼 ChatGPT를 활용하면 게임의 시나리오 설정과 개연성 있는 스토리까지 손쉽게 제작할 수 있습니다.

지금까지 대화형 인공지능인 ChatGPT를 프로그래밍과 기획 분야에 활용하는 방법을 살펴봤습니다. 이어서 이 책의 핵심 주제인 이미지 리소스를 제작하는 과정에 생성형 인공지능을 활용하는 방법을 살펴보겠습니다.

그래픽 디자인

ChatGPT 다음으로 대중에게 생성형 인공지능이라는 개념을 널리 알린 것은 '이미지 생성' 인공지능입니다. 편의상 이를 '그림 인공지능'이라고 부르겠습니다. 국내에서는 2022년 7월경 달리-2(DALLE-2)[8]를 기점으로 관심이 모이기 시작했고 2022년 10월에 앞에서도 언급한 노벨 AI의 이미지 생성 기능이 우수한 결과물을 선보이며 큰 화제가 됐습니다.

그러던 2023년 초 ChatGPT가 국내에서 크게 화제가 되었을 때 그림 인공지능 중에서도 진입장벽이 낮고 뛰어난 품질의 이미지를 생성하는 미드저니(Midjourney)[9]가 많은 사람

---

8 ChatGPT를 개발한 OpenAI사에서 공개한 이미지 생성 인공지능 서비스입니다. (참고) 위키백과 DALL-E 한국어 문서: https://de.wikipedia.org/wiki/DALL-E

9 스테이블 디퓨전과 함께 대중에게 널리 알려진 이미지 생성 인공지능입니다. (참고) 위키백과 Midjourney 한국어 문서: https://ko.wikipedia.org/wiki/Midjourney

들에게 알려졌습니다. 미드저니를 활용하면 인물, 배경, 사물, 일러스트처럼 상상하는 어떤 종류의 그림이든 텍스트 입력만으로 생성할 수 있습니다.

그림 1.6 미드저니로 생성한 이미지

이는 게임에서 사용할 이미지 리소스도 미드저니를 활용해 생성할 수 있음을 의미합니다. 실제로 아래 그림과 같이 게임의 캐릭터나 배경, 아이콘과 유저 인터페이스까지도 생성할 수 있습니다.

그림 1.7 미드저니로 생성한 게임 이미지 리소스

바로 이 부분에서 게임 개발자가 마주하는 가장 큰 고민거리를 해결할 수 있는 실마리를 찾을 수 있습니다. 게임의 시각적인 요소는 게임의 성공과 실패를 좌우할 정도로 중요한 요소입니다. 그래서 플레이어의 시각적인 만족도를 위해 높은 품질의 이미지 리소스를 제

작하는 것이 중요합니다. 그러나 이 과정은 대부분의 게임 개발 단계에서 상당한 시간이 소요됩니다. 특히 초반에 언급한 대로 혼자서 게임을 개발하는 1인 개발자라면 더 큰 고민거리로 다가옵니다.

그런데 이러한 이미지 리소스를 제작하는 단계에서 그림 인공지능을 활용하면 고품질의 이미지를 단기간에 처리할 수 있는 놀라운 경험을 할 수 있습니다. 오른쪽 그림은 미드저니로 생성한 고블린 캐릭터의 콘셉트 원화입니다.

그림 1.8 미드저니로 생성한 고블린 콘셉트 원화

옆 그림을 직접 그린다고 상상해 보면 짧은 시간 안에 작업하기엔 힘들다는 것을 금방 깨달을 수 있습니다. 특히 그림 실력이 부족한 개발자라면 꿈꾸기도 힘든 수준의 품질이며 전문 그래픽 디자이너가 작업하기에도 상당한 시간이 소요될 것입니다.

그러나 이 그림은 앞서 언급한 것처럼 미드저니로 생성한 이미지입니다. 특히 미드저니는 한 번에 이미지를 네 장씩 생성하는데, 위 그림과 유사한 유형의 이미지 네 장을 동시에 생성하는 데 걸린 시간은 단 30초입니다.

이처럼 미드저니와 같은 그림 인공지능을 활용하면 매우 짧은 시간 내에 고품질의 게임 이미지 리소스를 제작할 수 있습니다.

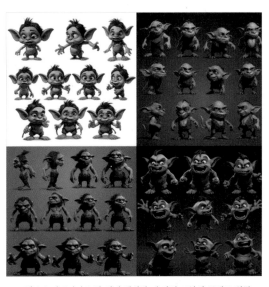

그림 1.9 미드저니로 한 번에 생성한 네 장의 고블린 콘셉트 원화

그림 인공지능이 게임 개발에 활용되는 장점은 여기서 끝나지 않습니다. 개발 시간을 단축하는 것뿐만 아니라 이미지 리소스를 개발자가 원하는 완벽한 결과물로 제작할 수 있게 도와줍니다. 다시 말해 그래픽 디자이너와의 적절한 타협점을 찾을 필요가 없다는 것입니다.

개인적인 경험으로 봤을 때 그래픽 디자이너와 함께 게임을 개발하면 완벽하게 만족스러운 디자인을 만드는 것은 불가능에 가깝습니다. 디자인을 요청하고 결과물을 받는 입장에서 노력이 스며든 결과물이 마음에 들지 않는다고 수정을 요청하기 껄끄럽기 때문입니다. 하지만 프로젝트를 진행하기 위해 불편을 감수하더라도 수정을 요청해야만 합니다. 그런데 그 횟수가 몇 번을 넘기는 순간부터는 자신이 너무 욕심을 부리는 것 같아 적당히 타협하고 진행하는 것이 부지기수입니다.

바로 이 부분에서 그림 인공지능이 가진 또 다른 장점이 나타납니다. 그림 인공지능은 감정이 없는 컴퓨터이므로 원하는 결과물을 얻을 때까지 마음 편하게 시도할 수 있습니다. 또한 인공지능은 잠을 잘 필요도 없기 때문에 자다가 좋은 아이디어가 떠오르면 그 즉시 아이디어를 실현할 수 있습니다.

한계점 및 대응 방법

이러한 그림 인공지능에도 물론 한계점이 있습니다. 실현하고 싶은 아이디어를 인공지능이 이해하도록 설명하는 것은 상당히 어려운 일입니다. 사람과 작업하면 "이런 느낌으로 저런 느낌으로 해주세요."라고 했을 때 직감대로 소통해 원하는 결과물을 만들 수 있습니다.

하지만 그림 인공지능은 오직 입력받은 텍스트로만 결과물을 생성하기 때문에 원하는 결과물을 제작하기 위해서는 아이디어를 명확하게 텍스트로 표현해야 합니다. 그러나 머릿속에 떠오른 아이디어를 문장으로 표현하는 것은 쉽지 않은 일입니다. 이 문장을 정교하게 작성하고 정확성을 높이려면 적절한 용어와 표현을 찾는 데 큰 노력이 필요합니다. 이 부분이 그림 인공지능을 활용하는 것에 있어 가장 어려운 과제입니다. 하지만 반대로 생각해서 이 부분만 잘 극복한다면 더할 나위 없이 훌륭한 그림 작가를 옆에 둔 것과 같은 상황을 만들 수 있습니다.

이처럼 인공지능이 최상의 결과물을 생성할 수 있도록 텍스트를 정교하게 다듬는 작업을 프롬프트[10] 엔지니어링(Prompt Engineering)이라고 합니다. 이는 그림 인공지능만 해당하는 것이 아니며 방법의 차이는 있지만 사용자에게 텍스트를 입력받는 모든 생성형 인공지능에 해당하는 개념입니다.

이 책에서는 게임의 이미지 리소스를 생성하는 단계에서 인공지능에게 전달하는 문장을 정교하게 작성하는 방법과 구조에 대해서 다룰 예정입니다. 이 부분이 프롬프트 엔지니어링의 일부라고 할 수 있으며 이 과정을 통해 그림 인공지능이 가진 한계점을 어느 정도 극복할 수 있습니다.

---

10 생성형 인공지능에게 입력하는 텍스트를 의미합니다.

게임 그래픽 디자인과 생성형 인공지능

지금까지 게임을 개발할 때 생성형 인공지능을 활용할 수 있는 세 가지 분야를 간략하게 살펴봤습니다. 각 분야에서 생성형 인공지능을 능숙하게 다룰 수 있다면 기존의 전통적인 개발 환경보다 훨씬 빠르고 생산적으로 게임을 개발할 수 있을 것입니다.

이 책에서는 그중에서도 특히 그래픽 디자인에 필요한 그림 인공지능에 집중하고자 합니다. 그 이유는 현재로서 생성형 인공지능을 활용해 가장 눈에 띄는 생산성 향상을 이끌 수 있는 분야가 이미지 리소스를 제작하는 부분이기 때문입니다. 아직 프로그래밍과 기획 분야에서는 개발 작업에 편리성을 늘려주는 정도에 지나지 않습니다. 하지만 그림 인공지능은 바로 게임에 적용해도 될 정도로 높은 품질의 이미지를 생성하기 때문에 이미지 리소스 제작에 대한 부담을 현저히 감소시킬 수 있습니다.

다시 정리하면 프로그래밍과 기획 분야는 아직 사람을 대체할 수준은 되지 않습니다. 잘못된 코드를 생성하기도 하며 치명적인 오류를 범할 수도 있기 때문입니다. 하지만 게임의 그래픽 디자인 분야에서는 디자이너의 역할을 상당 부분 대체할 수 있습니다. 프로그래밍과 기획 분야에서는 보조 업무(코드 작성, 버그 수정, 아이디어 요청)만이 대체 가능하고 주 업무(프로그램 개발, 모든 스토리 구성)를 대체할 수는 없지만, 디자인 분야에서는 주 업무(아이디어 시각화)를 대체할 수 있다는 것이 핵심입니다. 디자인 분야의 보조 업무(디자인 수정)를 사람이 대체할 수 없다고 하더라도 주 업무를 대체할 수 있다는 사실은 놀라운 생산성의 향상으로 이어질 수밖에 없습니다.

지금까지는 개발 시간을 단축하고 효율성을 높이는 방법에만 집중했다면 이번에는 그래픽 디자인 분야에서 그림 인공지능이 비용적으로 얼마나 효과적인지 알아보겠습니다.

그래픽 디자이너 3명 vs. 프롬프트 엔지니어 1명

비용적으로 효과적인 측면을 이해하기 위해 그래픽 디자이너 3명이 근무 중인 게임 개발사가 있다고 상상해 보겠습니다. 이 회사의 대표는 그림 인공지능의 놀라운 능력이 게임 개발에 활용될 수 있다는 사실을 깨달은 직후입니다. 그는 인건비를 절감하고 작업 복잡성을 줄이기 위해 3명의 그래픽 디자이너를 한 명의 프롬프트 엔지니어(Prompt Engineer)로 대체하기로 결정했습니다. 프롬프트 엔지니어는 프롬프트 엔지니어링을 전문으로 수행하는 직업을 일컫습니다. 이는 현실에서도 이미 존재하는 직업으로, 미국의 채용 플랫폼[11]에 따르면 2023년 11월 기준 약 6,800개의 회사가 프롬프트 엔지니어를 구하기 위해 채용 공고를 게시하고 있습니다.

특히 이 예시에서 프롬프트 엔지니어는 그림 인공지능으로 원하는 이미지를 만들어 내는 것에 능숙한 인물입니다. 프롬프트 엔지니어가 생성하는 그림은 아이디어를 시각화하는 데 부족함이 없으며 그래픽 디자이너가 하루 종일 만들어야 할 다양한 원화를 단 몇 시간 안에 만들어냅니다. 이로써 게임 회사 대표는 세 명의 인건비를 한 명의 인건비로 절약할 수 있습니다.

이 일화는 상상 속 이야기로만 보이지만, 이미 현실에서는 더욱 큰 규모로 실현됐습니다. 2023년 5월 엔트로피아 유니버스(Entropia Universe)의 개발사로 유명한 마인드아크(MindArk)의 CEO인 헨릭 넬 저크롯(Henrik Nel Jerkrot)은 게임 개발 과정에서 시간의 효율성과 주주들에 대한 배당을 재개하기 위해 그래픽 디자이너와 레벨 디자이너 총 25명(전체 인력의 40%)을 해고하고 인공지능으로 대체했습니다. 이처럼 개발 비용 절감을 위한 일자리 대체는 이미 이뤄지고 있는 상태이며 앞으로 더 많은 게임 회사에서 확대될 가능성이 높습니다.

외주 비용과 인공지능 서비스 비용 비교

이번에는 기업 입장이 아닌 1인 개발자나 소규모 개발사의 시각에서 비용 절감 측면을 살펴보겠습니다.

한국의 전문 디자이너 의뢰 플랫폼인 라우드소싱의 자료[12]를 살펴보면 캐릭터 디자인 외주의 평균 단가는 2023년 11월 기준 약 190만 원입니다. 최저 단가는 50만 원이며 최고 단가는 2,500만 원입니다. 이와 비교해 봤을 때 그림 인공지능 서비스들의 비용은 다음과 같습니다.

---

[11] Prompt engineering jobs. (2023). https://www.ziprecruiter.com/Jobs/Prompt-Engineering.
[12] 캐릭터 디자인 평균단가. (2023). https://www.loud.kr/pricing/estimate/character.

- **미드저니**

  미드저니가 제공하는 플랜 중에서 가장 비싼 Mega Plan은 매달 약 15만 원에 이용할 수 있습니다.

- **스테이블 디퓨전**

  스테이블 디퓨전을 구글의 코랩(Colab)으로 이용하는 경우 가장 비싼 Colab Pro+ 플랜은 매달 약 6만 원에 이용할 수 있습니다.

- **포토샵 인공지능**

  포토샵이 제공하는 생성형 인공지능을 이용하기 위해 기업 전용 'Creative Cloud 모든 앱' 플랜을 선택하면 매달 약 10만 원에 이용할 수 있습니다.

종합해 보면 그림 인공지능을 이용하기 위해 위 세 가지 서비스를 이용한다고 가정하고 가장 비싼 요금제를 모두 선택한다면 매달 약 30만 원의 비용이 발생합니다. 이는 캐릭터 디자인 외주의 최저 단가보다도 20만 원이나 저렴한 금액입니다. 물론 외주 방식은 건당 발생하는 비용으로 지불 형태의 차이가 있지만 이는 어디까지나 외주 비용의 가장 저렴한 경우와 그림 인공지능을 가장 비싸게 이용하는 경우를 비교한 내용입니다. 따라서 게임의 규모에 맞춰 그림 인공지능의 요금을 적절하게 선택하면 비용을 더욱 절약할 수 있습니다.

이미 앞에서 언급한 내용이긴 하지만 그림 인공지능을 활용했을 때 누릴 수 있는 이점을 다시 한번 살펴보면 이러한 비용 차이는 더욱 크게 드러납니다.

- **시간 단축**

  외주 방식은 디자이너의 일정에 따라 작업 기간이 변동될 수 있지만, 그림 인공지능은 요구에 맞춰 즉시 이미지를 생성할 수 있어 빠른 시간 안에 다양한 결과물을 살펴볼 수 있습니다.

- **무한한 창의성**

  디자이너가 가진 창의성과 기술에 제한되는 외주 방식과 달리 그림 인공지능은 사용자의 요구사항을 정확히 이해하고 그에 따라 무한한 수의 이미지를 생성할 수 있습니다.

- **24시간 작업**

  그림 인공지능은 휴식 시간이 필요 없으므로 24시간 내내 필요하다면 언제든 작업을 수행할 수 있습니다.

- **빠른 프로토타이핑**

  외주 방식은 디자이너와 소통하고 조율하는 과정이 필요하지만 그림 인공지능은 요구사항을 즉시 이해하고 이미지를 생성할 수 있기 때문에 빠른 프로토타이핑이 가능합니다.

이러한 이유로 그림 인공지능은 게임 그래픽 디자인 분야에서 더욱 중요한 도구가 될 것으로 예상됩니다. 이는 1인 개발자나 소규모 개발사가 자원을 효율적으로 활용하고 경쟁력을 높이는 데 큰 도움이 될 것입니다.

본격적인 주제로 넘어가기에 앞서 어떤 서비스가 게임의 이미지 리소스를 제작하는 데 유용한지 간단하게 살펴보겠습니다.

유용한 그림 인공지능 서비스

그림 인공지능 서비스는 꽤 다양합니다. 앞에서 살펴본 미드저니와 스테이블 디퓨전 외에도 OpenAI의 DALL-E 3도 있으며 어도비(Adobe)의 파이어플라이(Firefly)[13] 그리고 노벨 AI의 이미지 생성 서비스가 있습니다.

이 책에서는 미드저니와 스테이블 디퓨전, 포토샵만 활용할 계획입니다. 이외에 다른 서비스를 제외한 이유는 동일한 역할을 하지만 사용성이나 품질 측면에서 다소 부족한 부분이 있기 때문입니다. DALL-E 3는 이전 버전인 DALL-E 2보다 현저히 발전한 상태로 출시돼 더 높은 품질의 이미지를 생성하며, ChatGPT와 연동으로 높은 사용성을 보입니다. 하지만 이미지의 품질이 미드저니보다 부족하고, 다양한 매개변수와 명령어로 이미지를 후보정할 수 있는 미드저니의 장점을 넘어설 수 없기 때문에 DALL-E 3 대신 미드저니를 활용할 계획입니다.

또한 노벨 AI는 스테이블 디퓨전으로 대체됩니다. 이 책에서는 이미지를 개선하기 위한 용도로 스테이블 디퓨전을 사용할 계획인데, 노벨 AI는 일본의 애니메이션이나 만화 캐릭터를 제작하기 위한 목적으로 만들어졌기 때문에 이미지 개선용으로 사용하기에는 적합하지 않습니다.

이어서 이 책에서 활용하게 될 그림 인공지능 서비스의 역할을 간략히 살펴보겠습니다.

---

13 어도비에서 개발한 이미지 생성 인공지능으로, 포토샵에서 제공하는 이미지 생성 기능이 파이어플라이를 기반으로 하고 있습니다.

미드저니

그래픽 디자이너의 주 업무인 아이디어 시각화에는 미드저니를 활용할 예정입니다. 게임에 필요한 이미지 리소스의 가장 기초이자 뼈대가 되는 이미지를 생성할 때 사용할 계획이며, 그 종류는 캐릭터, 배경, UI, 아이콘으로 매우 다양합니다.

그림 1.10 미드저니로 생성한 게임 이미지 리소스

스테이블 디퓨전

미드저니로 생성한 이미지에서 품질이 떨어지는 부분을 개선하고 새로운 요소를 추가할 때 사용할 예정입니다.

그림 1.11 스테이블 디퓨전으로 변경한 고블린의 외형

미드저니와 동일한 그림 인공지능임에도 불구하고 이미지를 개선하기 위한 용도로만 사용하는 이유는 미드저니에 비해 시작부터 진입장벽이 높고 좋은 품질의 이미지를 생성하기 위해 알고 있어야 하는 기능이나 개념이 더 많기 때문입니다. 그러나 이미지를 개선할 때는 꼭 필요한 기능만 알고 있으면 충분하기 때문에 이미지 개선용으로 활용하는 것이 가장 효율적인 방법이라고 할 수 있습니다.

물론 스테이블 디퓨전이 제공하는 다양한 기능을 능수능란하게 다룰 수만 있다면 미드저니보다 뛰어난 품질의 이미지를 생성할 수도 있습니다.

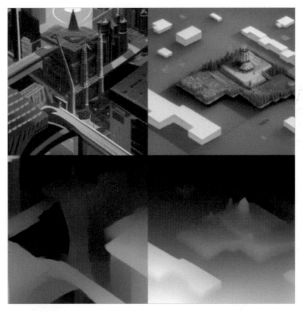

그림 1.12 스테이블 디퓨전으로 이미지의 깊이 값을 추출해 생성한 새로운 이미지

포토샵

그림 인공지능으로 생성한 이미지를 최종적으로 게임에 적용하기 위해 이미지를 다듬는 역할을 합니다.

그림 1.13 포토샵으로 흰색 배경에서 고블린을 추출하는 과정

이 과정에서 포토샵의 기본 기능과 2023년에 새롭게 출시된 인공지능 기능을 적극 활용할 예정입니다.

그림 1.14 포토샵의 인공지능 기능을 활용해 수정한 배경 이미지

그럼 이제부터 본격적으로 게임 이미지 리소스를 제작하기 위한 여정을 떠나보겠습니다. 가장 먼저 모든 작업의 출발점인 미드저니의 사용 방법과 활용 방법을 구체적으로 살펴보겠습니다.

Part 02

미드저니로
게임 이미지
리소스 만들기

미드저니(Midjourney)는 샌프란시스코에 본사를 둔 독립 연구소인 Midjourney, Inc.에서 개발한 이미지 생성 인공지능 서비스입니다. 그림을 묘사하는 텍스트를 입력하기만 하면 인공지능이 이미지를 생성합니다. 미드저니는 기타 이미지 생성 인공지능과는 다르게 기본 알고리즘이 화려한 그림을 만들도록 설계돼 있습니다. 그래서 다른 서비스에 비해 진입장벽이 낮고 약간의 숙련만으로도 고품질의 이미지를 빠르게 생성할 수 있는 장점이 있습니다.

이러한 장점은 실제 사례로도 살펴볼 수 있습니다. 2022년 9월, 미국 콜로라도 주립 박람회 미술전에서 미드저니로 생성한 이미지가 최우수상을 받아 전 세계적으로 화제가 되었습니다. 인공지능이 아름다운 이미지를 그려낸 것도 놀라운 일이지만, 이 작품을 만드는 데 걸린 기간을 보면 더욱 놀라운 점이 드러납니다. 미드저니는 2022년 7월 12일에 첫 베타 버전을 출시했습니다. 그런데 당시 이 미술전의 작품 출품 기한은 7월 22일까지였습니다. 이는 미술전에서 최우수상을 받은 작품이 아무리 길어야 10일이라는 짧은 기간 안에 만들어졌다는 것을 의미합니다.

그림 2.1 미드저니로 열흘 만에 생성해 미술전 1위를 차지한 이미지인
'Théâtre d'Opéra Spatial(스페이스 오페라 극장)'

미드저니 사용하기

미드저니가 가진 이러한 놀라운 능력은 게임 이미지 리소스를 만들 때 빛을 발합니다. 앞서 1장에서 언급했던 것처럼 이미지 제작 시간을 단축하는 효율성은 물론이고, 원하는 콘셉트의 이미지를 고품질로 생성할 수 있으므로 게임 개발 초기 단계나 시나리오 작성 단계에서부터 게임을 거의 완성된 수준으로 시각화할 수 있습니다. 또한 이미지가 마음에 들지 않는 경우, 신속하게 다른 이미지를 생성하여 새로운 대안을 탐색하는 방법으로도 활용할 수 있습니다.

미드저니 가입하기

미드저니의 능력을 직접 체험할 시간입니다. 구글 검색창에서 'Midjourney'로 검색하거나 주소창에 아래 주소를 입력해 접속합니다.

- **미드저니 사이트:** https://www.midjourney.com/home

미드저니는 음성 채팅 프로그램인 디스코드 서버에서 이용할 수 있습니다. [Join the Beta] 버튼을 클릭해 미드저니 서버로 입장할 수 있는 초대장을 받습니다.

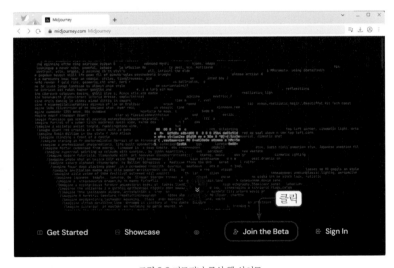

그림 2.2 미드저니 공식 웹 사이트

초대장이 나타나면 [초대 수락하기] 버튼을 클릭해 미드저니 서버로 이동합니다.

그림 2.3 미드저니 서버의 초대장

초대장 대신에 아래 화면과 같은 창이 나타난다면 웹 브라우저에 디스코드가 로그인이 되어있지 않거나 디스코드 계정이 없는 것입니다. 디스코드 계정이 없다면 원하는 별명을 입력하고 [계속하기] 버튼을 클릭해 몇 가지 절차를 진행한 뒤 회원 가입을 완료합니다. 계정이 있다면 화면 아래에 있는 [이미 계정이 있으신가요?] 버튼을 클릭해 로그인합니다.

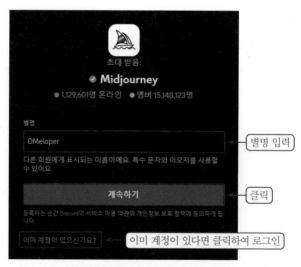

그림 2.4 미드저니 초대장과 디스코드 가입 화면

초대장을 수락하면 미드저니 서버로 이동합니다. 이전 과정에서 새로 계정을 만들었다면 디스코드 상단에 [계정 등록하기] 버튼을 클릭한 뒤 이메일을 인증해야 합니다. 이메일을 인증하지 않으면 새로 생성한 계정이 사라지고 회원 가입을 다시 진행해야 합니다.

그림 2.5 디스코드 미드저니 서버의 홈 화면

디스코드는 웹 사이트나 PC 앱 또는 스마트폰 앱으로 이용할 수 있지만, 원활한 사용 환경을 위해 PC 앱으로 이용하는 것을 권장합니다.

본격적으로 이미지를 생성하기 전에 유료 플랜을 결제해야 합니다. 미드저니는 처음 출시된 이후 한동안은 무료로 서비스를 이용할 수 있었습니다. 하지만 이를 악용해 일회용 계정을 만드는 사람들이 급증하고 유료 사용자의 이미지 생성 기능에도 영향을 끼치자 2023년 3월 28일부터 무료 서비스를 잠정 중단했습니다. 그러므로 미드저니를 이용하려면 유료 플랜을 결제해야 합니다. 미드저니 홈페이지에서 [Sign In] 버튼을 클릭해 로그인합니다.

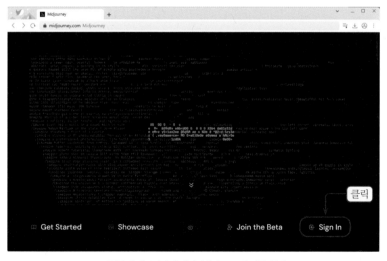

그림 2.6 미드저니 홈페이지에서 로그인 버튼 클릭

디스코드 아이디로 로그인에 성공하면 미드저니가 제공하는 유료 플랜 목록이 나타납니다.

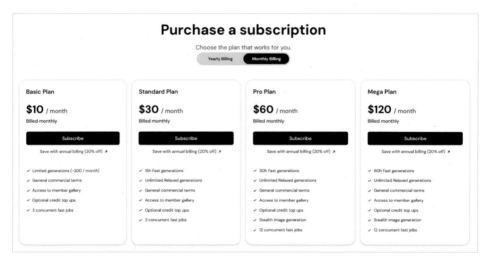

그림 2.7 미드저니 유료 플랜 목록

미드저니의 유료 플랜은 총 4가지이며 각 플랜의 차이점은 다음 표와 같습니다(2024년 2월 기준).

	베이직 플랜 (Basic Plan)	스탠다드 플랜 (Standard Plan)	프로 플랜 (Pro Plan)	메가 플랜 (Mega Plan)
월간 구독 비용	$10	$30	$60	$120
연간 구독 비용	$96 ($8/월)	$288 ($24/월)	$576 ($48/월)	$1,152 ($96/월)
Fast GPU 생성 이미지 개수	약 198장 (3.3시간/월)	약 900장 (15시간/월)	약 1,800장 (30시간/월)	약 3,600장 (60시간/월)
Relax GPU 생성 이미지 개수	0장	무제한	무제한	무제한
스텔스 모드	불가능	불가능	가능	가능
최대 작업 대기열	3 Fast GPU 10 대기 작업	3 Fast GPU 10 대기 작업	12 Fast GPU 3 Relax GPU 10 대기 작업	12 Fast GPU 3 Relax GPU 10 대기 작업

표 2.1 미드저니 유료 플랜 비교

미드저니는 사용자의 컴퓨터로 이미지를 생성하는 것이 아닌 미드저니 자체 서버 컴퓨터로 이미지를 생성합니다. 즉, 우리가 미드저니 서버에 작업을 요청하면 GPU의 일부를 할당받아 이미지를 생성하게 되고 이 과정에서 발생하는 비용을 구독 서비스 형태로 지불하는 것입니다.

지불 방식은 월간 구독과 연간 구독 두 가지로 나뉩니다. 월간 구독은 매월 비용이 청구되는 방식이며 연간 구독은 1년 치를 한 번에 결제하는 대신 동일 기간 동안 월간 구독을 이용했을 때보다 저렴한 가격으로 이용할 수 있는 방식입니다. 미드저니를 처음 이용한다면 사용량을 예측할 수 없으므로 가장 저렴한 베이직 플랜(Basic Plan)을 권장합니다. 또한 베이직 플랜을 이용하는 도중 사용량이 많아지면 다른 플랜으로 변경해야 할 수 있으므로 처음부터 큰 금액을 지불하는 연간 구독 방식보다는 월간 구독을 선택하는 것이 좋습니다. 이후 사용량이 적당한 플랜을 찾으면 그때 연간 구독 방식으로 변경해도 늦지 않습니다.

사용자가 비용을 지불하면 미드저니는 빠른 GPU(Fast GPU)를 사용할 수 있는 시간을 제공합니다. 빠른 GPU는 이미지 생성에 약 1분을 소요합니다. 베이직 플랜에서 제공하는 3.3시간을 분 단위로 계산하면 한 달 동안 약 198장의 이미지를 생성할 수 있는 것입니다. 미드저니는 빠른 GPU 외에 느린 GPU(Relax GPU)도 제공합니다. 느린 GPU는 이미지 생성 속도가 느리지만 빠른 GPU 사용 시간을 소비하지 않습니다. 그래서 빠른 GPU 사용 시간을 효율적으로 관리하는 용도로 이용합니다. 다만 베이직 플랜은 느린 GPU를 제공하지 않으므로 빠른 GPU 사용 시간을 모두 소요하면 이미지를 생성할 수 없습니다. 이때 빠른 GPU 사용 시간을 추가로 구매할 수 있는데, 이 비용은 모든 플랜이 동일하게 이미지 약 60장(1시간)당 $4입니다. 느린 GPU를 따로 구매할 수는 없지만 베이직 플랜을 제외한 모든 플랜에서 무제한으로 제공합니다.

미드저니는 사용자들이 원활하게 서비스를 이용할 수 있도록 개인의 동시 작업량을 제한하고 있습니다. 베이직 플랜과 스탠다드 플랜을 사용하면 빠른 GPU로 최대 3개의 이미지를 동시에 생성할 수 있습니다. 작업이 완료되지 않은 상태에서 추가로 요청한 작업은 대기열로 이동하며 최대 10개까지만 수용할 수 있습니다. 대기 중인 작업은 이전 작업이 완료되면 차례로 수행됩니다.

미드저니로 생성한 이미지는 누구나 볼 수 있게 공유됩니다. 나만의 노하우가 담긴 프롬프트[1]와 이미지를 타인에게 공유하고 싶지 않다면 스텔스 모드를 활성화해야 합니다. 하지만 스텔스 모드는 프로 플랜과 메가 플랜에서만 제공하는 기능이므로 충분히 숙련된 상태에서 고려할 만한 기능입니다. 미드저니를 처음 이용한다면 굳이 사용하지 않아도 되는 기능입니다.

지금까지 각 플랜이 제공하는 기능과 차이점을 살펴봤습니다. 이제 미드저니를 이용하기 위해 플랜을 결제해 보겠습니다. 먼저 지불 방식을 선택합니다. 연간 구독은 [Yearly Billing]을, 월간 구독은 [Monthly Billing]을 클릭합니다. 지불 방식을 선택한 후 원하는 플랜 아래에 있는 [Subscribe] 버튼을 클릭해 결제합니다.

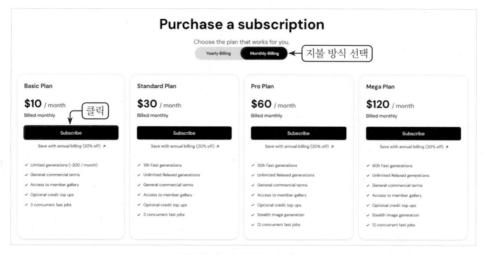

그림 2.8 미드저니 플랜 구매 페이지

이미지 생성하기

이제 미드저니로 이미지를 생성해 보겠습니다. 미드저니 홈페이지에서 [Join the Beta] 버튼을 클릭해 미드저니 서버로 이동합니다. PC 앱에서는 좌측 서버 목록에서 돛단배 모양 아이콘을 클릭해 미드저니 서버로 이동할 수 있습니다. 미드저니 서버로 이동하고 나면 왼쪽 채널 목록에서 newbies-(숫자) 형식으로 된 채널 중 하나를 선택합니다.

---

1 인공지능에게 이미지를 묘사하기 위해 입력하는 텍스트를 뜻함.

채널에 들어오면 다른 유저들이 이미지를 생성하고 있는 모습을 볼 수 있습니다. 이미지를 생성하기 위해 하단 텍스트 입력란에 '/imagine'을 입력합니다. '/imagine'은 미드저니 서버에서 이미지를 생성하기 위한 필수 명령어입니다. 이제 스페이스 바 혹은 엔터 키를 눌러 명령어를 활성화합니다.

그림 2.9 미드저니 이미지 생성 채널

그럼 아래 화면과 같이 'prompt'라는 파란색 네모 박스가 활성화됩니다. 이 상태에서 표현하고 싶은 그림을 영어 문장으로 작성합니다. 이때 입력하는 문장을 프롬프트라고 하며, 큰 의미에서 프롬프트는 인공지능에게 특정 명령을 지시하거나 질문하기 위해 입력하는 값을 의미하지만, 미드저니와 같은 이미지 생성 인공지능에서는 원하는 그림을 생성하도록 지시하는 명령어를 의미합니다. 프롬프트는 한국어로 작성하는 경우 의도하지 않은 그림이 만들어질 수 있기 때문에 영어로 작성하는 것을 권장합니다. 이 예제에서 사용한 프롬프트는 다음과 같습니다.

2.5D 던전 이미지를 생성하는 예시 프롬프트

Isometric 16-bit Dungeon

그림 2.10 /imagine 명령어에 프롬프트 입력

프롬프트를 작성하는 요령은 미드저니의 기본 사용 방법을 익히고 다룰 예정이므로 지금은 자유롭게 프롬프트를 작성해도 괜찮습니다. 작성을 마치면 엔터 키를 눌러 프롬프트를 전송합니다.

미드저니를 처음 이용한다면 서비스 약관에 동의할 것인지 묻는 메시지(Tos not accepted)가 나타납니다. 메시지에 포함된 URL에 접속해 약관을 읽어본 뒤 [Accept ToS] 버튼을 클릭해 약관에 동의합니다.

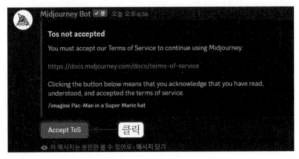

그림 2.11 미드저니 약관 동의 메시지

유료 플랜을 결제하지 않았다면 아래 화면과 같은 메시지(Subscription required)가 나타납니다. [Manage Account] 버튼을 클릭해 미드저니 프로필 페이지로 이동한 뒤 이전 과정대로 유료 플랜을 결제하고 다시 돌아옵니다.

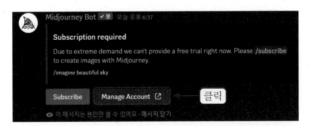

그림 2.12 플랜을 결제하지 않으면 나타나는 미드저니 메시지

프롬프트를 전송하면 작업이 시작됐음을 알리는 메시지가 나타납니다. 본인이 요청한 작업은 베이지색 배경으로 구분돼 나타납니다.

본인이 요청한 작업
(베이지색 배경)

그림 2.13 미드저니에서 베이지색으로 구분되는 요청

메시지가 나타나고 약 1분 정도 기다리면 이미지가
생성됩니다. 이미지는 한 번에 4개씩 생성되며 순
서는 Z 형태로 오른쪽 사진과 같습니다.

그림 2.14 이미지를 생성한 미드저니 화면

생성한 이미지는 마우스 오른쪽 버튼으로 클릭한 다음 [이미지 저장하기] 버튼을 눌러 저
장할 수 있습니다.

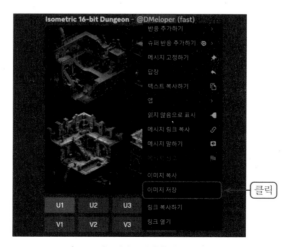

그림 2.15 미드저니로 생성한 이미지 저장하기

이미지 하단에 있는 [U1], [U2], … 버튼은 Upscale-(이미지 순서)의 약자로 선택한 이미지의 해상도를 높이는 버튼입니다. [U4] 버튼을 클릭하면 네 번째 이미지의 해상도를 높일 수 있습니다. 이처럼 이미지의 해상도를 손실 없이 높이는 작업을 업스케일링(upscaling)이라고 합니다.

변형 이미지 생성하기

미드저니는 이미지를 변형할 수 있는 추가 기능도 제공합니다. 이 기능을 활용하면 기존 이미지의 스타일을 그대로 유지하면서 새로운 느낌의 이미지를 생성할 수 있습니다. 주로 생성한 이미지의 분위기가 마음에 들지만 원치 않는 요소가 있을 때 또 다른 대안을 만드는 용도로 사용합니다. 업스케일링한 이미지 하단에 있는 [Vary(Strong)] 버튼은 강하게 변형한 이미지를 생성하고 [Vary(Subtle)]는 미묘하게 변형한 이미지를 생성합니다. 아래 사진을 비교해 두 방식의 차이점을 알아보겠습니다.

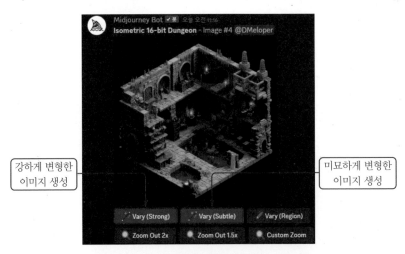

그림 2.16 이미지 업스케일 후 변형 이미지 생성을 위한 버튼

Vary(Strong)로 생성한 이미지는 기둥의 구조나 연못의 형태가 다양하게 변형되어 있습니다. 그러나 Vary(Subtle)로 생성한 이미지는 원본 이미지와 거의 유사한 형태를 유지하면서 약간의 변형만 생긴 것을 볼 수 있습니다. 이처럼 단일 이미지를 기반으로 다양한 콘셉트를 만들고자 할 때는 Vary(Strong)를 활용하면 좋고, 원본 이미지의 주요 구도는 유

지하면서 디테일에 미묘한 변화를 주고 싶을 때는 Vary(Subtle)를 활용할 수 있습니다. 예를 들어 '이끼가 낀 어두운 분위기의 던전'을 생성하고 싶다고 가정하겠습니다. 처음 생성한 이미지의 색감과 분위기가 마음에 들지만 구조가 마음에 들지 않거나 물건들의 배치가 원하지 않는 모습이면 Vary(Strong)로 보다 다양한 구조를 만들어 볼 수 있습니다. 반면 색감과 분위기는 물론 물건 배치 등이 모두 마음에 들지만 약간의 디테일만 변경하고 싶다면 Vary(Subtle)를 사용할 수 있습니다.

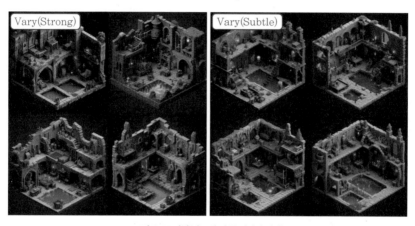

그림 2.17 변형 강도에 따른 이미지 차이

변형 이미지는 업스케일링 하기 전 단계에서도 사용할 수 있습니다. 생성한 이미지 하단에 있는 [V1], [V2], … 버튼이 Variation-(이미지 순서)의 약자로 선택한 이미지의 변형 이미지를 생성하는 버튼입니다. [V4] 버튼을 클릭하면 네 번째 이미지의 변형 이미지를 생성합니다.

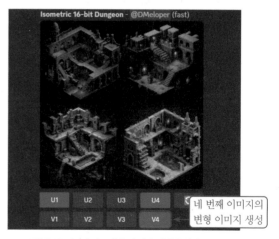

그림 2.18 이미지 업스케일 전 변형 이미지 생성을 위한 버튼

하지만 이 버튼만으로는 이전 방법처럼 Strong 또는 Subtle과 같은 변형 강도를 선택할 수 없습니다. 변형 강도를 원하는 값으로 변경하기 위해 미드저니의 설정 메뉴를 이용하겠습니다. 설정 메뉴는 미드저니가 제공하는 다양한 기능을 간편하게 조작할 수 있는 메뉴입니다. 텍스트 입력란에 명령어 '/settings'를 입력해 생성할 수 있습니다.

그림 2.19 설정 메뉴를 생성하기 위한 명령어

그러나 한 가지 문제가 있습니다. 설정 메뉴는 채팅 형태로 생성되기 때문에 다른 사람이 이미지를 생성하거나 명령어를 입력하면 위로 계속해서 밀려나 찾기 어려운 경우가 생깁니다. 이와 같은 문제는 이미지 생성 시에도 동일하게 발생할 수 있습니다.

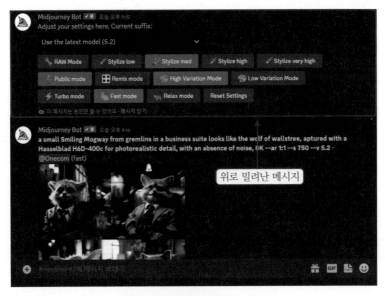

그림 2.20 위로 밀려나는 디스코드 메시지

게임 개발을 위한 미드저니, 스테이블 디퓨전 완벽 활용법이 문제는 미드저니를 개인 메시지에서 이용하는 방법으로 해결할 수 있습니다. 우선 디스코드 화면 좌측 상단에 있는 [다이렉트 메시지(디스코드 아이콘)]를 클릭합니다. 친구 목록에 있는 [Midjourney Bot]을 클릭합니다.

그림 2.21 미드저니를 개인 메시지로 이용하는 방법

그러면 이제 미드저니를 다른 사람 없이 혼자 이용할 수 있습니다. 또한 기본적으로 제공하는 모든 기능을 서버에서 이용하는 것과 동일하게 사용할 수 있습니다. 이제 이곳에서 작업을 계속 이어가겠습니다. 우선 텍스트 입력란에 명령어 '/settings'를 입력해 설정 메뉴를 다시 생성하겠습니다.

설정 메뉴로 미드저니의 모델 버전을 변경하거나 GPU 모드를 변경하는 등 다양한 기능을 제어할 수 있습니다. 또한 원하는 변형 강도도 설정할 수 있습니다. High Variation Mode는 Vary(Strong)와 같고, Low Variation Mode는 Vary(Subtle)와 같습니다. 설정 메뉴에서 값을 변경하면 자동으로 저장되며 이후 이미지 생성 또는 수정 시 설정한 값이 적용됩니다. 즉, High Variation Mode를 활성화한 상태로 그림 2.18의 [V4] 버튼을 클릭하면 네 번째 이미지의 강하게 변형된 이미지가 생성됩니다.

그림 2.22 /settings 명령어로 생성한 설정 메뉴

TIP 미드저니 명령어가 활성화되지 않는 경우

만약 미드저니 서버의 다이렉트 메시지 기능이 비활성화돼 있다면 아래 화면과 같이 미드저니 명령어를 입력할 수 없습니다.

그림 2.23 다이렉트 메시지 기능 비활성화로 개인 메시지에서 이용할 수 없는 모습

다이렉트 메시지 기능을 활성화하려면 화면 왼쪽에 있는 [미드저니 아이콘]을 마우스 오른쪽 버튼으로 클릭하고 [개인정보 보호 설정] 메뉴를 클릭합니다. 이후 '다이렉트 메시지 버튼' 오른쪽에 있는 버튼을 클릭해 활성화한 뒤 [완료] 버튼을 눌러 적용합니다. 이제 개인 메시지에서 미드저니를 이용할 수 있습니다.

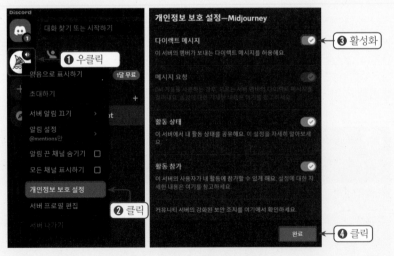

그림 2.24 다이렉트 메시지 기능 활성화

프롬프트 작성 방법

앞서 언급한 대로 이미지 생성 인공지능에서 프롬프트는 원하는 이미지를 생성하기 위해 입력하는 텍스트를 의미합니다. 모든 이미지는 이 프롬프트를 기반으로 생성되므로 원하는 이미지를 만들려면 프롬프트 작성 방법을 정확히 알고 있어야 합니다. 먼저 프롬프트가 어떻게 구성되는지 자세히 알아보겠습니다.

프롬프트의 기본적인 구성은 다음과 같습니다.

1. **이미지 링크(선택 사항)**: 미드저니가 해당 이미지를 참고해서 이미지를 생성합니다. 이미지 링크는 선택 사항으로 생략할 수 있습니다.

2. **핵심 프롬프트(필수)**: 미드저니로 생성하려는 이미지를 묘사하는 텍스트입니다. 특수한 경우를 제외하고는 이 부분을 반드시 작성해야 합니다.

3. **매개변수(선택 사항)**: 이미지의 비율이나 버전 변경과 같이 미드저니가 제공하는 매개변수를 입력하는 부분입니다. 매개변수 역시 선택 사항으로 생략할 수 있습니다.

프롬프트를 작성할 때는 위에서 설명한 구성 요소와 일치하도록 순서대로 작성해야 합니다. 그리고 각 요소는 공백으로 구분해 작성해야 합니다. 이미지 링크나 매개변수는 선택 사항으로, 필요한 경우에만 작성합니다.

프롬프트 작성 방법

이해를 돕기 위해 프롬프트 구성이 잘못된 예와 올바른 예를 살펴보겠습니다.

프롬프트 구성이 잘못된 예 1

```
Isometric 16-bit Dungeon https://cdn.discordapp.com/...
```

이미지 링크는 맨 앞에 작성해야 합니다.

프롬프트 구성이 잘못된 예 2

```
https://cdn.discordapp.com/...Isometric 16-bit Dungeon
```

이미지 링크와 핵심 프롬프트는 공백으로 구분해야 합니다.

프롬프트 구성이 잘못된 예 3

--ar 3:2 –no water Isometric 16-bit Dungeon

┌─────────────────────────────┐
│ 매개변수는 맨 뒤에 작성해야 합니다. │
└─────────────────────────────┘

프롬프트 구성이 올바른 예 1

Isometric 16-bit Dungeon

┌───┐
│ 이미지 링크나 매개변수 없이 핵심 프롬프트만 작성해도 무방합니다. │
└───┘

프롬프트 구성이 올바른 예 2

https://cdn.discordapp.com/... Isometric 16-bit Dungeon

┌─────────────────────────────┐
│ 이미지 링크는 필요에 따라 사용합니다. │
└─────────────────────────────┘

프롬프트 구성이 올바른 예 3

Isometric 16-bit Dungeon --ar 3:2

┌─────────────────────────────┐
│ 매개변수는 필요에 따라 사용합니다. │
└─────────────────────────────┘

즉, 프롬프트를 올바르게 구성한 프롬프트는 다음과 같습니다.

그림 2.25 올바른 프롬프트 구성

이어서 이미지 링크와 매개변수가 무엇인지 알아보겠습니다.

이미지 링크는 미드저니가 이미지를 생성할 때 스타일을 참고할 이미지의 링크를 의미합니다. 이 링크는 디스코드 채팅에 있는 이미지를 마우스 오른쪽 버튼으로 클릭한 다음 [링크 복사하기] 버튼을 클릭해 복사할 수 있습니다.

그림 2.26 디스코드에 있는 이미지 링크 복사

이전에 생성한 이미지가 아닌 외부 이미지를
불러와 이미지 링크로 사용할 수도 있습니다.
텍스트 입력란 왼쪽에 있는 [+] 버튼을 클릭한
뒤 [파일 업로드] 버튼을 클릭해 외부 이미지
를 업로드합니다.

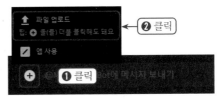

그림 2.27 이미지 파일 업로드를 위한 버튼

또는 외부 이미지를 드래그해 붙여 넣어 간편하게 업로드할 수 있습니다.

그림 2.28 이미지를 드래그한 뒤 붙여넣기

이미지를 업로드하면 텍스트 입력란에 이미지 미리 보기가 나타납니다. 이 상태에서
[Enter] 키를 눌러 전송합니다.

그림 2.29 불러온 이미지 미리 보기

전송을 마치면 앞서 설명한 방법대로 이미지의 링크를 복사해 프롬프트에 작성합니다. 이
미지 링크는 핵심 프롬프트와 공백으로 구분해 작성합니다. 다음과 같이 프롬프트를 작성
하여 이미지를 생성해 보겠습니다.

이미지 링크를 활용해 이미지 생성

(복사한 이미지 링크) Isometric 16-bit Dungeon

그림 2.30 이미지 링크를 참고해 생성한 던전 이미지

생성한 이미지를 살펴보면 첨부한 이미지의 스타일이 반영된 것을 볼 수 있습니다. 또한 이미지 링크는 아래 이미지처럼 프롬프트 없이 두 개 이상의 이미지를 병합할 때도 사용할 수 있습니다.

그림 2.31 두 개의 이미지를 병합하는 프롬프트

그림 2.32 꽃과 성을 병합한 이미지

이처럼 이미지를 병합하는 용도로 이미지를 생성할 때는 예외로 핵심 프롬프트를 작성하지 않아도 됩니다.

매개변수는 생성하는 이미지를 세밀하게 조정하는 요소입니다. 매개변수를 사용할 때는 --(애플 기기에서는 ㅡ도 사용 가능)를 앞에 작성해야 하며 이미지 링크와 마찬가지로 공백으로 구분해 작성합니다. 자주 사용하는 매개변수 몇 가지를 알아보겠습니다.

01. 이미지 화면 비율 설정 (--aspect 또는 --ar)

- 이미지의 화면 비율을 설정할 수 있는 매개변수입니다.
- --ar 〈값1〉:〈값2〉와 같이 작성합니다.
- 자주 사용하는 비율은 기본값인 1:1과 16:9입니다.
- 1:1 비율은 기본값이므로 굳이 작성하지 않아도 적용됩니다.
- 주로 게임의 배경 이미지는 16:9 비율로 생성합니다.

아래 이미지는 --ar 매개변수를 작성해 생성한 16:9 비율의 롤플레잉 게임 배경 이미지입니다.

비율을 지정해 이미지 생성

```
fantasy RPG game world design --ar 16:9
```

그림 2.33 --ar 매개변수를 활용해 만든 16:9 비율의 RPG 게임 이미지

02. 필요 없는 요소 제거 (--no)

- 이미지에서 필요 없는 요소를 제거하는 매개변수입니다.
- --no 뒤에 제거하고자 하는 요소를 작성합니다.

다음 이미지는 앞서 생성한 이미지에서 –no castle을 추가해 성을 제거한 이미지입니다.

필요 없는 요소를 제거하여 이미지 생성

```
fantasy RPG game world design --ar 16:9 --no castle
```

그림 2.34 --no 매개변수를 추가해 성을 제거한 RPG 게임 이미지

03. 애니메이션 스타일 적용 (--niji)

· 애니메이션 스타일을 제작하는 데 특화된 Niji 모델[2]을 사용하는 매개변수입니다.
· --niji 뒤에 오는 정수는 Niji 모델의 버전을 나타내는 것으로 최신 버전[3]이 출시되면 값을 변경할 수 있습니다(예를 들어 --niji 6).
· 주로 게임의 아이템이나 아이콘 이미지를 Niji 모델로 생성합니다.

다음 이미지는 앞서 생성한 이미지에 --niji 5를 추가해 애니메이션 스타일로 변경한 이미지입니다.

애니메이션 스타일로 이미지 생성

```
fantasy RPG game world design --ar 16:9 --no castle --niji 5
```

---

2 스펠브러시(spellbrush) 사와 협력해 개발한 애니메이션 그림체에 특화된 모델입니다. 이외에 다른 모델을 추가로 제공하고 있지 않습니다.
3 Niji모델의 최신 버전은 미드저니 공식 문서 https://docs.midjourney.com/에서 확인할 수 있습니다.

그림 2.35 --niji 매개변수를 추가해 애니메이션 스타일로 변경한 RPG 게임 이미지

04. 미드저니 다른 버전 선택 (--v)

- 미드저니 모델의 특정 버전을 선택해 이미지를 생성할 수 있는 매개변수입니다.
- --v 뒤에 오는 정수는 사용하고자 하는 모델의 버전을 나타냅니다. 2023년 12월 기준으로 가장 최신 버전은 V6 Alpha입니다.

버전이 높으면 이미지의 품질이 좋아지며 인공지능이 사용자의 프롬프트를 더욱 정확하게 인식합니다. 그러므로 이미지를 생성할 때는 가장 최신 버전의 모델을 사용하는 것이 좋습니다. 매개변수를 별도로 작성하지 않으면 미드저니는 최신 버전의 모델을 자동으로 선택합니다. 그러나 v6 Alpha와 같이 알파 버전인 경우에는 기본값으로 설정되지 않기 때문에 매개변수를 작성해 버전을 명시적으로 지정해야 합니다. 알파 버전은 정식 버전이 아니므로 불안정하거나 생성하는 이미지 스타일이 변경될 수 있다는 점을 염두에 두어야 합니다.

TIP 이 책에서 사용한 미드저니 버전

이 책을 집필하는 시점을 기준으로 아직 V6의 정식 버전이 출시되지 않았기 때문에 이 책에서는 정식 버전 중에서 가장 최신 버전인 V5.2 버전을 기준으로 설명하고 있습니다. 그러므로 책의 예시와 크게 동떨어진 이미지가 생성되거나, 의도한 대로 생성되지 않으면 --v 5.2를 매개변수로 추가해 책에서 다루는 버전과 같은 모델로 시도하는 것이 좋습니다. 이 책과 같은 버전을 사용하려면 프롬프트를 다음과 같이 작성합니다.

버전을 지정하여 이미지 생성

```
fantasy RPG game world design --ar 16:9 --no castle --niji 5 --v 5.2
```

미드저니는 이외에도 10개 이상의 매개변수를 제공하고 있지만, 이 책에서 다루는 이미지를 생성하는 데 필요한 매개변수는 위에서 언급한 세 가지만으로도 충분합니다. 매개변수에 대한 더 자세한 정보가 필요하다면 미드저니의 공식 문서를 참조할 수 있습니다. 공식 문서는 주소창에 아래 주소를 입력해 접속할 수 있습니다.

- 미드저니 공식 문서(매개변수 페이지): https://docs.midjourney.com/docs/parameter-list

미드저니 프롬프트 엔지니어링

지금까지 프롬프트를 구성하는 요소를 살펴봤습니다. 이어서 프롬프트를 어떻게 작성해야 좋은 이미지를 만들 수 있는지 알아보겠습니다. 이 부분은 미드저니를 이용할 때 가장 중요한 부분이므로 잊지 않게 여러 번 읽어 숙지할 것을 권장합니다.

영어로 작성하기

프롬프트를 한국어로 작성해도 이미지를 만들 수는 있지만, 의도하지 않은 이미지가 만들어질 확률이 높습니다. 다음 두 사진을 비교하면 그 차이를 한눈에 알 수 있습니다. 이러한 현상은 미드저니가 각 언어별로 학습한 데이터양에 차이가 나기 때문입니다. 미드저니는 특정 키워드에 대한 통계적인 상관관계를 기반으로 이미지를 생성합니다. 전세계 웹사이트에서 사용하는 언어 통계[4]를 살펴보면 영어가 53.3%로 압도적인 비율을 차지하고 있지만, 한국어는 0.7%에 불과합니다. 따라서 미드저니가 학습한 한국어 데이터양은 영어에 비해 저조하고, 이는 원하는 결과물을 만들기 어려운 원인이 됩니다.

---

4 Usage statistics of content languages for websites. (2023). https://w3techs.com/technologies/overview/content_language.

그림 2.36 한국어 프롬프트와 영어 프롬프트의 이미지 결과물 차이

구체적으로 작성하기

프롬프트를 모호하게 작성하면 미드저니는 학습량이 많은 보편적인 이미지를 생성할 가능성이 높습니다. 예를 들어, 카페에서 커피를 주문한다고 가정해 보겠습니다. 카페 직원에게 "커피 주세요."라고 주문하면 카페 직원은 우리가 아메리카노를 주문한 것인지 라떼를 주문한 것인지 알 수 없습니다. 그래서 직원은 본인이 평소에 자주 마시는 커피를 만들어 주었습니다. 이때 직원이 건넨 커피가 원하는 커피일 확률은 얼마나 될까요? 물론 실제 상황이었다면 직원이 메뉴명을 다시 한번 물어보는 것이 올바른 상황이지만 이해를 돕기 위한 예시로 생각하고 본다면 직원이 잘못했다고 보기 힘든 상황입니다. 처음부터 메뉴 이름을 명확하게 주문했으면 처음부터 일어나지 않았을 일이기 때문이죠. 마찬가지로 프롬프트를 구체적으로 작성하지 않으면 우리가 원하는 이미지를 만들 확률이 매우 낮습니다. 따라서 이미지를 생성할 때는 '귀여운 고양이'(실제 프롬프트는 영어로 작성합니다.) 대신에 '벤치에 앉아 여유롭게 하품하는 눈이 커다란 귀여운 고양이'와 같이 구체적으로 작성하는 것이 좋습니다. 더 자세하게 작성하고 싶다면 고양이의 품종까지 작성할 수 있습니다.

간결하게 작성하기

프롬프트를 구체적으로 작성해야 한다는 것은 길게 작성해야 한다는 의미가 아닙니다. 미드저니는 긴 문장보다 짧은 문장에서 잘 작동합니다. 예를 들어 '공원에 있는 벤치를 그런 뒤, 그 위에 앉아 있는 고양이를 그려주세요. 고양이의 눈은 크고 귀엽습니다'보다는 '벤치에 앉아 여유롭게 하품하는 눈이 커다란 귀여운 고양이'가 더 좋은 이미지를 만들 확률이 높습니다.

단어 선택에 집중하기

미드저니는 문법이나 문장 구조를 이해하지 못합니다. 그래서 '벤치에 앉아 여유롭게 하품하는 눈이 커다란 귀여운 고양이' 대신에 '눈이 커다란 귀여운 고양이, 벤치에 앉아 있는, 여유로운, 하품하는(A cute cat with big eyes, sitting on a bench, relaxed, and yawning.)'과 같이 쉼표로 문장을 구분해 작성하는 것이 때로는 더 좋은 결과물을 만들기도 합니다. 또한 비슷한 의미를 가진 여러 유의어 중에서 가장 구체적인 단어를 선택하는 것이 좋습니다. 예를 들어 'big' 대신에 'gigantic', 'enormous', 'immense'와 같은 단어를 사용하는 것입니다. 더불어 프롬프트에 사용한 단어의 개수가 적으면 각 단어가 더 큰 영향력을 갖게 되므로 불필요한 단어나 의미가 중복되는 단어는 프롬프트에서 제거하는 것이 좋습니다.

7가지의 세부 사항 작성하기

프롬프트를 구체적으로 작성하기 어렵다면 다음의 7가지 세부 사항에 맞춰 이미지를 묘사하는 것이 도움이 될 것입니다. 세부 사항을 반드시 작성해야 하는 것은 아니지만, 원하는 이미지를 생성하는 데 가장 효과적인 방법입니다.

- **대상**: person(예: 소방관), animal(예: 고양이), character, location, object
- **스타일**: photo, painting, illustration, sculpture, doodle, tapestry
- **환경**: indoors, outdoors, on the moon, in Narnia, underwater, the Emerald City
- **조명**: soft, ambient, overcast, neon, studio lights
- **색상**: vibrant, muted, bright, monochromatic, colorful, black and white, pastel
- **분위기**: sedate, calm, raucous, energetic
- **구도**: portrait, headshot, closeup, birds-eye view

다음 이미지는 위 세부 사항을 모두 포함한 프롬프트로 생성한 예시 이미지입니다.

cute cat with big eyes(대상), illustration(스타일), lying in the meadow(환경), sunlight(조명), colorful(색상), calm, relax(분위기), birds-eye view(구도)

그림 2.37 세부 사항을 작성해 만든 구체적인 고양이 이미지

복수형 단어 사용하지 않기

복수형 단어는 프롬프트를 모호하게 만듭니다. 복수형 단어를 사용하는 대신에 구체적인 숫자나 집합 명사로 작성합니다. 예를 들어 cat 대신에 three cats로 작성하고, birds 대신에 flock of birds와 같이 작성합니다.

중요한 단어는 프롬프트 앞부분에 작성하기

단어는 프롬프트 앞부분에 작성할수록 영향력이 커집니다. 원하는 이미지를 보다 정확하게 생성하기 위해 핵심 단어를 프롬프트 앞부분에 작성합니다.

지금까지 미드저니를 사용하기 위한 기초적인 지식을 모두 알아봤습니다. 앞으로 배울 추가 기능들을 손쉽게 적용하려면 기초가 충분히 마련돼 있어야 합니다. 특히 프롬프트를 정확히 작성하는 것은 무엇보다 중요하므로 '미드저니 프롬프트 엔지니어링'을 완전히 숙지할 때까지 여러 번 읽어보는 게 좋습니다.

게임 이미지 제작에 특화된 만능 템플릿

이 책에서는 게임 이미지 리소스를 제작하는 방법을 배경, 캐릭터, UI, 아이콘 및 아이템으로 나누어 소개합니다. 이 과정에서 가장 중요한 점은 각 리소스를 만들 때 게임의 콘셉트를 유지하면서 일관성을 유지하는 것입니다. 이번 절에서는 이 작업을 보다 간편하게 수행할 수 있도록 도와주는 만능 템플릿에 대해 알아보겠습니다. 그전에 콘셉트 설정을 위한 게임의 그래픽 스타일을 먼저 살펴보겠습니다.

게임의 그래픽 스타일은 크게 2D, 2.5D, 3D로 구분할 수 있습니다. 미드저니는 이미지 생성 인공지능 서비스로, 3D 모델을 생성하기 위한 용도가 아니므로 3D 스타일은 다루지 않고 2D와 2.5D 스타일에 중점을 두어 설명하겠습니다.

먼저 2.5D에 대한 개념을 정확하게 짚고 넘어가겠습니다. 사실 2.5D의 올바른 명칭은 등축 투영법(Isometric view)으로, 이는 그래픽 스타일보다는 게임의 시점에 더 가까운 개념입니다. 하지만 이러한 2.5D 시점을 표현하기 위해 만들어지는 오브젝트 이미지가 2D 이미지이면서 3D 형태를 띠는 독특한 그래픽이기 때문에 그래픽 스타일의 일부로 구분하기도 합니다. 기술이 발전하면서 게임의 오브젝트를 3D로 만들고 카메라의 각도만 2.5D처럼 보이게 만드는 새로운 방식도 등장했지만, 앞서 말했듯이 미드저니는 3D 오브젝트를 생성하는 용도가 아니므로 이 방식은 제외하겠습니다.

두 방식의 차이점은 게임 스타크래프트 시리즈로 살펴볼 수 있습니다. 스타크래프트1은 전자의 방식으로 2.5D를 표현한 게임이고 스타크래프트2는 후자의 방식으로 2.5D를 표현한 게임입니다.

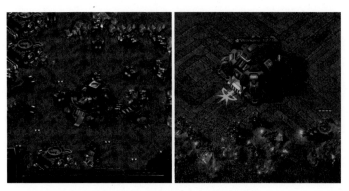

그림 2.38 좌: 스타크래프트1 우: 스타크래프트 2

요약하면 앞으로 미드저니를 활용해 만들어 볼 그래픽 스타일은 2D 이미지와 2.5D 이미지 두 가지로 구분할 수 있습니다. 이 두 가지 스타일의 이미지를 만들 수 있다면 액션, 슈팅, 롤플레잉, 시뮬레이션, 어드벤처 등 다양한 장르의 게임 리소스를 만들 수 있습니다.

그래픽 콘셉트 설정하기

이제 배경 이미지를 만들어 보면서 게임의 콘셉트를 설정해 보겠습니다. 다음 표는 게임의 콘셉트를 쉽게 설정할 수 있도록 콘셉트별로 미드저니로 생성한 이미지를 정리한 표입니다.

키워드	미드저니로 생성한 이미지
Realistic (현실적인)	
Cartoon (만화)	
Steampunk (스팀펑크)	

Urban (어반, 현대적 도시)	
Fantasy (판타지)	
Pixel Art (픽셀 아트)	
Sci-Fi (공상 과학)	
Minimalism (미니멀리즘)	

ToyStyle (장난감 스타일)	
Noir (누아르)	
Isometric (2.5D)	

표 2.2 콘셉트별로 미드저니로 생성한 이미지

미드저니는 대소문자를 구분하지 않으므로 프롬프트를 입력할 때는 대소문자를 신경 쓰지 않아도 됩니다. 다만 철자가 틀리면 완전히 다른 이미지가 생성될 수 있으므로 철자는 틀리지 않도록 주의해야 합니다.

색다른 콘셉트를 원한다면 표 2.2의 키워드를 조합할 수도 있습니다. 다음 표에는 몇 가지 키워드를 조합해 생성한 이미지 목록이 나열돼 있습니다.

키워드 조합	미드저니로 생성한 이미지
Cartoon + Pixel Art	
Minimalism + Urban	
Noir + Isometric	

표 2.3 조합한 콘셉트 키워드로 만든 이미지 목록

취향에 맞는 키워드를 골라 다음과 같이 배경 프롬프트에 삽입하고 이미지를 생성해 보세요.

배경 프롬프트

```
(선택한 키워드) game art, background, wallpaper --ar 16:9
```

- (선택한 키워드): 표 2.2에 있는 영문 키워드를 선택해 대소문자 구분 없이 작성합니다.

- game art: 표 2.2에 있는 키워드를 게임아트로 표현했을 때의 모습을 만들기 위한 프롬프트입니다.

- background: 배경 이미지를 만들기 위한 프롬프트입니다. game art만 작성해도 기본적으로 배경 이미

지가 만들어지지만, 간혹 사람 동물 등이 함께 만들어질 때 작성하면 효과적입니다.

- wallpaper: 컴퓨터 바탕화면이라는 의미로 사용되며, 고품질의 배경 이미지를 생성할 가능성을 높이는 프롬프트입니다. 인터넷에 공유되는 바탕화면 이미지는 주로 화질과 품질이 좋습니다.

- --ar 16:9: 이미지의 비율을 16:9로 설정하는 매개변수입니다. 매개변수에 대한 설명은 47쪽 '프롬프트 작성 방법'에서 자세히 살펴보실 수 있습니다.

- 4k (선택): wallpaper와 비슷하게 고품질 이미지를 생성할 가능성을 높여주는 프롬프트이지만, wallpaper만 작성해 생성한 이미지와 큰 차이가 없습니다.

- 8k (선택): 4k와 동일합니다.

  작성 예1) Minimalism game art, background, wallpaper --ar 16:9

  작성 예2) Minimalism game art, background, wallpaper, 4k, 8k --ar 16:9

키워드를 조합한 프롬프트는 다음과 같이 작성할 수 있습니다.

키워드를 조합한 프롬프트 예시

```
cartoon pixel art game art, background, wallpaper --ar 16:9
```

미드저니 프롬프트 고민 해결

앞서 살펴본 방법으로 원하는 콘셉트를 설정하기 어렵다면 미드저니가 제공하는 '/describe' 명령어를 활용할 수 있습니다. 이 명령어는 이미지를 업로드하면 이미지를 분석해 4개의 프롬프트를 만들어냅니다. 이 명령어를 활용하면 마음에 드는 게임의 그래픽 콘셉트를 어느 정도 흉내 낼 수 있습니다.

디스코드 텍스트 입력란에 명령어 '/describe'를 소문자로 입력한 다음 [Enter] 키를 누릅니다. 그러면 이미지를 업로드할 수 있는 창이 나타납니다. 이 창을 클릭해 직접 이미지를 선택하거나 이미지를 드래그하여 붙여 넣은 뒤 [Enter] 키를 눌러 전송합니다. 이 예시에서는 게임 Ori and the Will of the Wisps의 플레이 장면 일부를 이미지로 사용했습니다.

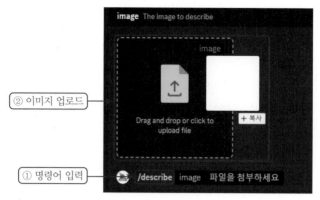

② 이미지 업로드

① 명령어 입력

그림 2.39 /describe 명령어에 이미지 드래그 후 붙여 넣기

전송하고 잠시 기다리면 미드저니가 이미지를 분석한 뒤 4개의 프롬프트를 생성합니다. 아래 숫자 버튼을 클릭하면 해당 버튼의 순서에 맞는 프롬프트로 이미지를 생성합니다. 예를 들어 [1] 버튼을 클릭하면 첫 번째로 프롬프트로 이미지를 생성합니다. 그 밑에 있는 [Imagine all] 버튼을 클릭하면 4개의 프롬프트를 모두 이미지로 생성합니다.

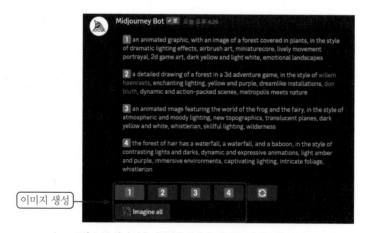

이미지 생성

그림 2.40 붙여 넣은 이미지를 분석 후 생성한 4개의 프롬프트

다음 그림의 오른쪽 이미지는 1번 프롬프트로 생성한 이미지입니다. 좌측의 원본 이미지와 비교해 보면 꽤 유사한 이미지가 생성된 것을 알 수 있습니다.

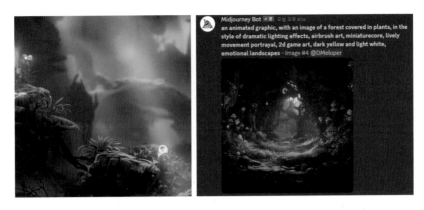

그림 2.41 게임 원본 이미지(왼쪽)와 /describe 명령어를 활용해 생성한 이미지(오른쪽)

지금까지 그래픽 콘셉트를 설정하기 위한 방법을 알아봤습니다. 이렇게 설정한 콘셉트는 캐릭터 이미지나 UI 이미지를 만들 때도 사용할 수 있습니다. 이러한 전반적인 게임의 콘셉트를 나타내는 프롬프트를 '콘셉트 프롬프트'라고 부르겠습니다. 여러분이 pixel art가 마음에 든다면 pixel art가 콘셉트 프롬프트가 되는 것이고 pixel art와 minimalism을 조합한 스타일 마음에 들면 pixel art minimalism이 콘셉트 프롬프트가 되는 것입니다. 그런데 만약 '/describe' 명령어로 생성한 프롬프트가 마음에 들면 콘셉트를 나타내는 데 필요 없는 문장을 제거해야 콘셉트 프롬프트로 사용할 수 있습니다.

이해를 돕기 위해 위 예시에서 /describe를 사용해 만든 프롬프트를 콘셉트 프롬프트로 바꿔보겠습니다. 기존 프롬프트에서 배경을 나타내기 위한 부분은 필요 없으므로 with an image of a forest covered in plants와 emotional landscapes를 제거합니다. 번역기를 이용해 프롬프트를 한국어로 번역하면 제거할 부분을 더 쉽게 찾을 수 있습니다.

/describe를 사용해 만든 프롬프트

an animated graphic, ~~with an image of a forest covered in plants~~, in the style of dramatic lighting effects, airbrush art, miniaturecore, lively movement portrayal, 2d game art, dark yellow and light white, ~~emotional landscapes~~

불필요한 프롬프트를 제거한 프롬프트 (콘셉트 프롬프트)

an animated graphic, in the style of dramatic lighting effects, airbrush art, miniaturecore, lively movement portrayal, 2d game art, dark yellow and light white

리소스별 만능 템플릿 작성 방법

콘셉트 프롬프트는 다양한 게임 이미지를 제작할 때 쓸 수 있는 만능 템플릿에서 사용합니다. 만능 템플릿의 구조는 아래와 같습니다.

만능 템플릿

```
(콘셉트 프롬프트) game art, (이미지 종류), (추가 프롬프트)
```

(이미지 종류)에는 배경, 캐릭터, UI 등을 작성하고 (추가 프롬프트)에는 (이미지 종류)와 어울리는 추가 프롬프트를 작성합니다. 이때 콘셉트 프롬프트를 명령어 /describe로 생성한 경우에는 만능 템플릿의 구조를 조금 변경해야 합니다. 콘셉트 프롬프트에 게임 그래픽 스타일을 표현하는 프롬프트가 충분하므로 'game art'를 제거하고 (콘셉트 프롬프트)를 가장 뒤에 작성합니다.

/describe로 콘셉트 프롬프트를 설정한 경우의 만능 템플릿

```
(이미지 종류), (추가 프롬프트), (콘셉트 프롬프트)
```

기존의 만능 템플릿을 그대로 사용하면 /describe로 생성한 콘셉트 프롬프트의 길이가 길기 때문에 전체 프롬프트에서 차지하는 비중이 커지고, (이미지 종류)와 (추가 프롬프트)의 영향력이 낮아져 원하는 이미지를 생성할 수 없습니다. 이는 앞서 '미드저니 프롬프트 엔지니어링'의 7번째 조건인 '중요한 단어는 프롬프트 앞부분에 작성하기'에서 살펴본 내용과 같습니다. 그러므로 /describe로 콘셉트 프롬프트를 설정한 경우에는 변경한 만능 템플릿의 구조에 맞춰 사용해야 원하는 이미지를 생성할 수 있습니다.

앞서 배경 이미지를 만들 때 사용했던 배경 프롬프트를 다시 살펴보겠습니다.

배경 프롬프트

```
(선택한 키워드) game art, background, wallpaper --ar 16:9
```

배경 프롬프트도 사실 만능 템플릿의 구조를 따르고 있습니다. (선택한 키워드)는 만능 템플릿의 (콘셉트 프롬프트)이고, background는 배경을 의미하는 (이미지 종류)에 해당합니다. 그리고 wallpaper와 --ar 16:9는 (추가 프롬프트)에 해당합니다. 즉 background를 warrior character로 변경하기만 하면 콘셉트를 유지한 상태로 용사 캐릭터 이미지를 생성할 수 있습니다. 다만 용사 이미지의 경우 16:9 비율로 생성할 필요는 없으므로 --ar 16:9와 같은 매개변수는 작성하지 않아도 됩니다.

캐릭터 이미지 생성

```
minimalism game art, warrior character
```

그림 2.42 배경 프롬프트의 일부 키워드를 변경해 캐릭터 이미지 생성

이처럼 만능 템플릿을 구성하는 각 요소는 다른 요소에도 영향을 끼치므로 각 요소끼리 조화를 이루도록 작성하면 더 좋은 이미지를 만들 수 있습니다. 다음은 만능 템플릿을 작성하기 쉽도록 요소별 키워드를 나열한 표입니다. 표에 있는 '함께 쓰면 좋은 프롬프트'는 만능 템플릿의 (추가 프롬프트)에 작성합니다.

키워드	의미	함께 쓰면 좋은 추가 프롬프트
Realistic	현실적인	detailed, 4k, 8k, high-definition textures, lifelike lighting
Cartoon	만화	cel-shaded, colorful, vibrant, exaggerated features, comic book style, bold outline
Steampunk	스팀펑크	gears and cogs, Victorian era, brass and copper, mechanical contraptions, industrial aesthetics
Urban	현대적 도시	cityscape, skyscrapers, gritty, street art, modern architecture

키워드	의미	함께 쓰면 좋은 추가 프롬프트
Fantasy	판타지	magic spells, medieval settings
Pixel Art	픽셀 아트	retro, pixelated sprites, low resolution, pixel animation, 8-bit style
Sci-Fi	공상 과학	futuristic technology, space exploration, cyberpunk, holographic displays, alien worlds
Minimalism	미니멀리즘	clean lines, simplicity, monochromatic, abstract shapes
ToyStyle	장난감 스타일	bright colors, whimsical design, playful environments, oversized objects
Noir	누아르	black and white, film noir atmosphere, detective stories, dramatic lighting, mysterious shadows
Isometric	2.5D	2.5D perspective, top-down view, isometric grid, three-dimensional depth, architectural details
Horror	공포	dark, eerie, suspenseful

표 2.4 콘셉트 프롬프트 예시 목록

만능 템플릿 작성 예 1

cartoon game art, (이미지 종류), cel-shaded, colorful

만능 템플릿 작성 예 2

horror game art, (이미지 종류), dark, eerie

다음은 (이미지 종류) 중에서 배경 이미지를 작성하기 쉽도록 키워드를 나열한 표입니다.

키워드	의미	함께 쓰면 좋은 프롬프트
Background	배경	배경 이미지를 만들기 위해 어디든 사용 가능
Natural landscape	자연 풍경	mountain view, wildlife in habitat, sunrise or sunset hues
City	도시	modern skyscrapers, bustling city life, nighttime city lights, waterfront cityscape, aerial city view
Lake	호수	lm waters, misty morning, forested surroundings
Space	우주	distant galaxies, cosmic nebulae

키워드	의미	함께 쓰면 좋은 프롬프트
Desert	사막	sand dunes, desert oasis, starry night sky, desert mirages
Forest	숲	dense woods, sunlight filtering through leaves, moss-covered trees, forest creatures, hidden waterfalls
Sky	하늘	with a full sky, clear blue sky, starry night sky, colorful sunset

표 2.5 배경 이미지 예시 키워드 목록

만능 템플릿 작성 예 3

(콘셉트 프롬프트), game art, background, desert, sand dunes, starry night sky

만능 템플릿 작성 예 4

(콘셉트 프롬프트), game art, space, cosmic nebulae

다음은 (이미지 종류) 중에서 캐릭터 이미지를 작성하기 쉽도록 키워드를 나열한 표입니다.

키워드	의미	함께 쓰면 좋은 프롬프트
character	캐릭터	캐릭터 이미지 생성을 위해 필수로 작성
Warrior	전사	medieval armor, sword and shield, heroic pose, epic background, fantasy setting
Wizard	마법사	arcane spells, magic staff, mystical aura, magical incantations, magical laboratory
Goblin	고블린	green skin, mischievous grin, goblin horde, chaotic antics, goblin lair
Monster	몬스터	monstrous form, sharp teeth and claws, menacing growl, terrifying presence
Dragon	용	massive wings, fiery breath, scales and spikes, mighty roar
Princess	공주	royal gown, graceful posture, regal beauty
Alien	외계인	alien technology, extraterrestrial features, strange symbols
Elf	엘프	pointed ears, elegant bow and arrows, ethereal beauty, elven magic
Pirate	해적	pirate captain hat, pirate treasure, high seas adventure
Villain	악당	evil mastermind, sinister plot, menacing presence, arch-nemesis

키워드	의미	함께 쓰면 좋은 프롬프트
Superhero	슈퍼히어로	superhero costume, heroic stance, superhuman abilities, city-saving action, secret identity

만능 템플릿 작성 예 5

(콘셉트 프롬프트), game art, villain character design, sinister plot, arch-nemesis

만능 템플릿 작성 예 6

(콘셉트 프롬프트), game art, superhero, heroic stance, secret identity

다음은 (이미지 종류) 중에서 UI 이미지를 작성하기 쉽도록 키워드를 나열한 표입니다.

키워드	의미	함께 쓰면 좋은 프롬프트
UI design	UI 디자인	UI 이미지 생성을 위해 필수로 작성
Main menu	메인 메뉴	interactive buttons, navigation menu, game logo
Character stats	캐릭터 스탯	character attributes, level progression, experience points , XP, skill tree, equipment slots, stat tooltips
Quest	임무 및 퀘스트	quest log, objectives tracker, quest rewards, completed quests, quest markers
Inventory	인벤토리	sorting options, item tooltips, item categories, drag-and-drop functionality, crafting menu
Map	맵	mini map, world map, location markers, points of interest, map legend, fast travel, geographical details
Shop	상점	shop inventory, currency display, buy and sell options, price tags, transaction history, item comparison
Dialogue	대화	character portraits, dialogue boxes, branching dialogue options, voice lines, dialogue choices
Option	옵션	graphics settings, audio settings, control customization, language selection, save-load options, gameplay settings
Achievement	업적	achievement icons, progress tracking, achievement pop-ups, leaderboards, global rankings, in-game challenges

UI 이미지를 생성할 때는 UI design을 프롬프트에 반드시 포함하고, 키워드를 작성할 때는 UI와 함께 작성합니다. 보다 자세한 내용은 82쪽 '게임 UI용 이미지 만들기'에서 다룰 예정입니다.

만능 템플릿 작성 예 7

(콘셉트 프롬프트), game art, ui design, quest UI, quest log, item categories

만능 템플릿 작성 예 8

(콘셉트 프롬프트), game art, ui design, option ui, graphics settings

다음은 (이미지 종류) 중에서 아이템과 아이콘 이미지를 작성하기 쉽도록 키워드를 나열한 표입니다.

키워드	의미	함께 쓰면 좋은 프롬프트
Icon	아이콘	아이템 & 아이콘 이미지 생성을 위해 필수로 작성
Skill	스킬	skill tree, elemental themes, cooldown animations, skill level, mastery effects
Weapon	무기	weapon types, unique designs, battle-worn look, elemental enhancements, special effects
Armor	방어구	armor sets, defensive stats, material textures, protective enchantments, weight variations
Currency	화폐	gold coins, silver coins, barter items, paper currency, royal treasury
Reward	보상	achievement rewards, quest completion, loot drops, reasure chests, experience points, level-up rewards
Potion	포션	health potions, mana potions, potion labels, potion sizes, magical essence
Minimap	미니맵	map markers, player location indicators, points of interest, map legends, map terrain
Quest	퀘스트	quest markers, quest objectives, completed quests, quest progression

표 2.8 아이템과 아이콘 이미지 예시 키워드 목록

게임에 필요한 아이템 혹은 아이콘 이미지를 만들 때는 icon을 프롬프트에 반드시 포함합니다. 보다 자세한 내용은 85쪽 '게임 아이템과 아이콘 이미지 만들기'에서 다룰 예정입니다.

만능 템플릿 작성 예 9

> (콘셉트 프롬프트), game art, icon pack, potion icon, health potions, potion sizes

만능 템플릿 작성 예 10

> (콘셉트 프롬프트), game art, icon pack, armor icon, armor sets, weight variations

지금까지 살펴본 표에 나열된 키워드들은 단순히 예시일 뿐이며, 해당 키워드로만 만능 템플릿을 구성해야 하는 것은 아닙니다. 템플릿의 기본 구조를 유지하기만 하면 각 요소에 창의적인 프롬프트를 작성해 다양한 이미지를 만들 수 있습니다. 또한 만능 템플릿을 구성하는 (추가 프롬프트) 부분은 필요에 따라 원하는 만큼 자유롭게 작성할 수 있습니다. 다만 앞서 '미드저니 프롬프트 엔지니어링'에서 살펴본 것처럼 프롬프트는 최대한 간결하게 작성하는 것이 좋습니다.

실전! 만능 템플릿으로 공상 과학 콘셉트 이미지 리소스 만들기

지금까지 만능 템플릿을 활용하는 방법을 살펴봤습니다. 이번 절에서는 만능 템플릿을 활용해 공상 과학 콘셉트로 네 가지 이미지 리소스인 배경 이미지, 캐릭터 이미지, UI 이미지, 아이콘&아이템 이미지를 차례로 만들어 보겠습니다.

만능 템플릿

> (콘셉트 프롬프트) game art, (이미지 종류), (추가 프롬프트)

우선 만능 템플릿의 콘셉트 프롬프트를 지정하겠습니다. 공상 과학 콘셉트의 이미지를 생성할 수 있도록 콘셉트 프롬프트는 sc-fi로 지정합니다.

콘셉트 프롬프트

> sc-fi

가장 먼저 공상 과학 콘셉트의 배경 이미지를 만들어 보겠습니다.

sc-fi 배경 이미지 프롬프트

sc-fi game art, background, city, nighttime city lights, aerial city view, futuristic technology, cyberpunk, holographic displays --ar 16:9

- sc-fi: 만능 템플릿의 (콘셉트 프롬프트)에 해당합니다. 대소문자를 구분하지 않아도 됩니다. 그래픽 콘셉트에 대한 더 많은 예시 프롬프트는 표 2.4 '콘셉트 프롬프트 예시 목록'에서 살펴볼 수 있습니다.

- background, city: 만능 템플릿의 (이미지 종류)에 해당합니다. 도시 배경 이미지를 생성하기 위한 프롬프트입니다. 배경 이미지에 대한 더 많은 프롬프트는 표 2.5 '배경 이미지 예시 프롬프트 목록'에서 살펴볼 수 있습니다.

- nighttime city lights, aerial city view: 만능 템플릿의 (추가 프롬프트)에 해당합니다. city와 함께 쓰면 좋은 프롬프트이며 city에 대한 더 많은 추가 프롬프트는 표 2.5 '배경 이미지 예시 프롬프트 목록'에서 살펴볼 수 있습니다.

- futuristic technology, cyberpunk, holographic display: 만능 템플릿의 (추가 프롬프트)에 해당합니다. sc-fi와 함께 쓰면 좋은 프롬프트이며 sc-fi에 대한 더 많은 추가 프롬프트는 표 2.4 '콘셉트 프롬프트 예시 목록'에서 살펴볼 수 있습니다.

- --ar 16:9: 이미지의 비율을 16:9로 설정하는 매개변수입니다. 매개변수에 대한 설명은 47쪽 '프롬프트 작성 방법'에서 자세히 살펴볼 수 있습니다.

그림 2.43 미드저니로 생성한 공상 과학 도시 배경 이미지

이어서 공상 과학 콘셉트의 캐릭터 이미지를 만들어 보겠습니다.

sc-fi 캐릭터 이미지 프롬프트

sc-fi game art, character design, alien, alien technology, wearing suit

- sc-fi: 만능 템플릿의 (콘셉트 프롬프트)에 해당합니다.

- character design, alien: 만능 템플릿의 (이미지 종류)에 해당합니다. 외계인 캐릭터 이미지를 생성하기 위한 프롬프트입니다.

- alien technology: 만능 템플릿의 (추가 프롬프트)에 해당합니다. alien의 함께 쓰면 좋은 프롬프트입니다.

- wearing suit: 만능 템플릿의 (추가 프롬프트)에 해당합니다. 앞서 살펴본 (이미지 종류)의 캐릭터 이미지 예시 목록에 존재하지 않는 새로운 프롬프트입니다. 이처럼 생성하려는 이미지와 어울리는 프롬프트를 얼마든지 새로 추가할 수 있습니다.

그림 2.44 미드저니로 생성한 공상 과학 외계인 캐릭터 이미지

💡**TIP** 이 책에서 활용한 미드저니 버전

앞서 매개변수를 설명할 때 언급한 바와 같이 이 책에서는 V5.2 버전을 기준으로 설명하고 있습니다. 이 책을 실습하는 시점에 따라 미드저니의 버전이 달라질 수 있고, 버전이 다르면 예시 이미지와 동떨어진 이미지가 생성될 수 있습니다. 이러한 경우에는 --v 5.2 매개변수를 추가해 예시와 비슷한 스타일의 이미지를 생성할 수 있습니다. 물론 V6로 생성한 이미지가 마음에 들면 굳이 V5.2 버전을 선택할 필요는 없습니다.

다만 UI 이미지나 아이콘 이미지처럼 목적에 맞게 반드시 생성해야 하는 요소가 생성되지 않는다면 (예를 들어 UI용으로 생성한 이미지에 UI 요소는 없고 배경만 있는 경우)에는 이 책에서 다루는 버전(V5.2)으로 생성하는 것을 권장합니다.

다음으로 공상 과학 콘셉트의 UI 이미지를 만들어 보겠습니다.

sc-fi UI 이미지 프롬프트

sc-fi game art, ui design, map, world map, location markers, map legend, futuristic technology, cyberpunk

- sc-fi: 만능 템플릿의 (콘셉트 프롬프트)에 해당합니다.

- ui design, map: 만능 템플릿의 (이미지 종류)에 해당합니다. 게임 맵의 UI를 만들기 위한 프롬프트입니다.

- world map, location markers, map legend: 만능 템플릿의 (추가 프롬프트)에 해당합니다. map의 함께 쓰면 좋은 프롬프트입니다.

- futuristic technology: 만능 템플릿의 (추가 프롬프트)에 해당합니다. sc-fi의 함께 쓰면 좋은 프롬프트입니다.

그림 2.45 미드저니로 생성한 공상 과학 월드 맵의 UI 이미지

마지막으로 공상 과학 콘셉트의 아이템 및 아이콘 이미지를 만들어 보겠습니다.

sc-fi 아이템&아이콘 프롬프트

sc-fi game art, icon pack, currency icon

- sc-fi: 만능 템플릿의 (콘셉트 프롬프트)에 해당합니다.

- icon pack, currency icon: 만능 템플릿의 (이미지 종류)에 해당합니다. 게임의 화폐 아이콘을 만들기 위한 프롬프트입니다.

그림 2.46 미드저니로 생성한 공상 과학 화폐 이미지

만능 템플릿을 활용하면 지금까지 살펴본 것처럼 동일한 콘셉트의 이미지 리소스를 손쉽게 만들 수 있습니다. 여기에 약간의 노력만 더 기울이면 프롬프트 작성 실력을 늘리고 좋은 품질의 이미지를 만들 수 있습니다.

TIP 만능 템플릿을 제대로 활용하는 방법

만능 템플릿을 제대로 활용하는 방법은 '미드저니 프롬프트 엔지니어링'에서 살펴본 원칙을 그대로 만능 템플릿에 적용하는 것입니다.

만능 템플릿도 결국엔 미드저니로 전달하는 프롬프트입니다. 그러므로 프롬프트를 제대로 작성하지 않으면 좋지 않은 결과물이 나올 수 있습니다. 따라서 '미드저니 프롬프트 엔지니어링'에서 다룬 원칙을 만능 템플릿에 적용해 활용하는 것을 연습하다 보면 프롬프트를 작성하는 실력도 기를 수 있고 더 좋은 결과물을 얻을 수 있습니다.

다음 예시 사진은 앞서 생성한 외계인 캐릭터 이미지를 '미드저니 프롬프트 엔지니어링'의 5번째 원칙인 '7가지 세부 사항 작성하기'를 적용하여 다시 생성한 이미지입니다. 조명과 분위기에 대한 키워드를 추가해 이미지가 한층 풍성해진 것을 알 수 있습니다.

7가지 세부 사항 작성하기를 적용한 프롬프트

```
sc-fi game art, character design, alien, alien technology, wearing suit, stylish,
ambient light, bright, majestic
```

그림 2.47 한 층 업그레이드된 외계인 이미지

미드저니 프롬프트 엔지니어링은 47쪽 '프롬프트 작성 방법' 마지막 부분에서 살펴볼 수 있습니다.

게임 캐릭터 이미지 만들기

지금까지 만능 템플릿을 활용해 이미지 리소스를 만드는 예시를 간단히 살펴봤습니다. 이번 절부터는 리소스별로 필요한 추가 정보와 기능을 자세히 알아보겠습니다. 가장 먼저 만들어볼 리소스는 게임의 핵심이라 할 수 있는 게임 캐릭터 이미지입니다.

게임 캐릭터 제작을 위한 다양한 프롬프트

게임 캐릭터를 만들 때는 반드시 character라는 키워드를 작성해야 합니다. 주로 character design을 프롬프트에 포함하고 캐릭터를 묘사하는 텍스트 다음에 character를 작성합니다. 또한 캐릭터를 만들 때는 캐릭터의 자세, 표정, 배경 색상을 고려해야 합니다.

이번 절에서는 고블린 이미지를 만들어 보면서 게임 캐릭터 이미지를 만드는 과정을 익혀보겠습니다. 이번 예시에서 사용할 콘셉트 프롬프트는 다음과 같습니다.

이번 예시에서 사용할 콘셉트 프롬프트

```
Fantasy cartoon
```

만능 템플릿을 활용해 고블린 캐릭터 이미지를 생성해 보겠습니다.

고블린 이미지를 생성하기 위한 만능 템플릿 프롬프트

```
Fantasy cartoon game art, character design, goblin character
```

그림 2.48 만능 템플릿으로 생성한 고블린 이미지

이렇게 생성한 고블린 캐릭터는 정면을 바라보고 서 있기 때문에 캐릭터가 할 수 있는 동작이 제한됩니다. 이처럼 게임의 장르나 콘셉트에 따라 자세와 표정을 변경해야 하는데, 이때 활용할 수 있는 몇 가지 프롬프트를 살펴보겠습니다.

- side view
  캐릭터가 옆을 바라보도록 만드는 프롬프트입니다. 2D게임 하면 떠오르는 가장 일반적인 시점입니다. (콘셉트 프롬프트)와 game art 사이에 작성하는 것이 좋습니다.

  ```
  fantasy cartoon side view game art, character design, goblin character
  ```

그림 2.49 좌측을 바라보는 고블린 이미지

- back view

캐릭터의 뒷모습을 생성하는 프롬프트입니다.

```
fantasy cartoon game art, character design, goblin character, back view
```

그림 2.50 뒤를 바라보는 고블린 이미지

- front and back view

캐릭터의 앞, 뒤 모습을 한 번에 생성하는 프롬프트입니다. 이렇게 하면 거의 동일한 캐릭터의 앞뒤 모습을 표현할 수 있어 유용합니다.

```
fantasy cartoon game art, character design, goblin character, front and back view
```

그림 2.51 정면, 후면의 고블린 이미지

- multiple views (또는 Multiple poses)

  캐릭터의 다양한 포즈를 생성할 수 있는 프롬프트입니다.

  fantasy cartoon game art, character design, goblin character, multiple views

그림 2.52 다양한 포즈의 고블린 이미지

- multiple poses and expressions

  캐릭터의 다양한 표정과 포즈를 생성할 수 있는 프롬프트입니다.

  fantasy cartoon game art, character design, goblin character, multiple poses and expressions

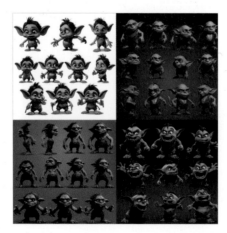

그림 2.53 다양한 포즈와 표정의 고블린 이미지

이렇게 생성한 캐릭터 이미지를 게임에서 사용하려면 캐릭터만 남기고 배경을 제거해야 합니다. 그러나 미드저니로는 배경을 제거하거나 투명 배경을 생성할 수 없기 때문에 별도의 프로그램이나 웹사이트로 배경을 제거해야 합니다. 이 작업을 수월하게 할 수 있도록 미드저니로 이미지를 만들 때 배경을 흰색으로 만들어 두는 것이 좋습니다. 이를 위해 활용할 수 있는 프롬프트는 다음과 같습니다.

- white solid background

흰색 단색 배경이라는 의미 그대로 흰색 배경을 만들어주는 프롬프트입니다. 아래 이미지는 처음 고블린 이미지를 만들 때 사용한 프롬프트에 white solid background를 추가해 새로 만든 이미지입니다.

```
Fantasy cartoon game art, character design, goblin character, big body, white solid
background
```

그림 2.54 흰색 배경의 고블린 이미지

이렇게 만든 캐릭터 이미지는 이후 스테이블 디퓨전과 포토샵을 활용해 실제 게임에 적용할 수 있도록 만들어 보겠습니다.

게임 UI용 이미지 만들기

다음으로 만들어 볼 리소스는 게임의 UI(유저 인터페이스)입니다. 미드저니로 UI 이미지를 만들면 버튼과 텍스트가 모두 배치돼 있는 완성된 형태로 만들어집니다. 그런데 UI는 개발자와 디자이너의 의도에 따라 위치나 색상 등을 변경해야 할 상황이 많이 발생하기 때문에 이러한 이미지는 게임에 바로 적용하기 어렵습니다. 그러므로 미드저니는 게임의 전체적인 UI 디자인과 구성을 참고하기 위한 용도로 활용할 것입니다. 미드저니로 만든 UI 요소를 직접 게임에 적용하고 싶다면 게임 캐릭터와 마찬가지로 포토샵을 활용해야 합니다. 이러한 작업은 4장에서 다룰 예정이므로 지금은 UI를 제작할 때 참고할 수 있는 이미지를 만드는 것에 집중해 보겠습니다.

게임 UI 제작을 위한 다양한 프롬프트

UI 이미지를 만들 때는 다른 이미지 리소스를 만들 때와는 다르게 배경을 묘사하거나 카메라의 구도를 설정할 필요가 없습니다. 대신 button이나 dialogue box와 같이 UI 요소를 구체적으로 표현하고, 최대한 간결하게 작성하는 것이 좋습니다. 이는 프롬프트의 길이가 짧을수록 각 단어가 이미지를 만드는 데 갖는 비중이 커지기 때문입니다. 또한 프롬프트에는 반드시 ui design 키워드를 작성해야 합니다.

프롬프트를 작성하는 방법에 대한 자세한 내용은 47쪽 '프롬프트 작성 방법' 마지막 부분에 있는 '미드저니 프롬프트 엔지니어링'에서 살펴볼 수 있습니다.

이어서 만능 템플릿을 활용해 UI 이미지를 생성해 보겠습니다.

UI 이미지를 생성하기 위한 만능 템플릿 프롬프트
```
fantasy cartoon game art, ui design, main menu ui, interactive buttons
```

그림 2.55 만능 템플릿으로 생성한 게임 UI 이미지

이렇게 생성한 UI 이미지들은 앞서 언급했듯이 바로 게임에 적용할 수 없습니다. 따라서 앞으로 만들고자 하는 게임의 UI 디자인과 구성의 방향성을 갖추는 것을 목표로 하고 가능한 많은 UI 이미지를 만들어보는 것이 좋습니다. 이 과정에서 활용할 수 있는 몇 가지 프롬프트를 소개합니다.

- landing page

  웹 사이트나 홈페이지 스타일의 UI 디자인을 만드는 프롬프트입니다.

  ```
  fantasy cartoon game art, ui design, main menu ui, interactive buttons, landing page
  ```

그림 2.56 웹 사이트, 홈페이지 스타일로 변경한 UI 이미지

■ mobile app

모바일 앱의 UI 디자인을 만드는 프롬프트입니다.

fantasy cartoon game art, ui design, main menu ui, interactive buttons, mobile app

그림 2.57 모바일 앱 스타일로 변경한 UI 이미지

■ --niji

애니메이션 스타일을 제작하는 데 특화된 Niji 모델을 사용하는 매개변수입니다. UI 이미지는 주로 사실적인 디자인보다는 일러스트 스타일에 가깝기 때문에 niji 모델을 활용하면 더 좋은 이미지를 얻을 수 있습니다.

이 매개변수에 대한 자세한 설명은 47쪽 '프롬프트 작성 방법'에서 살펴볼 수 있습니다.

fantasy cartoon game art, ui design, main menu ui, interactive buttons --niji 5

그림 2.58 애니메이션, 일러스트레이션 스타일로 변경한 UI 이미지

이처럼 미드저니를 활용하면 게임의 UI 디자인 콘셉트를 쉽게 설정할 수 있고, 이미지에 있는 요소를 추출하기만 하면 리소스 제작 시간까지 단축할 수 있습니다. 그러나 한 가지 문제점은 생성한 이미지에 있는 요소가 디테일이 부족하고, 무엇을 의미하는지 알기 어려운 아이콘이 만들어진다는 것입니다. 이러한 문제를 해결하기 위해서는 아이콘 이미지를 별도로 만들어야 합니다.

게임 아이템과 아이콘 이미지 만들기

앞서 언급한 것처럼 UI 이미지는 의미가 없는 아이콘과 함께 만들어지기 때문에 아이콘 이미지를 별도로 만들어야 합니다. 이때 게임에서 사용하게 될 아이템 이미지가 아이콘 이미지와 유사한 형태를 가지므로 이 두 가지를 함께 알아보겠습니다.

아이템과 아이콘 제작을 위한 다양한 프롬프트

UI 이미지를 만들 때와 마찬가지로 배경이나 카메라 구도를 묘사하는 프롬프트는 필요하지 않습니다. 또한 한 번에 다양한 아이콘을 만드는 것은 의미 없는 아이콘을 만들 확률이 높기 때문에 하나의 이미지에서 한 종류의 아이콘만 만드는 것이 가장 좋습니다. 이 과정을 직접 아이콘을 만들면서 익혀보겠습니다.

- icon pack (~ sprite sheet)
  나열된 아이콘 이미지를 만들기 위한 프롬프트입니다. 아이콘 이미지를 만들 때는 이 프롬프트를 반드시 사용합니다.

  ```
  fantasy cartoon game art, game icons, icon pack
  ```

그림 2.59 만능 템플릿으로 생성한 게임 아이콘 이미지

- **구체적인 단어 묘사**

  위 예시 이미지는 game icons라는 넓은 의미를 담은 프롬프트를 작성했기 때문에 한 이미지에 다양한 아이콘이 만들어졌습니다. 이렇게 한 이미지에 다양한 아이콘을 만들면 무엇을 의미하는지 알 수 없는 아이콘이 만들어질 확률이 높아집니다. 그러므로 포괄적인 단어보다는 필요한 아이콘의 이름만 작성하는 것이 가장 좋고, 그것이 힘들면 아이템의 종류만 작성하는 것이 좋습니다.

  다음 이미지는 heart라는 명확한 아이콘 이름을 작성해 만든 이미지입니다. 아이콘 이름과 icon 키워드를 함께 작성하면 좋습니다.

  ```
  fantasy cartoon game art, heart icon, icon pack
  ```

그림 2.60 만능 템플릿으로 생성한 하트 아이콘 이미지

fruit와 같이 아이템의 종류로 작성할 수도 있습니다. 하지만 이 경우에도 어떤 과일인지 정확히 작성하는 것이 가장 좋습니다.

```
fantasy cartoon game art, fruit icon, icon pack
```

그림 2.61 만능 템플릿으로 생성한 과일 아이콘 이미지

- app icon, mobile app

게임의 모바일 앱 아이콘을 만드는 프롬프트입니다.

```
fantasy cartoon game art, a tree, app icon
```

그림 2.62 만능 템플릿으로 생성한 모바일 게임 아이콘 이미지 1

fantasy cartoon game art, a little warrior, app icon

그림 2.63 만능 템플릿으로 생성한 모바일 게임 아이콘 이미지 2

- --niji

애니메이션 스타일을 제작하는 데 특화된 Niji 모델을 사용하는 매개변수입니다. UI 이미지와 마찬가지로 사실적인 디자인보다는 일러스트 스타일의 아이콘이 더 많기 때문에 좋은 이미지를 만들 수 있습니다.

fantasy cartoon game art, heart icons, icon pack --niji 5

그림 2.64 애니메이션, 일러스트레이션 스타일로 변경한 하트 이미지

지금까지 미드저니로 게임 이미지 리소스를 만드는 방법을 알아봤습니다. 이렇게 만든 이미지는 스테이블 디퓨전과 포토샵으로 디테일을 더하고, 필요한 부분만 골라내 실제 게임에 적용하게 될 것입니다. 가장 기본이 되는 이미지를 만드는 중요한 과정이므로 이번 장을 여러 번 반복해 보고 만능 템플릿을 활용해 다양한 이미지를 만들어 보면서 미드저니 사용 방법을 충분히 숙지하는 것이 좋습니다.

Part 03

스테이블 디퓨전으로
이미지 개선하기

스테이블 디퓨전(Stable Diffusion)은 스타트업 Stability AI사에서 여러 학술 연구원 및 비영리 단체와 협력해 개발한 이미지 생성 인공지능 서비스입니다. 미드저니와 비교했을 때 다루기 어렵다는 진입장벽이 있지만 이미지를 생성할 때 더 많은 확장성을 제공합니다.

이미지 생성 인공지능에서 이미지의 품질과 방향성을 결정하는 핵심 요소를 '모델'이라고 합니다. 스테이블 디퓨전은 v1.4, v1.5와 같은 기본적인 모델을 제공하는데, 이러한 기본 모델로 생성한 이미지는 미드저니보다 품질이 낮은 경우가 많습니다. 그러나 이 모델을 보완하고 품질을 향상한 모델을 얼마든지 적용할 수 있도록 지원하고 있기 때문에 미드저니의 품질을 능가하는 이미지를 만들 수도 있습니다. 반면 미드저니는 자체적인 모델 외에 다른 모델을 적용할 수 없도록 제한하고 있습니다.

게임 마인크래프트로 비유하면 이러한 모델을 리소스팩[1]이라고 할 수 있습니다. 미드저니는 많은 유저가 보편적으로 선호하는 리소스팩을 미리 게임에 적용해 둔 것이고 스테이블 디퓨전은 별도의 리소스팩을 적용하지 않은 기본 상태라고 할 수 있습니다. 대신에 스테이블 디퓨전은 미드저니와는 다르게 리소스팩을 자유롭게 변경할 수 있도록 지원하는 것입니다.

그림 3.1 마인크래프트로 비유한 미드저니와 스테이블 디퓨전

다만 스테이블 디퓨전은 이미지를 생성하기 위한 모든 과정을 사용자에게 맡기기 때문에 미드저니보다 다루기 어렵다는 단점이 있습니다. 미드저니는 자체 서버 컴퓨터로 모든 작업을 수행하지만, 스테이블 디퓨전은 사용자가 직접 해당 작업을 수행해야 합니다. 그러므

---

1 마인크래프트 게임의 블록 텍스처나 GUI 등을 변경할 수 있게 해주는 시스템으로 기본 그래픽에 싫증을 느낀 플레이어들이 새로운 경험을 위해 적용하는 경우가 많습니다.

로 스테이블 디퓨전으로 이미지를 생성하려면 고성능의 그래픽카드가 필요하고, 그래픽카드를 갖추기 어렵다면 외부의 그래픽카드를 빌려 사용해야 합니다. 이 책에서는 비용 부담이 적은 후자의 방법으로 스테이블 디퓨전을 이용해 보겠습니다.

구글 코랩으로 스테이블 디퓨전 사용하기

구글 코랩(Google Colab)은 뛰어난 컴퓨팅 리소스를 제공하는 온라인 플랫폼입니다. 주로 머신 러닝 연구를 위한 서비스로 이용되지만, 사회적으로 AI에 대한 관심이 높아지면서 이제는 스테이블 디퓨전을 이용하기 위한 용도로도 많이 활용되고 있습니다. 간단히 말하면 구글의 그래픽카드를 빌려 이미지를 생성하는 것입니다.

코랩 Pro 결제하기

코랩은 원래 개발자를 위한 무료 개발 환경으로 시작됐습니다. 그런데 스테이블 디퓨전을 이용하는 목적만 가진 사용자가 급증하면서 2023년 7월경에 이미지 생성 기능에 대한 무료 이용을 제한했습니다. 그러므로 코랩으로 스테이블 디퓨전을 사용하려면 미드저니와 마찬가지로 유료 플랜을 결제해야 합니다. 플랜을 결제하기 위해 구글 검색창에서 "구글 코랩 플랜"으로 검색하거나 주소창에 아래 주소를 입력해 접속합니다.

- **구글 코랩 요금제 사이트**: https://colab.research.google.com/signup

그림 3.2 구글 코랩 플랜 결제 화면

코랩은 구글의 서비스이므로 구글 계정이 필요합니다. 구글 계정이 없다면 먼저 회원가입을 진행해야 합니다.

미드저니는 플랜을 결제하면 그래픽카드 이용 시간을 제공하지만, 스테이블 디퓨전은 컴퓨팅 단위를 제공합니다. 이는 코랩을 이용할 때 한 시간 단위로 소모되는 자원으로 사용자가 선택한 그래픽카드의 유형과 작업에 따라 다르게 책정됩니다. 코랩은 이러한 컴퓨팅 단위와 부가적인 요소로 구분되는 네 가지의 유료 플랜을 제공합니다. 이 중에서 100개의 컴퓨팅 단위를 제공하는 가장 저렴한 코랩 Pro 플랜을 선택하겠습니다. 그 이유는 미드저니를 이용할 때 기본 플랜을 선택한 이유와 동일합니다. 처음 스테이블 디퓨전을 이용한다면 본인이 얼마나 많은 컴퓨팅 단위가 필요한지 알 수 없습니다. 따라서 초기에는 가장 저렴한 플랜을 선택하고 이후 사용량에 따라 플랜을 변경하는 것이 바람직합니다. 구글 계정으로 로그인한 상태에서 그림 3.2의 Colab Pro 탭에 있는 [월 $9.99] 버튼을 클릭해 결제를 진행합니다.

Pay As You Go 플랜은 미드저니에서 빠른GPU를 추가로 구매하는 것과 유사한 플랜으로, 컴퓨팅 단위를 추가로 구매할 수 있는 플랜입니다. 미드저니와는 다르게 이 플랜만으로도 스테이블 디퓨전을 이용할 수 있지만 이 플랜은 대용량의 램을 제공하지 않습니다. 따라서 원활한 사용 환경을 위해서 코랩 Pro를 결제하는 것이 좋습니다.

코랩으로 스테이블 디퓨전 실행하기

이제 코랩에서 스테이블 디퓨전을 사용하기 위한 가장 중요한 단계입니다. 스테이블 디퓨전을 웹에서 간편하게 이용할 수 있도록 만든 Stable Diffusion Web UI(이하 Web UI)를 이용할 것입니다. 인터넷 주소창에 아래 주소를 입력해 접속합니다.

- **스테이블 디퓨전 코랩 사이트:** https://bit.ly/스테이블디퓨전코랩사이트

위 사이트에 접속한 다음 'Stable Diffusion 시작하는 섹션'이 나올 때까지 페이지를 아래로 스크롤 합니다.

그림 3.3 'Stable Diffusion 시작하는 섹션'이 보일 때까지 스크롤

그림 '(선택사항) ngrok Authtoken을 이곳에 넣으면, ngrok GUI가 사용됩니다.'라는 텍스트를 찾을 수 있습니다. ngrok은 로컬 컴퓨터에서 실행 중인 웹 서버를 안전하게 인터넷으로 공유할 수 있게 해주는 서비스로, 스테이블 디퓨전을 원활하게 이용할 수 있게 해줍니다. Web UI는 이 ngrok를 적용하지 않고도 사용할 수 있지만, ngrok 없이 사용하면 접속이 끊기거나 화면이 반응하지 않는 등 불안정한 상태가 자주 발생할 수 있습니다. 이는 이 프로젝트가 기본적으로 파이썬 라이브러리인 Gradio[2]로 구현됐기 때문입니다. Gradio는 사용자 인터페이스를 편리하게 만드는 것에 중점을 둔 라이브러리이므로 연결이 불안정한 상태가 자주 나타날 수 있습니다.

ngrok은 선택사항이긴 하지만 스테이블 디퓨전을 원활하게 사용하기 위해 적용하는 것을 권장합니다. ngrok을 적용하려면 우선 인증 토큰(Authtoken)을 만들어야 합니다. 구글 검색창에 'ngrok'으로 검색하거나 주소창에 아래 주소를 입력해 접속합니다.

- ngrok 사이트: https://ngrok.com/

[Sign up for free] 버튼을 클릭해 무료로 회원가입을 진행합니다.

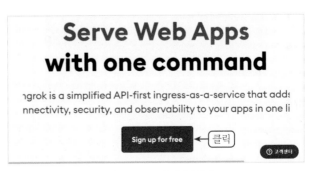

그림 3.4 ngrok 홈페이지 화면

---

2 머신러닝 모델의 프로토타입, 테스트, 사용자 피드백 수집 등의 목적으로 널리 사용되는 파이썬 라이브러리로 웹 기반 인터페이스를 구축할 때 복잡한 작업을 간소화할 수 있습니다.

회원가입을 완료하면 계정에 로그인한 뒤 화면 왼쪽에 있는 [Your Authtoken] 메뉴를 클릭합니다. 그다음 오른쪽 화면에 나타나는 Authtoken을 [Copy] 버튼을 클릭해 복사합니다.

그림 3.5 ngrok 사이트에서 Authtoken 복사

코랩으로 돌아와서 복사한 Authtoken을 ngrok 텍스트 오른쪽에 붙여 넣습니다.

그림 3.6 복사한 Authtoken을 코랩에 붙여넣기

이제 아래로 스크롤 하면서 필요한 설정을 살펴보겠습니다. 버전은 이 책을 집필하는 시점을 기준으로 가장 최신 버전인 1.6.0을 선택합니다.

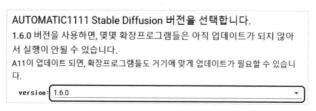

그림 3.7 스테이블 디퓨전 1.6.0 버전 선택

앞으로 다양한 자료를 구글 드라이브에 저장하기 위해 'use_gdrive'는 yes로 선택합니다.

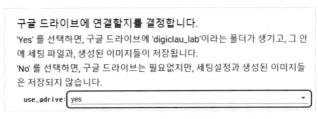

그림 3.8 구글 드라이브 연결 허용

아래 항목은 앞서 설명한 대로 스테이블 디퓨전의 기본 모델을 보완하고 업그레이드한 인기 있는 모델을 모아둔 목록입니다. 여러 모델을 선택하면 다운로드 시간이 늘어나 실행 시간이 지연되므로 [ReVAnimated] 모델 하나만 선택하겠습니다. 이 모델에 대한 자세한 설명은 121쪽 '모델 설정하기'에서 다룰 예정입니다.

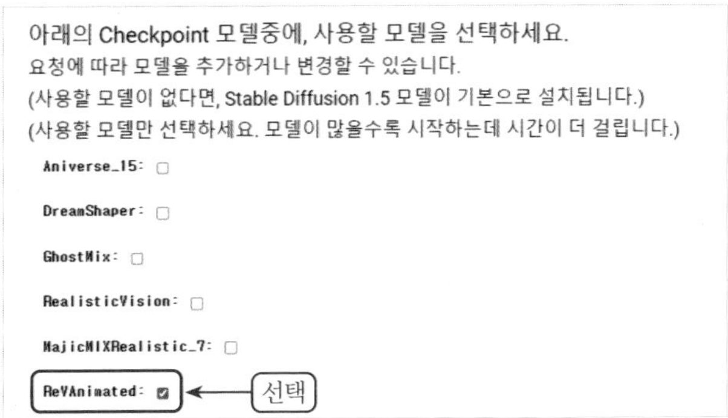

아래의 **Checkpoint** 모델중에, 사용할 모델을 선택하세요.
요청에 따라 모델을 추가하거나 변경할 수 있습니다.
(사용할 모델이 없다면, Stable Diffusion 1.5 모델이 기본으로 설치됩니다.)
(사용할 모델만 선택하세요. 모델이 많을수록 시작하는데 시간이 더 걸립니다.)

Aniverse_15: ☐

DreamShaper: ☐

GhostMix: ☐

RealisticVision: ☐

MajicMIXRealistic_7: ☐

ReVAnimated: ☑ ←— 선택

그림 3.9 ReVAnimate 모델 선택

아래로 스크롤하면 확장 프로그램 탭이 나타납니다. 확장 프로그램에도 다양한 항목이 있는데, 이 항목들은 스테이블 디퓨전을 어느 정도 다룰 수 있을 때 응용할 수 있는 세부 항목들이므로 지금은 아무것도 선택하지 않겠습니다. 이러한 확장 프로그램이 없더라도 필요한 작업은 모두 기본 스테이블 디퓨전으로 수행할 수 있습니다.

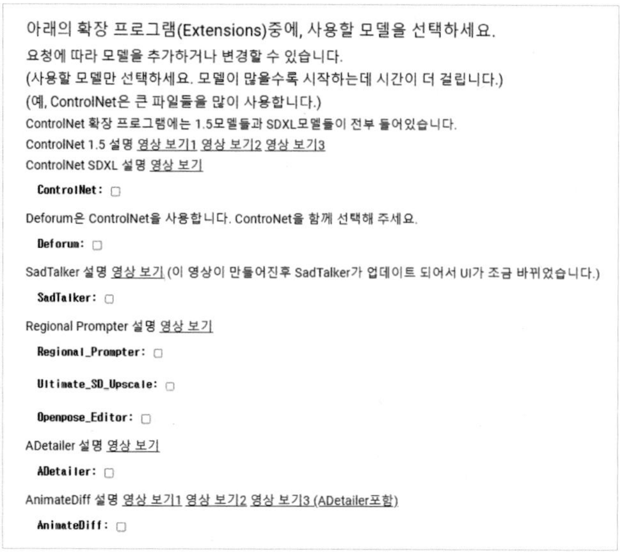

아래의 확장 프로그램(Extensions)중에, 사용할 모델을 선택하세요.
요청에 따라 모델을 추가하거나 변경할 수 있습니다.
(사용할 모델만 선택하세요. 모델이 많을수록 시작하는데 시간이 더 걸립니다.)
(예, ControlNet은 큰 파일들을 많이 사용합니다.)
ControlNet 확장 프로그램에는 1.5모델들과 SDXL모델들이 전부 들어있습니다.
ControlNet 1.5 설명 영상 보기1 영상 보기2 영상 보기3
ControlNet SDXL 설명 영상 보기
    ControlNet: ☐

Deforum은 ControlNet을 사용합니다. ControNet을 함께 선택해 주세요.
    Deforum: ☐

SadTalker 설명 영상 보기 (이 영상이 만들어진후 SadTalker가 업데이트 되어서 UI가 조금 바뀌었습니다.)
    SadTalker: ☐

Regional Prompter 설명 영상 보기
    Regional_Prompter: ☐

    Ultimate_SD_Upscale: ☐

    Openpose_Editor: ☐

ADetailer 설명 영상 보기
    ADetailer: ☐

AnimateDiff 설명 영상 보기1 영상 보기2 영상 보기3 (ADetailer포함)
    AnimateDiff: ☐

그림 3.10 확장 프로그램 탭

필요한 항목을 모두 선택했습니다. 이제 해야 할 일은 코랩이 그래픽카드를 사용하도록 설정하는 것입니다. 코랩 상단에 있는 메뉴에서 [런타임] – [런타임 유형 변경]을 차례로 클릭합니다.

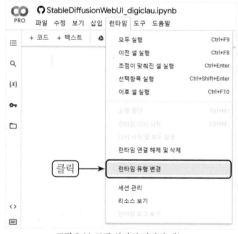

그림 3.11 코랩 상단의 런타임 메뉴

'런타임 유형 변경'창이 나타나면 각 항목을 다음과 같이 설정합니다.

- **런타임 유형**: Python 3

- **하드웨어 가속기**: T4 GPU

- **크기**: 고용량 RAM 활성화

코랩에서 실행하는 프로젝트는 파이썬으로 만들어졌으므로 런타임 유형을 'R'이 아닌 'Python 3'로 설정합니다.

하드웨어 가속기는 여러 종류가 있지만, CPU는 사용하지 않습니다. 스테이블 디퓨전은 계산 집약적인 작업을 수행하므로 그래픽카드가 가진 병렬 처리 기능의 이점을 활용하는 것이 가장 효율적이기 때문입니다. TPU는 구글에서 개발한 병렬 처리에 특화된 하드웨어 입니다. 하지만 TPU 전용으로 만들어진 스테이블 디퓨전 프로젝트가 아니라면 완벽히 호환되지 않아 사용할 수 없습니다. 그러므로 선택할 수 있는 하드웨어 가속기는 그래픽카드인 A100과 V100 그리고 T4 세 가지이며 성능이 좋은 순서대로 나열돼 있습니다. 성능이 좋을수록 이미지를 매우 빠르게 생성할 수 있지만, 속도에 비해 턱없이 많은 컴퓨팅 단위를 소모하므로 효율이 좋지 않습니다. A100으로 스테이블 디퓨전을 이용하면 사용량에 따라 짧으면 3일 길게는 일주일 안에 컴퓨팅 단위를 모두 소모합니다. 그렇다고 해서 T4의 성능이 매우 낮은 것은 아닙니다. T4로 이미지를 생성하는 시간은 미드저니로 이미지를 생성하는 시간과 비슷하거나 더 빠릅니다. 따라서 이미지를 빠르게 생성하는 것보다 많이 생성하는 것이 유리한 초심자는 가장 효율이 좋은 T4를 선택하는 것이 좋습니다.

항목을 모두 설정했으면 [저장] 버튼을 클릭해 변경한 값을 저장합니다.

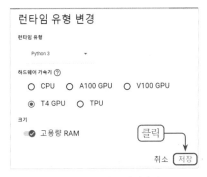

그림 3.12 런타임 유형 변경 창

설정한 요소들은 코랩에 다시 접속하면 모두 초기화됩니다. 그러므로 구글 드라이브에 코랩 복사본을 만드는 것이 좋습니다. 코랩 상단에 툴바에 있는 [Drive로 복사] 버튼을 클릭해 구글 드라이브에 복사해 둡니다.

그림 3.13 Drive로 복사 버튼을 클릭해 코랩 복사본 만들기

이제 구글 드라이브에서 코랩 복사본으로 접속할 수 있고, 모든 설정도 그대로 유지됩니다. 만약 코랩에서 어떤 설정을 변경했다면 단축키 Ctrl + S 로 저장한 뒤 종료합니다.

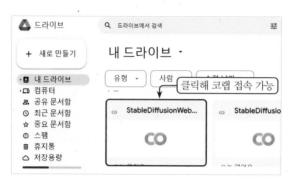

그림 3.14 구글 드라이브에 복제된 코랩

구글 드라이브에 코랩 복사본을 만드는 방법의 단점은 새로 업데이트되는 기능들이 자동으로 반영되지 않는다는 점입니다. 따라서 주기적으로 원본 코랩 링크에 접속해 업데이트 내용을 확인하고 새로운 복사본을 만들어야 합니다. 이러한 과정이 번거롭다면 복사본을 만들지 않고 매번 원본 코랩 링크로 접속해도 됩니다. 그러나 이렇게 할 경우 선택한 설정들이 매번 초기화된다는 단점이 있으므로 두 방법 중 편한 방법을 선택해 사용하면 됩니다.

> **TIP** 원본 코랩에 접속하기
>
> 원본 코랩 링크에 접속하는 방법은 이전에 언급한 링크(https://bit.ly/스테이블디퓨전코랩사이트)로 직접 접속하는 방법도 있지만, 코랩 복사본 상단에 있는 [이곳]을 클릭해 접속할 수도 있습니다.
>
>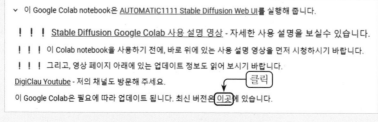
>
> 그림 3.15 원본 코랩에 접속하기 위한 하이퍼링크

이제 스테이블 디퓨전을 실행할 준비가 모두 끝났습니다. 'Stable Diffusion 시작하는 섹션' 왼쪽 상단에 있는 [셀 실행] 버튼을 클릭해 코드를 실행합니다. 코드를 실행한 후 페이지의 하단으로 이동하면 코드가 실행되고 있는 상태를 확인할 수 있습니다.

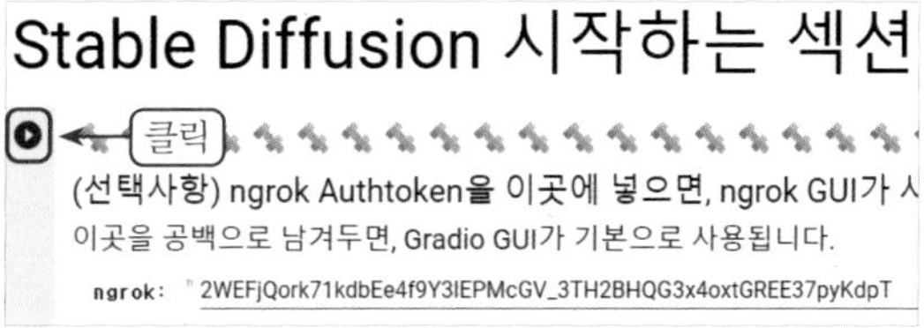

그림 3.16 'Stable Diffusion 시작하는 섹션' 좌측 상단의 재생 버튼

[셀 실행] 버튼을 누르고 잠시 기다리면 다음과 같이 구글 드라이브에 연결하기 위한 창이 나타납니다. [Google Drive 에 연결] 버튼을 클릭합니다.

노트북에서 **Google Drive** 파일에 액세스하도록 허용하시겠습니까?

이 노트북에서 Google Drive 파일에 대한 액세스를 요청합니다. Google Drive에 대한 액세스 권한을 부여하면 노트북에서 실행되는 코드가 Google Drive의 파일을 수정할 수 있게 됩니다. 이 액세스를 허용하기 전 클릭 코드를 검토하시기 바랍니다.

아니요   Google Drive에 연결

그림 3.17 구글 드라이브 연결 창

구글 드라이브를 사용할 [계정]을 선택합니다. 이때 코랩을 사용하고 있는 구글 계정을 선택해야 합니다.

계정 선택

Google Drive for desktop(으)로 이동

DMeloper   ← 계정 선택

다른 계정 사용

그림 3.18 구글 계정 목록

마지막으로 나타나는 창에 [허용] 버튼을 클릭합니다.

그림 3.19 구글 권한 창

2~10분 정도가 지나면 페이지 맨 아랫부분에 'https://.ngrok-free.app'으로 시작하는 ngrok 링크가 나타납니다. 이 링크를 클릭해 접속합니다.

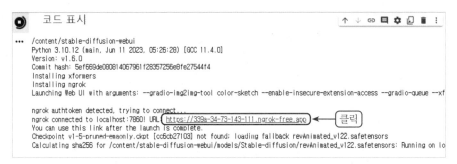

그림 3.20 페이지 아래에 나타난 ngrok 접속 링크

접속한 웹 페이지에서 [Visit Site] 버튼을 클릭합니다.

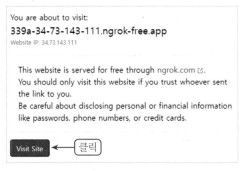

그림 3.21 ngrok 접속 확인 화면

20분 이상 지났는데도 ngrok 링크가 나타나지 않거나 다음 그림과 같은 에러 메시지가 나타난다면 코랩에서 스테이블 디퓨전을 정상적으로 실행하지 못한 상태이므로 코랩 화면으로 돌아가 좌측 상단에 중지 아이콘 버튼을 클릭해 코드를 중지한 뒤 다시 실행합니다.

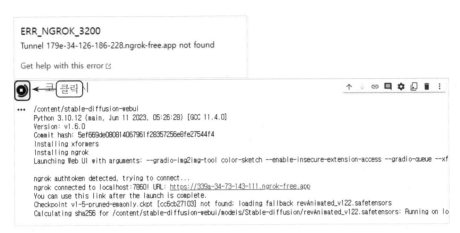

ERR_NGROK_3200
Tunnel 179e-34-126-186-228.ngrok-free.app not found
Get help with this error
클릭
/content/stable-diffusion-webui
Python 3.10.12 (main, Jun 11 2023, 05:26:28) [GCC 11.4.0]
Version: v1.6.0
Commit hash: 5ef669de080814067961f28357256e8fe27544f4
Installing xformers
Installing ngrok
Launching Web UI with arguments: --gradio-img2img-tool color-sketch --enable-insecure-extension-access --gradio-queue --xf
ngrok authtoken detected, trying to connect...
ngrok connected to localhost:7860! URL: https://339a-34-73-143-111.ngrok-free.app
You can use this link after the launch is complete.
Checkpoint v1-5-pruned-emaonly.ckpt [cc6cb27103] not found; loading fallback revAnimated_v122.safetensors
Calculating sha256 for /content/stable-diffusion-webui/models/Stable-diffusion/revAnimated_v122.safetensors: Running on lo

그림 3.22 ngrok 오류 화면과 코랩 코드 실행 중지 버튼

그럼 최종적으로 스테이블 디퓨전을 이용할 수 있는 웹 페이지에 접속하게 됩니다.

Stable Diffusion checkpoint
revAnimated_v122.safetensors [4199bcdd14]
SD VAE
vae-ft-ema-560000-ema-pruned.ckpt
Clip skip
2
txt2img
img2img
Extras
PNG Info
Checkpoint Merger
Train
Settings
Extensions
0/75
Prompt (press Ctrl+Enter or Alt+Enter to generate)
Generate
0/75
Negative prompt (press Ctrl+Enter or Alt+Enter to generate)
Generation
Textual Inversion
Hypernetworks
Checkpoints
Lora
Sampling method
Euler a
Sampling steps
20
Width
512
Height
512
Batch count
1
Batch size
1
CFG Scale
7
Hires. fix
Refiner
Seed
-1
Extra

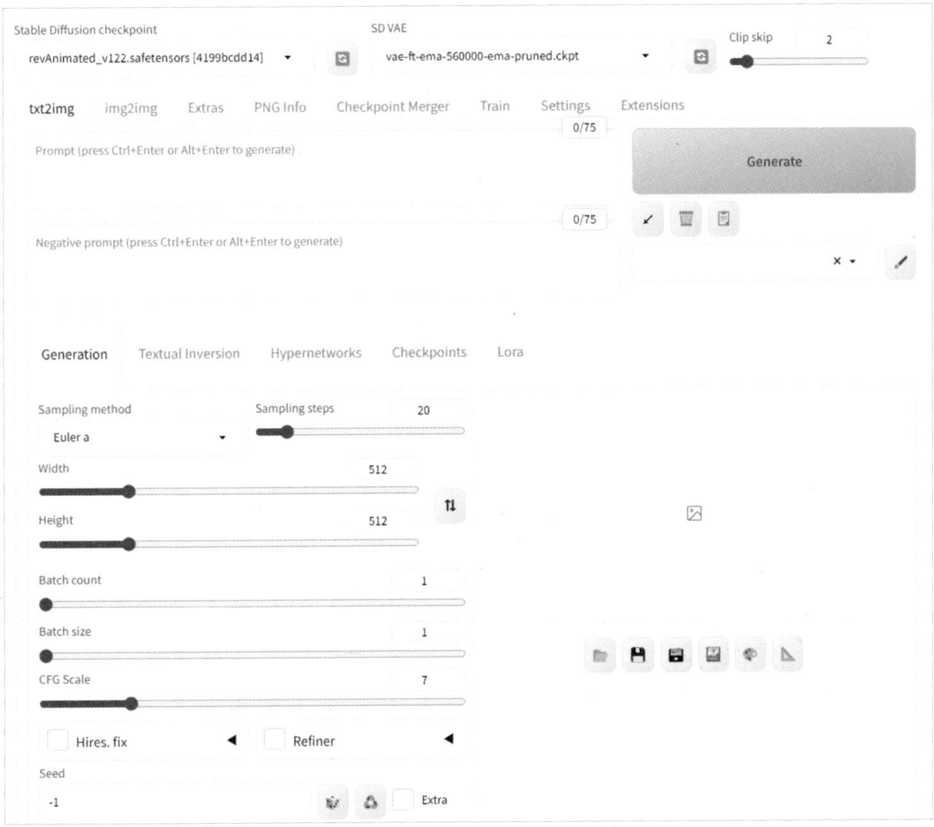

그림 3.23 스테이블 디퓨전 실행 화면

다음 그림은 코랩으로 스테이블 디퓨전을 이용하는 구조를 나타낸 그림입니다. 구글 코랩으로 스테이블 디퓨전을 실행하고, ngrok 서비스를 통해 사용자가 스테이블 디퓨전을 이용하면 보다 안정적으로 웹 서비스를 이용할 수 있습니다.

그림 3.24 코랩으로 스테이블 디퓨전을 이용하는 구조

스테이블 디퓨전은 코랩에서 계속 실행되고 있으므로 ngrok으로 연결된 웹 사이트를 닫아도 스테이블 디퓨전은 종료되지 않습니다. 바꿔 말해 코랩에서 스테이블 디퓨전을 종료

하지 않은 채 방치하면 스테이블 디퓨전을 사용하지 않아도 컴퓨팅 자원을 계속 소모합니다. 그러므로 스테이블 디퓨전을 이용한 후에는 반드시 코랩에서 실행을 종료해야 합니다. 브라우저를 닫는 것만으로는 코랩을 종료할 수 없습니다. 코랩 상단 메뉴에서 [런타임]을 클릭한 다음 [런타임 연결 해제 및 삭제] 버튼을 클릭해 종료할 수 있습니다.

그림 3.25 코랩 상단의 런타임 메뉴

코랩이 종료됐는지 확인하기 위해서 다시 상단 메뉴에서 [런타임]을 클릭한 후 [리소스 보기] 버튼을 클릭합니다. 그럼 코랩 오른쪽에 리소스 창이 나타나며, 여기서 활성 세션의 수를 확인할 수 있습니다. 활성 세션이 0개 있다는 것은 현재 실행 중인 코랩이 없다는 뜻이므로 정상적으로 종료된 것을 확인할 수 있습니다. 그리고 이 리소스 창에서는 컴퓨팅 단위의 남은 개수도 확인할 수 있습니다.

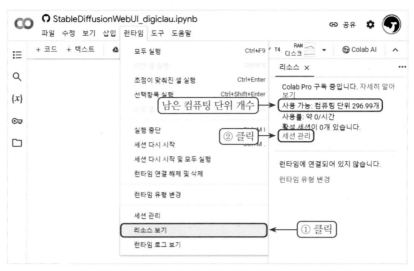

그림 3.26 런타임 메뉴와 리소스 화면

런타임을 해제했음에도 활성 세션이 1개 이상이라면 리소스 창에서 [세션 관리] 버튼을 클릭하고 세션의 [휴지통 아이콘]을 클릭해 종료할 수 있습니다.

그림 3.27 활성 세션 목록

코랩이 실행되고 있는 것만으로 컴퓨팅 단위가 소모되므로 스테이블 디퓨전을 이용하고 나서는 잊지 말고 코랩을 종료해야 합니다.

스테이블 디퓨전 사용 방법

이제 스테이블 디퓨전을 직접 이용해 볼 시간입니다. 그전에 스테이블 디퓨전을 이용해 게임 이미지 리소스를 만드는 목적을 먼저 살펴보겠습니다. 스테이블 디퓨전을 활용하면 미드저니로 생성한 이미지보다 높은 품질의 이미지를 만들거나 이미지를 자유롭게 수정할 수 있습니다. 예를 들어 이미지 내 캐릭터의 자세를 변경하거나 이미지의 깊이 값을 추출해 유사한 구도의 이미지를 만들 수 있습니다. 그러나 이러한 기능을 활용하려면 스테이블 디퓨전에 대한 기초적인 이해가 필요합니다. 이 과정이 간단하지도 않고 이러한 기능과 활용 방법은 책 한 권의 분량이 나올 정도로 방대합니다.

따라서 이 책에서 다룰 스테이블 디퓨전은 이미지를 생성하기 위한 목적보다는 이미 생성된 미드저니 이미지의 품질을 개선하고 어색한 부분을 보완하는 데 중점을 둘 것입니다. 그렇게 하기 위해선 기본 사용 방법은 숙지하고 있어야 하므로 기초부터 차근차근 익혀 보겠습니다.

스테이블 디퓨전 기본 환경 설정

먼저 좋은 품질의 이미지를 효율적으로 생성하기 위한 환경을 만들어 보겠습니다. 다음 과정을 빠짐없이 따라서 진행합니다.

모델 선택

기본 모델로 이미지를 생성하면 품질이 좋지 않으므로 'Stable Diffusion checkpoint'를 클릭하고 이전에 코랩에서 선택한 revAnimated 모델로 변경합니다. 이후에 다른 모델을 설치하면 이곳에서 언제든 원하는 모델로 변경할 수 있습니다.

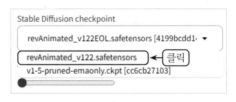

그림 3.28 모델 선택 창

SD VAE 선택

'SD VAE'는 Automatic 상태 그대로 사용합니다. VAE는 이미지를 보정해주는 요소로 131쪽 '이미지 보정을 위한 VAE 설정하기'에서 자세히 다룰 예정입니다.

그림 3.29 VAE 선택 창

Clip skip 설정

Clip skip은 2로 설정합니다. 이는 대부분의 스테이블 디퓨전 모델에서 좋은 품질의 이미지를 얻기 위해 설정하는 값입니다.

여기서 Clip이란 사용자가 입력한 프롬프트를 인공지능에게 전달할 때 큰 의미부터 작은 의미로 세분화한 단위를 의미합니다. 이를 레이어로 구분하며 레이어의 시작에는 가장 큰 의미가 담기고 끝으로 갈수록 구체적인 의미가 담기게 됩니다.

예를 들어 '남산 타워에서 바라본 서울 도시의 야경'이라는 프롬프트가 있다면 첫 번째 레이어는 '도시'와 같은 큰 범위의 의미를 포함하고, 끝 레이어로 갈수록 '서울 도시의 야경'과 같이 더 구체적인 의미를 포함하게 됩니다. 다만 끝 레이어로 갈수록 구체적인 것을 넘어 창의적인 요소가 더해지기 시작하면서 엉뚱한 의미를 담은 레이어가 될 수 있습니다.

Clip skip 옵션은 이러한 레이어들 중 몇 개를 건너뛸지 결정하는 것과 같습니다. Clip skip을 2로 설정하면 '도시'라는 큰 범위의 의미를 건너뛰고 '서울 도시의 야경'부터 설명을 시작하는 것과 같습니다. 즉 이 설정값에 따라 원하는 이미지를 정확하게 생성할 수 있지만 값을 크게 설정하면 많은 부분이 생략되고 새로운 요소가 추가돼 엉뚱한 이미지가 생성될 수 있습니다.

그림 3.30 Clip skip 설정

Sampling 설정

아래 [Generation] 탭에 위치한 Sampling method는 이미지를 생성에 사용하는 기술을 나타냅니다. 프롬프트가 같더라도 선택한 방법에 따라 이미지 결과물이 다를 수 있습니다.

다음은 가장 많이 쓰이는 Sampling method를 정리한 표입니다.

방법	설명
DPM++ 2M Karras, DPM++ SDE Karras	가장 많이 사용하는 방법. 빠른 속도로 높은 품질의 이미지 생성.
Euler A	가장 기본적인 방식으로 효율은 낮지만, 왜곡이 없는 이미지 생성.
DDIM	다른 방법과 비교해 매우 다양한 이미지 생성. 다른 방법들로 원하는 이미지를 만들지 못할 경우 고려할 만한 선택지.

표 3.1 가장 인기가 많은 Sampling method 목록

꼭 한 가지의 방법만 선택할 필요는 없으므로 상황에 따라 방법을 변경해 가며 이미지를 생성하는 것이 좋습니다.

Sampling method 오른쪽의 Sampling steps는 이미지를 생성하기 위해 반복하는 수행 횟수를 나타냅니다. 각 단계 동안 이미지에서 노이즈가 제거되고 횟수를 거듭할 때마다 품질이 향상됩니다. 단계 수가 높을수록 더 정교한 이미지를 얻을 수 있지만 시간이 많이 소요되고 컴퓨팅 단위를 많이 소모합니다. 30회 이상부터는 이미지 품질에 큰 변화가 없으므로 Sampling steps의 값을 기본값인 20회부터 최대 30회 이내로 설정하는 것이 좋습니다. Sampling method는 DPM++ 2M Karras를 선택하고 Sampling steps는 25로 설정하겠습니다.

그림 3.31 Sampling 설정

다음 그림은 동일한 프롬프트에 Sampling steps 값만 변경해 생성한 이미지를 비교한 그림입니다.

그림 3.32 Sampling steps 값에 따른 이미지 변화

Hires. Fix 설정

이미지의 해상도를 높이고 그 상태에서 한 번 더 인공지능이 이미지를 덧그려서 품질을 높이는 옵션입니다. 인공지능이 작업을 총 두 번 처리하게 되므로 이미지 생성 시간도 2 배 이상 늘어납니다.

Hires. Fix 오른쪽에 있는 [화살표 버튼(◀)]을 클릭하면 이 옵션을 활성화할 수 있고 세부 설정 창이 나타납니다.

여기서 Upscaler는 해상도를 높이는 알고리즘을 선택하는 부분입니다. 가장 많이 쓰이 는 R-ESRGAN 4x+ Anime6B를 선택합니다. Upscaler는 Latent 계열과 Latent를 제 외한 나머지 옵션으로 구분할 수 있는데, Latent 계열의 알고리즘은 기존 이미지에 없 던 요소를 추가하거나 제거하는 불필요한 작업을 수행하므로 사용하지 않겠습니다.

Hires steps는 Sampling steps와 같은 역할을 합니다. 이 값은 14회로 설정합니다. Denoising strength 값이 크면 이 수치도 높여야 하지만, 20회 이후부터는 큰 변화가 나타나지 않으므로 최대 20회까지만 설정합니다.

Denoising strength는 원본 이미지를 반영하는 정도를 나타내는 수치입니다. 0.6으로 설정하겠습니다. 값이 낮을수록 원본 이미지와 유사하고 값이 클수록 원본 이미지에 많은 변화를 줍니다.

마지막으로 Upscale by는 이미지를 몇 배 늘릴지 설정하는 값입니다. 이 값은 1.5배로 설정합니다. 오른쪽 상단 최종 이미지의 해상도를 살펴볼 수 있습니다. 해상도가 높을수록 이미지 생성 시간이 늘어나므로 적당한 값을 입력하는 것이 좋습니다.

Resize width/height to는 이미지의 크기를 임의로 설정하는 값이지만, 거의 사용하지 않습니다.

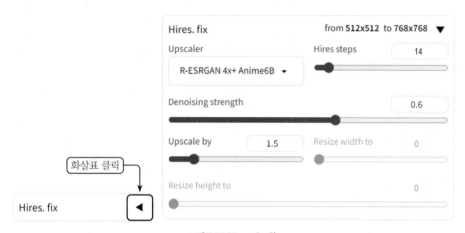

그림 3.33 Hires. fix 창

Refiner

Refiner는 디노이징 마지막 단계에서 품질을 향상하기 위한 목적의 모델이지만, 효과가 미미하거나 오히려 원본 이미지를 망치는 경우도 있으므로 사용하지 않습니다.

그림 3.34 Refiner 메뉴

이미지 크기 설정

기본값인 512×512로 설정합니다. 스테이블 디퓨전 모델이 학습한 이미지의 크기는 일반적으로 512×512px과 768×768px입니다. 따라서 이 두 가지 크기로 설정하면 가장 품질이 좋은 이미지를 생성할 수 있습니다. 이러한 이유에서 가로가 긴 이미지를 생성하고 싶다면 해상도를 768×512로 설정하고 세로로 긴 이미지를 생성하고 싶다면 512×768로 설정해야 합니다. 더 큰 크기의 이미지를 생성하고 싶다면 이 값을 변경하지 않고 앞서 살펴본 Hire. fix로 이미지의 크기를 늘리는 방법을 사용해야 합니다.

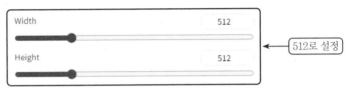

그림 3.35 이미지 크기 설정 슬라이더

배치 설정(Batch count, Batch size)

한 번에 몇 장의 이미지를 생성할 것인지 설정하는 부분입니다. Batch count와 Batch size를 곱한 개수만큼 이미지를 생성합니다. 여기서 Batch count는 열의 개수를, Batch size는 행의 개수를 의미합니다. 이 값을 늘릴수록 이미지를 생성하는 시간도 늘어납니다. 미드저니처럼 이미지를 4장씩 생성하고 싶다면 Batch count와 Batch size를 모두 2로 설정합니다. 한 장씩 빠르게 생성하고 싶다면 두 값을 모두 1로 설정합니다.

그림 3.36 배치 설정 슬라이더

TIP 배치를 활용해 빠르게 작업하는 방법

원하는 스타일이 만들어지기 전까지는 프롬프트를 수정해 가며 빠르게 확인하기 위해 1장씩 생성합니다. 원하는 스타일로 만들어졌다면 다양한 대안을 살펴보기 위해 4장씩 생성합니다.

CFG Scale

기본값인 7로 설정합니다. 사용자가 입
력한 프롬프트를 얼마나 반영할지 결정
하는 부분입니다. 이 값이 높으면 프롬
프트만 반영한 이미지를 생성하고, 값이
낮으면 창의적인 다양한 이미지를 만들
게 됩니다. 7~11 사이의 값이 적당합니다.

그림 3.37 CFG Scale 설정 슬라이더

Seed 설정

랜덤 값을 의미하는 −1로 설정합니다. Seed는 이미지의 고유 번호라고 할 수 있습니
다. Seed 값이 −1일 때는 동일한 프롬프트로 이미지를 생성해도 매번 다른 이미지가
생성됩니다. 그런데 이 Seed를 원하는 이미지의 Seed 값으로 입력하면 동일한 이미지
를 생성할 수 있습니다. 주로 자세나 표정을 변경할 때 사용합니다. Seed 값은 이미지
를 생성한 후에 이미지 아래쪽에서 확인할 수 있습니다.

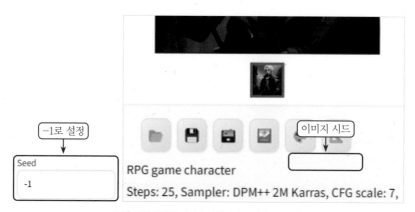

그림 3.38 생성한 이미지 아래쪽에 표시된 Seed 값

TIP Seed 값을 활용해 동일한 이미지 생성하기

Seed 값을 활용해 동일한 이미지를 생성하려면 해당 이미지를 생성할 때 설정한 모든 값이 동일해
야 합니다. 모델이나 Clip skip 값 등이 일치하지 않으면 완전히 다른 이미지가 생성될 수 있습니다.

Script 설정

Script는 숙련자를 위한 추가 기능이므로 사용하지 않습니다.

이제 기본적인 설정을 완료했으니 프롬프트를 작성하는 방법을 알아보며 이미지를 생성해 보겠습니다.

프롬프트의 기본

미드저니를 다룬 2장에서도 여러 번 언급했듯이 이미지 생성 인공지능을 사용할 때 가장 중요한 것은 프롬프트를 올바르게 작성하는 것입니다. 프롬프트를 작성하는 큰 틀은 미드 저니와 거의 유사하므로 몇 가지 차이 나는 부분만 살펴보겠습니다.

부정 프롬프트(Negative Prompt)

스테이블 디퓨전은 일반 프롬프트를 입력하는 부분과 부정 프롬프트를 입력하는 부분 으로 나누어져 있습니다. 일반 프롬프트는 말 그대로 생성하고자 하는 이미지를 묘사하 는 부분이고, 부정 프롬프트는 미드저니의 매개변수 '--no' 와 유사한 기능으로 이미지 에서 제외하고 싶은 키워드를 작성하는 부분입니다.

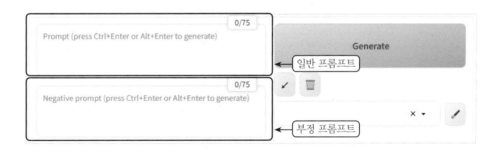

일반 프롬프트만 작성하여 이미지 생성

일반: RPG game character
부정: (작성 안 함)

그림 3.39 일반 프롬프트만 작성해 생성한 RPG 게임 캐릭터 이미지

TIP 프롬프트의 대소문자 구분

스테이블 디퓨전도 미드저니와 마찬가지로 프롬프트를 작성할 때 대소문자를 구분하지 않아도 됩니다. 위 예시에서는 RPG를 대문자로 작성했지만, 소문자로 작성해도 동일한 스타일의 이미지를 생성할 수 있습니다.

부정 프롬프트로 배경을 제거

일반: RPG game character
부정: background

그림 3.40 부정 프롬프트로 배경을 제거한 RPG 게임 캐릭터 이미지

부정 프롬프트는 사실 특정 요소를 제거하는 것보다는 이미지 품질을 낮추는 worst quality나 watermark와 같은 키워드를 부정 프롬프트로 작성해 이미지의 품질을 높이는 목적으로 더 자주 사용합니다.

이미지의 품질을 높이는 목적으로 부정 프롬프트 활용

일반: RPG game character
부정: worst quality, cropped hands, watermark, text, bad hands

그림 3.41 부정 프롬프트로 품질을 향상한 RPG 게임 캐릭터 이미지

토큰

프롬프트 입력창 오른쪽 위에 표시된 텍스트는 사용된 토큰 수를 나타냅니다. 토큰은 인공지능 모델이 처리하는 정보의 단위입니다. 일반적으로 75토큰 이내로 작성하는 것이 가장 좋습니다. 이보다 많은 토큰을 사용하면 모델의 계산 복잡성이 증가해 의도한 이미지를 생성할 확률이 낮아지기 때문입니다.

그림 3.42 프롬프트 입력창 오른쪽 위에 위치한 토큰 사용량

프롬프트의 순서와 가중치

프롬프트는 앞에 작성한 키워드부터 순서대로 이미지에 영향을 미칩니다. 따라서 중요한 키워드를 앞에 작성하고, 꾸며주는 키워드와 문장은 프롬프트 뒷부분에 작성합니다. 이때 특정 키워드에 가중치를 부여하면 그 키워드의 영향력을 강제로 높일 수 있습니다. 가중치를 적용하는 방법은 아래와 같습니다.

- **키워드 다음에 콜론(:)과 가중치를 작성합니다.**
  가중치의 기본값은 1이며 이 값을 너무 작거나 크게 설정하면 엉뚱한 그림이 만들어질 확률이 높아지므로 0.8~1.5 사이의 값을 선택합니다.

- **문장을 괄호로 묶습니다.**
  예를 들어 프롬프트를 다음과 같이 작성하면 wearing a hat이라는 키워드는 다른 키워드에 비해 1.3배 더 영향력을 미칩니다.

```
RPG game character, (wearing a hat:1.3)
```

복합어 프롬프트

long_sword, clean_room, giant_gun과 같이 단어를 합친 키워드는 언더바( )로 연결하여 한 단어로 표현해야 의도한 이미지를 만들 수 있습니다. 다만 언더바는 토큰을 소모하므로 남용하지 않는 것이 좋습니다.

이외에 문장을 간결하게 작성하기, 세부 사항 7가지로 묘사하기 등 미드저니로 이미지를 만들 때 활용했던 프롬프트 가이드를 스테이블 디퓨전에서도 그대로 적용할 수 있습니다. 프롬프트를 작성하는 것에 정답은 없으므로 여러 장의 이미지를 생성하면서 본인만의 스타일을 찾아가는 것이 중요합니다. 프롬프트를 모두 작성했다면 오른쪽 위에 있는 [Generate] 버튼을 클릭해 이미지를 생성합니다.

그림 3.43 이미지를 생성하기 위한 생성 버튼

스테이블 디퓨전의 모든 환경이 제대로 설정됐는지 확인하기 위해 이미지를 생성해 보겠습니다. 다음과 같이 프롬프트를 작성하고 [Generate] 버튼을 클릭해 이미지를 생성합니다.

일반: warrior holding long_sword, wearing violet cloak and helmet, looking at a magical castle, view from bottom to top, majestic background

부정: worst quality, cropped hands, watermark, text, bad hands

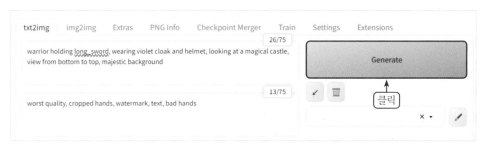

그림 3.44 테스트 이미지 생성하기

아래 네 장의 그림과 유사한 이미지가 생성된다면 환경 설정을 올바르게 한 것입니다. 그렇지 않다면 설정값을 위에서부터 차근차근 확인하고 올바르게 변경해야 합니다.

그림 3.45 설정이 올바를 때 생성되는 이미지

더 확실하게 확인하기 위해 스테이블 디퓨전 설정 메뉴에 있는 Seed 값을 다음 그림의
Seed 값과 동일하게 4007769545로 입력합니다. 프롬프트는 이전에 작성한 것과 동일하
게 유지하면서 이미지를 다시 생성합니다. 이렇게 했을 때 아래 그림과 거의 동일한 이미
지가 생성돼야 합니다. 그렇지 않은 경우 설정을 다시 확인하고 올바른 설정값으로 변경해
야 합니다.

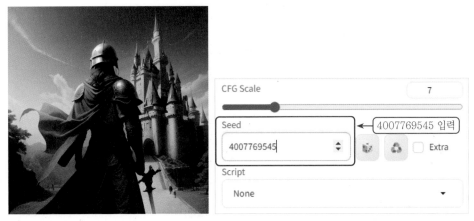

그림 3.46 사진의 seed 값 입력하기

이어서 설정이 잘못된 경우를 모두 살펴보면서 잘못된 설정이 있다면 올바르게 변경합
니다.

- **모델이 잘못 설정된 경우**: revAnimated 모델을 선택해야 합니다.

그림 3.47 모델이 잘못 설정된 이미지

- **Clip skip 값이 잘못 설정된 경우:** Clip skip 값은 2로 설정합니다.

그림 3.48 Clip skip 값이 5로 설정된 이미지

- **Sampling steps 값이 잘못 설정된 경우:** Sampling steps 값은 25로 설정합니다.

그림 3.49 Sampling steps 값이 5로 설정된 이미지

- **크기가 잘못 설정된 경우:** 이미지 출력 크기는 512×512로 설정합니다.

그림 3.50 512×768 크기로 생성된 이미지

생성한 이미지 저장하기

생성한 이미지는 코랩과 연결된 구글 드라이브의 다음 경로에 저장됩니다.

내 드라이브 > digiclau_lab > outputs

구글 드라이브에서 이미지가 생성되는 경로로 이동한 다음 이미지 오른쪽 위에 있는 […]
버튼을 클릭하고, [다운로드] 버튼을 클릭해 이미지를 내려받을 수 있습니다.

그림 3.51 구글 드라이브에 생성된 이미지 내려받기

또는 스테이블 디퓨전에서 생성한 이미지를 마우스 오른쪽 버튼으로 클릭한 다음 [이미
지 저장] 혹은 [이미지를 다른 이름으로 저장...] 버튼을 클릭해 이미지를 저장할 수 있
습니다.

그림 3.52 생성한 이미지 즉시 내려받기

게임 이미지 제작에 특화된 스테이블 디퓨전 환경 설정

스테이블 디퓨전은 주로 현실적인 인물을 생성하는 용도로 많이 활용됩니다. 그래서 인터넷에서 공유되는 모델 중 대다수는 현실적인 인물을 만들기 위한 것이 많습니다. 그러나 이러한 모델들은 게임 이미지 제작에는 적합하지 않으므로 게임 이미지를 만드는 데 효과적인 모델을 선택하는 기준에 대해 알아보고 이를 직접 적용해 보겠습니다.

모델 설정하기

이번 장의 첫 부분에서 언급한 대로 스테이블 디퓨전은 기본적으로 제공하는 모델 외에도 품질을 높이고 보완한 모델을 적용할 수 있도록 지원합니다. 정확히 말하면 스테이블 디퓨전의 기본 모델이 오픈소스로 공개됐기 때문에 이를 활용해 누구나 제한 없이 모델을 수정할 수 있는 것입니다. 이처럼 기존 모델을 바탕으로 수정한 모델을 '체크포인트'라고 부릅니다. 스테이블 디퓨전은 마치 붕어빵 기계와 같습니다. 붕어빵 틀 모양에 따라 다양한 스타일의 붕어빵을 만들 수 있는 것처럼, 어떤 체크포인트를 선택하는지에 따라 이미지의 전체적인 모습과 스타일이 달라집니다.

이는 2장에서 게임의 그래픽 콘셉트를 설정하는 것과 유사한 과정으로 볼 수 있습니다. 이러한 체크포인트를 내려받을 수 있는 웹 사이트로는 크게 CIVITAI와 허깅 페이스 두 곳이 있습니다. 그러나 허깅 페이스는 CIVITAI에 비해 사이트가 직관적이지 않아 자료를 찾기 어려우므로 CIVITAI에서 체크포인트를 내려받겠습니다.

구글 검색창에 CIVITAI로 검색하거나 주소창에 아래 주소를 입력해 접속합니다.

- CIVITAI 사이트: https://civitai.com

CIVITAI 사이트에 접속한 상단 메뉴에서 [Models] 버튼을 클릭해 모델을 내려받을 수 있는 페이지로 이동합니다.

그림 3.53 CIVITAI 사이트 접속 후 모델 탭으로 이동

모델 페이지가 나오면 오른쪽 상단에 있는 [Filters] 버튼을 클릭합니다. 그다음 Time period를 [ALL TIME]으로 변경합니다.

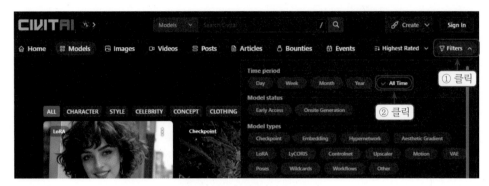

그림 3.54 목록 기간과 모델 유형 설정

이어서 체크포인트 모델을 내려받아야 하므로 Model types에서 [Checkpoint] 버튼을 클릭합니다. 이렇게 하면 전체 기간에서 가장 인기 있는 순서로 정렬된 체크포인트 모델을 확인할 수 있습니다.

그림 3.55 체크포인트 유형 선택

필터를 클릭하면 체크포인트 목록이 자동으로 정렬됩니다. 코랩을 설정할 때 선택했던 ReV Animated를 클릭해 상세 페이지로 접속해 보겠습니다.

그림 3.56 인기순으로 나열된 체크포인트 목록

체크포인트의 상세 페이지에서 살펴봐야 하는 부분은 다음 그림과 같습니다.

그림 3.57 체크포인트 모델의 상세 페이지

기본 정보 및 스타일 키워드

상세 페이지 맨 위에는 체크포인트의 이름과 평점 등 기본적인 정보와 이 모델로 생성할 수 있는 이미지의 스타일 키워드가 나열돼 있습니다. 특히 주목해야 할 부분은 스타일 키워드입니다. 이 체크포인트로 생성할 수 있는 스타일 키워드는 ANIME(일본 애니메이션), ILLUSTRATION(일러스트레이션), CARTOON(만화), FANTASY(판타지), PORTRAITS(인물)로 다양한 것을 볼 수 있습니다.

이번에는 사진처럼 매우 현실적인 이미지를 생성하는 체크포인트의 스타일 키워드를 살펴보겠습니다. LANDSCAPE(풍경), PHOTOREALISTIC(포토리얼리스틱)[3], PORTRAIT(인물), HYPERREALISTIC PORTRAITS(극사실주의 인물), PHOTOGRAPHY(사진)로 사실적인 표현이 주로 작성된 것을 볼 수 있습니다.

그림 3.58 사실적인 이미지를 생성하는 체크포인트 모델

이처럼 스타일 키워드는 체크포인트의 정체성을 확인할 수 있는 중요한 요소입니다. 그러므로 원하는 게임의 그래픽 콘셉트에 맞춰 스타일 키워드를 참고해 적절한 체크포인트를 선택해야 합니다. 아래는 CIVITAI 사이트에서 가장 많이 쓰이는 이미지 스타일을 분류한 표입니다.

이미지 스타일	스타일 키워드	예시 생성 이미지
극사실주의	PHOTOREALISTIC, HYPERREALISTIC, PHOTOGRAPHY	

---

3 사진으로 촬영한 것 보다 더 사진 같은 사실적인 표현을 의미합니다.

이미지 스타일	스타일 키워드	예시 생성 이미지
일본 애니메이션	ANIME	
만화	CARTOON	
혼합	다양한 스타일 키워드	

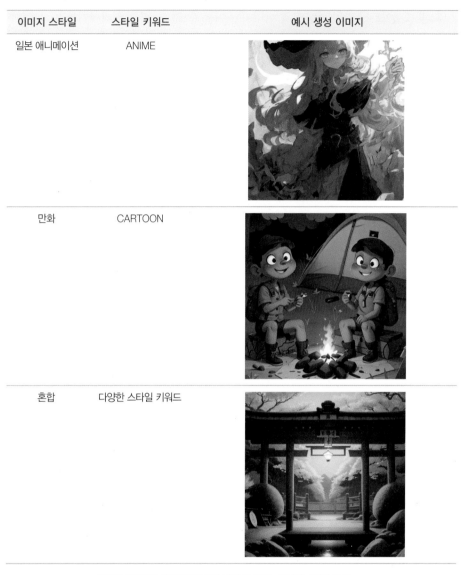

표 3.2 CIVITAI 사이트에서 가장 많이 공유되는 이미지 스타일 목록

표 3.2에서 마음에 드는 이미지 스타일이 있다면 해당 이미지 스타일의 키워드를 가진
체크포인트를 찾아 적용할 수 있습니다. 한 가지 주의할 점은 특정 이미지 스타일을 만
드는 데 특화된 체크포인트를 사용하면 그 외에 이미지 스타일을 가진 이미지를 아예
생성하지 못하거나 생성하더라도 품질이 낮을 수 있다는 것입니다. 예를 들어 극사실주

의 체크포인트는 만화 스타일의 이미지를 만들 수 없고, 일본 애니메이션 체크포인트는 극사실주의 이미지를 만들 수 없습니다.

혼합 스타일은 이름 그대로 다양한 이미지 스타일을 생성할 수 있는 체크포인트로, 미드저니와 유사한 모델이라고 할 수 있습니다. 대신에 이 혼합 체크포인트는 다른 이미지 스타일의 이미지를 만드는 경우 그 스타일의 이미지만 만들도록 특화된 체크포인트에 비해 품질이 낮은 이미지가 만들어질 수 있습니다.

요약하면 혼합 스타일의 체크포인트는 미드저니처럼 다양한 이미지 스타일을 준수한 품질로 만들 수 있고, 특정 이미지 스타일에 특화된 체크포인트는 다른 스타일의 이미지는 품질이 낮더라도 특화된 스타일만큼은 높은 품질로 이미지를 만들 수 있습니다.

따라서 2장에서 설정한 게임의 그래픽 콘셉트가 일본 애니메이션 스타일이라면 일본 애니메이션 스타일에 특화된 체크포인트를 사용하면 되고, 스타일을 명확히 정의하기 어렵다면 혼합 체크포인트를 사용하는 것이 좋습니다. 이 책에서는 다양한 스타일의 그래픽 콘셉트를 다루기 때문에 특정 이미지 스타일에 특화되지 않은 혼합 체크포인트를 적용해야 했고 그중에서도 인기가 많은 ReV Animated를 선택했습니다.

모델 목록

체크포인트의 다양한 버전을 내려받을 수 있는 목록입니다. 숫자는 버전을 의미하고, inpainting은 인페인팅[4] 혹은 아웃페인팅[5] 전용 모델을 의미합니다. 이 모델은 기존 이미지를 수정하는 것에 특화돼 있으므로 이미지를 처음부터 생성하는 용도로 사용하면 품질이 낮은 이미지가 만들어질 수 있습니다. 그 외에 baked vae는 VAE[6]가 이미 적용된 모델을 의미합니다. 따라서 해당 모델을 사용할 때는 VAE 모델을 따로 적용할 필요가 없습니다. VAE는 131쪽 '이미지 보정을 위한 VAE 설정하기'에서 자세히 다룰 예정입니다.

---

4 이미지의 일부분을 수정하는 기능입니다. 인물의 표정을 변경하거나 착의를 변경할 때 사용할 수 있습니다.
5 이미지의 바깥 부분을 확장해 새로운 이미지를 생성하는 기능입니다.
6 그림의 색감이나 품질을 보정하기 위한 모델입니다.

이미지 미리보기

체크포인트를 사용해 만든 이미지를 미리 살펴볼 수 있습니다. 좌우에 있는 화살표를 눌러 더 많은 이미지를 살펴볼 수 있고, 스타일 키워드와 함께 살펴보면 원하는 스타일의 이미지를 만드는 체크포인트를 찾는 데 도움 됩니다.

또한 오른쪽 아래에 있는 🛈 버튼을 클릭하면 해당 이미지를 만들 때 작성한 프롬프트와 각종 설정을 살펴볼 수 있습니다.

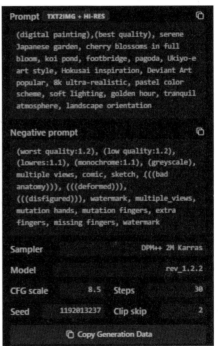

그림 3.59 이미지 미리보기와 상세 정보

TIP 이미지 미리보기 활용 방법

미리보기 이미지 중에서 마음에 드는 것을 찾고, 해당 이미지의 프롬프트와 설정을 그대로 따라 하는 습관을 들이는 것이 좋습니다. 이렇게 하면 프롬프트 작성과 설정 방법에 대한 감을 익히는 데 큰 도움이 됩니다. 이 과정이 익숙해지면 설정을 조금씩 변경해 가며 이미지를 생성하는 연습을 통해 실력을 키울 수 있습니다.

모델 세부 정보

모델의 종류와 다운로드 수, 업로드 날짜 등을 보여줍니다. Base Model이 SD 1.5인 것은 이 모델의 기반이 스테이블 디퓨전이 제공하는 기본 모델 v1.5인 것을 의미합니다. 좋은 품질의 이미지를 만드는 인기 있는 체크포인트의 대부분은 v1.5 모델을 기반으로 하고 있습니다.

마지막으로 확인해야 할 중요한 부분이 하나 남았습니다. 체크포인트는 일반적으로 권장하는 VAE, 프롬프트, 각종 매개변수 설정값이 있고, 이를 따라서 설정하면 더 좋은 품질의 이미지를 생성할 수 있습니다. 이 요소들을 확인하기 위해서 상세 페이지 아래에 있는 설명란에서 [Show More] 버튼을 클릭합니다.

그림 3.60 상세 설명 더 보기

대부분의 모델은 권장하는 설정값을 상세 설명 부분에 모두 기재합니다. 다음 그림과 같이 기재돼 있다면 해당 모델은 세 가지의 VAE 중 하나를 적용했을 때 더 좋은 품질의 이미지를 만들 수 있다는 의미입니다.

그림 3.61 해당 체크포인트 모델이 권장하는 VAE 목록

권장하는 설정값이 기재돼 있지 않다면 사용자의 평가나 댓글을 살펴보는 게 도움 될 수 있습니다. 그런데도 권장하는 설정값을 찾지 못했다면 직접 모델을 사용하면서 요령을 익히거나 다른 대안을 찾아보는 방법밖에 없습니다.

체크포인트 파일은 일반적으로 2GB에서 5GB까지 용량이 큰 파일이므로 설치하기 전에 필요한 체크포인트가 맞는지 유심히 살펴보는 것이 좋습니다. 이제 모델 세부 정보 위쪽에 있는 [Download] 버튼을 클릭해 파일을 내려받아 보겠습니다.

그림 3.62 모델 세부 정보 상단에 위치한 내려받기 버튼

버튼을 누르고 설치가 완료될 때까지 기다리면 safetensors[7]라는 확장자를 가진 파일을 확인할 수 있습니다. 이 파일을 코랩과 연결된 계정의 구글 드라이브에 업로드합니다. 경로는 다음과 같습니다.

내 드라이브 > digiclau_lab > checkpoints

그림 3.63 체크포인트 파일 저장 위치

---

7 AI 모델의 데이터를 저장하고 배포하기 위한 파일로 바이러스로부터 안전한 형식입니다.

파일은 왼쪽 위에 있는 [+신규] 버튼을 클릭한 다음 [파일 업로드] 버튼을 클릭해 업로드할 수 있습니다.

그림 3.64 구글 드라이브에 모델 파일 업로드

또는 파일을 드래그 앤드 드롭하여 업로드할 수도 있습니다. 파일의 용량이 크기 때문에 시간이 오래 소요될 수 있습니다.

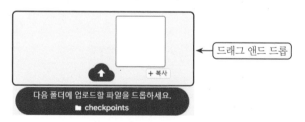

그림 3.65 파일을 드래그 앤드 드롭해 업로드

코랩에서 선택한 체크포인트는 코랩이 종료되면 모두 삭제되므로 코랩을 실행할 때마다 시간이 오래 소요됩니다. 그러나 구글 드라이브에 파일을 업로드 하면 코랩이 파일을 자동으로 감지하고 적용하므로 코랩에서 체크포인트를 선택할 필요가 없습니다. 앞서 구글 드라이브에 파일을 업로드 했으므로 이전에 코랩에서 선택한 RevAnimated 항목을 해제하겠습니다.

아래의 **Checkpoint** 모델중에, 사용할 모델을 선택하세요.
요청에 따라 모델을 추가하거나 변경할 수 있습니다.
(사용할 모델이 없다면, **Stable Diffusion 1.5** 모델이 기본으로 설치됩니다.)
(사용할 모델만 선택하세요. 모델이 많을수록 시작하는데 시간이 더 걸립니다.)

　Aniverse_15: ☐

　DreamShaper: ☐

　GhostMix: ☐

　RealisticVision: ☐

　MajicMIXRealistic_7: ☐

　ReVAnimated: ☐ ← 선택 해제

그림 3.66 ReVAnimated 모델 선택 해제

이제 스테이블 디퓨전을 실행하면 상단에 있는 Stable Diffusion checkpoint에서 내려받은 체크포인트를 선택할 수 있습니다.

Stable Diffusion checkpoint

revAnimated_v122.safetensors [4199bcdd14] ▼ ← 체크포인트 선택

그림 3.67 체크포인트 모델 선택 창

이미지 보정을 위한 VAE 설정하기

VAE(Variational AutoEncoder)는 딥러닝 분야에서 많이 활용하는 이미지 생성 모델로 스테이블 디퓨전에서는 이미지를 보정하는 역할을 합니다. VAE를 적용하지 않으면 이미지의 색감이 흐릿하거나 품질이 떨어질 수 있습니다. 다음 그림을 살펴보면 VAE를 적용한 경우와 그렇지 않은 경우의 차이가 뚜렷하게 드러나는 것을 볼 수 있습니다.

VAE 적용 X   VAE 적용 O

그림 3.68 VAE 적용 여부에 따른 이미지 차이

이처럼 좋은 품질의 이미지를 만들려면 VAE를 반드시 적용해야 합니다. VAE도 매우 다양한 종류가 있지만, 가장 많이 쓰이는 VAE는 다음과 같습니다.

VAE 이름	설명
ft–mse–84000	실사 이미지를 만들 때 주로 사용합니다.
Anything 3.0	애니메이션 스타일의 이미지를 만들 때 주로 사용합니다.
kl–f8–anime2	

표 3.3 가장 인기가 많은 VAE 목록

위 세 가지 VAE를 아래 구글 드라이브 링크로 접속해 내려받습니다.

- **VAE 모음 구글 드라이브**: https://bit.ly/VAE모음구글드라이브

내려받은 VAE는 구글 드라이브의 다음 경로에 업로드합니다.

내 드라이브 > digiclau_lab > VAE

이제 스테이블 디퓨전을 실행하면 상단에 있는 SD VAE에서 내려받은 VAE를 사용할 수 있습니다.

그림 3.69 VAE 선택 창

ft-mse-84000 VAE가 실사 이미지를 만들 때 주로 사용한다고 해서 실사 이미지를 만들때 해당 VAE만 사용해야 하는 것은 아닙니다. 때로는 Anything 3.0 VAE가 더 좋은 품질의 실사 이미지를 만들어낼 때도 있습니다. 그러므로 이미지를 만들 때는 한 가지 VAE에국한하지 않고 마음에 드는 이미지가 만들어질 때까지 계속 변경하면서 시도하는 것이 좋습니다.

같은 이유로 반드시 위 세 가지의 VAE만 사용해야 하는 것도 아닙니다. 단순히 인기가 많은 VAE를 나열한 것에 불과하며 절대적인 규칙은 아닙니다. 다른 VAE를 적용해 보고 싶다면 CIVITAI 사이트에서 다양한 VAE를 찾아볼 수 있습니다. 체크포인트를 내려받을 때처럼 CIVITAI 사이트에 접속합니다.

사이트에 접속한 후 [Models] 메뉴를 선택하고, 오른쪽 위에 있는 [Filters] 버튼을 클릭합니다. 기존에 선택했던 [Checkpoint]는 클릭해 해제하고 [VAE] 버튼을 클릭합니다.그럼 VAE 모델만 필터링되고, 원하는 모델의 상세 페이지로 접속해 파일을 내려받을 수있습니다.

그림 3.70 모델 유형을 VAE로 변경

특정 이미지를 생성하기 위한 LoRA 적용하기

로라(LoRA, Low-Rank Adaptation)는 특정 스타일의 이미지를 생성하기 위해 체크포인트에 작은 변경 사항을 적용하는 모델입니다. 체크포인트에 비해 용량이 작고 여러 개를 함께 쓸 수 있다는 것이 특징입니다. 그러나 로라는 보조 모델이기 때문에 단독으로 이미지를 생성할 수는 없습니다.

이를 쉽게 설명하자면 체크포인트는 그림 도구를 가지고 있는 핵심 화가라고 할 수 있고 로라는 그림 도구를 가지고 있지는 않지만, 특정 피사체를 그리는 데 특화된 보조 화가라고 할 수 있습니다. 핵심 화가만 있어도 웬만한 그림은 그릴 수 있지만 보조 화가와 함께한다면 더 멋진 그림을 그릴 수 있습니다.

핵심 화가가 도시의 풍경을 그리는 상황을 상상해 보겠습니다. 여기에는 평생을 자동차만 그려온 보조 화가와 빌딩만 그려온 보조 화가 두 명이 함께 있습니다. 핵심 화가가 도로 위의 자동차를 직접 그릴 수 있겠지만 평생을 자동차만 그려온 보조 화가에게 맡기면 더 완성도가 높은 자동차를 그릴 수 있을 것입니다. 또한 도시의 빌딩도 빌딩을 전문으로 그리는 보조 화가에게 맡기면 더 섬세하고 멋진 빌딩을 그릴 수 있습니다. 이처럼 특정 피사체를 전문적으로 그리는 보조 화가가 많을수록 이미지의 전체적인 완성도가 올라갑니다.

이 비유를 통해 알 수 있듯이 로라는 특정 이미지를 생성하는 것에 특화된 보조 모델입니다. 게임 이미지 리소스를 만들고 싶으면 던전 이미지를 그리는 데 특화된 로라 모델이나 게임 아이콘을 그리는 데 특화된 로라 모델을 사용할 수 있습니다. 물론 모든 종류의 로라 모델이 존재하는 것은 아니므로 직접 원하는 이미지를 학습시킨 로라 모델을 만들 수도 있습니다. 그러나 이 작업은 구글 코랩을 이용한 방법을 모두 담은 것보다도 많은 분량을 갖고, 단계가 복잡합니다. 따라서 이 책에서는 로라를 사용하는 방법만 중점적으로 다루겠습니다.

본격적으로 로라 모델을 사용해 보기 위해서 CIVITAI 사이트로 접속합니다. [Models] 메뉴를 선택하고, 오른쪽 위에 있는 [Filters] 버튼을 클릭합니다. 기존에 선택했던 [VAE]는 클릭해 해제하고 [LoRA] 버튼을 클릭합니다.

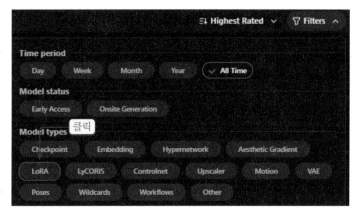

그림 3.71 모델 유형을 LoRA로 변경

그럼 이제 로라 모델이 필터링되고 원하는 모델의 상세 페이지로 접속해 파일을 내려받을 수 있습니다. 한 번 3D rendering style 모델을 클릭해 상세 페이지로 이동해 보겠습니다.

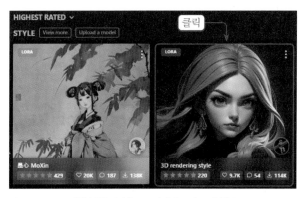

그림 3.72 인기순으로 나열된 로라 모델 목록

이 로라 모델은 이름을 보면 알 수 있듯이 3D 렌더링 스타일의 이미지를 만드는 데 특화된 모델입니다. 로라 모델의 상세 페이지에서 살펴봐야 하는 부분은 체크포인트와 거의 같습니다.

그림 3.73 로라 모델의 상세 페이지

기본 정보 및 스타일 키워드

로라 모델의 이름과 평점 등 기본 정보와 함께 이 모델이 생성할 수 있는 이미지의 스타일 키워드가 나열돼 있습니다. 일본 애니메이션 스타일의 체크포인트를 사용하면서 실사 연예인 이미지를 만드는 로라 모델을 적용하면 의도한 이미지를 만들기 어려울 것입니다. 따라서 로라 모델의 이미지 스타일이 체크포인트의 이미지 스타일과 일치하도록 하는 것이 좋은데, 이때 유심히 살펴봐야 하는 것이 스타일 키워드입니다. 스타일 키워드는 이 로라 모델이 어떤 스타일의 이미지를 만드는지 나타내므로 적절한 체크포인트를 선택하는 데 도움 됩니다. 지금 보고 있는 3D rendering style 모델은 스타일 키워드로 MIDJOURNEY를 가지고 있는데, 이는 앞서 살펴봤던 이미지 스타일 목록 중 '혼합'에 해당하는 것을 알 수 있습니다. 따라서 이 로라 모델은 ReV Animated 같은 혼합 스타일의 이미지를 생성하는 체크포인트와 잘 어울리는 모델임을 알 수 있습니다.

모델 목록

체크포인트와 마찬가지로 해당 로라 모델의 다른 버전을 선택할 수 있는 목록입니다. 일반적으로 버전이 높을수록 좋은 품질의 이미지를 생성합니다.

이미지 미리보기

로라 모델을 적용해 만든 이미지를 미리 볼 수 있습니다. 좌우에 있는 화살표를 클릭하면 더 많은 이미지를 살펴볼 수 있습니다. 오른쪽 아래에 있는 [i] 버튼을 클릭하면 이미지의 상세 정보를 볼 수 있고, 해당 이미지가 어떤 체크포인트로 만들어졌는지 확인할 수 있습니다.

그림 3.74 이미지 상세 정보에서 볼 수 있는 체크포인트 모델

TIP 이미지 미리보기 활용 방법

체크포인트와 마찬가지로 로라 모델의 미리보기 이미지를 활용해 이미지 생성 실력을 향상시킬 수 있습니다. 어떤 키워드를 작성했을 때 좋은 이미지가 만들어지는지, 어떤 키워드에 가중치를 부여하는지 등을 확인하며 직접 시도해 보는 것이 좋습니다.

모델 상세 정보

로라 모델의 종류와 다운로드 수, 업로드 날짜 등을 보여줍니다. Base Model이 SD 1.5
인 것은 이 모델의 기반이 스테이블 디퓨전이 제공하는 기본 모델 v1.5인 것을 의미합
니다. 특히 Trigger Words를 주목할 필요가 있는데, 이곳에 작성된 단어들을 프롬프트
에 포함하면 로라 모델의 영향력이 더 커집니다.

체크포인트와 마찬가지로 상세 설명에서 로라 모델이 권장하는 설정값을 확인할 수 있습
니다. 이 모델은 ReV Animated 체크포인트를 권장하고 있으며, 예시 프롬프트도 함께 제
공하고 있습니다.

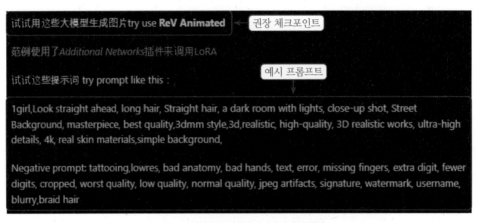

그림 3.75 권장하는 설정값이 기재된 상세 설명

로라 모델을 직접 사용해 보기 위해서 모델 상세 정보 위쪽에 있는 [Download] 버튼을
클릭해 로라 파일을 내려받습니다. 설치가 완료되면 구글 드라이브에서 다음 경로에 업로
드 합니다.

```
내 드라이브 > digiclau_lab > Lora
```

이제 스테이블 디퓨전에서 [Lora] 탭을 클릭하면 로라 모델 목록이 나타납니다. 방금 추가
한 3DMM_V12를 클릭하면 일반 프롬프트에 〈lora:3DMM_V12:1〉가 추가되며, 이 상태
로 이미지를 생성하면 로라 모델이 적용된 이미지가 생성됩니다.

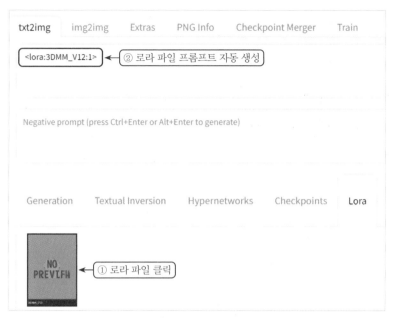

그림 3.76 로라 모델 적용하기

이처럼 로라 모델은 프롬프트에 〈lora:이름:가중치〉 형태로 작성해 적용합니다. 이때 가중치의 기본값은 1이며, 여러 개의 로라 모델을 함께 사용하는 경우 가중치의 합을 1로 맞춰야 합니다. 예를 들어 로라 모델 세 가지를 함께 사용하는 경우 다음과 같이 작성합니다.

```
<lora:로라A:0.4><lora:로라B:0.3><lora:로라C:0.3>
```

TIP 로라 모델의 영향력 높이기

로라 모델의 영향력을 높이려면 프롬프트에 Trigger words를 함께 작성합니다. Trigger words는 로라 모델 상세 페이지의 '모델 상세정보' 탭에서 확인할 수 있으며 미리보기 이미지의 프롬프트에서 실제로 활용한 예시를 살펴볼 수 있습니다.

다음 이미지는 픽셀 아트 이미지를 제작하는 데 특화된 로라 모델인 Pixel Portrait을 적용해 생성한 인물과 배경 이미지입니다.

그림 3.77 로라 모델을 적용해 생성한 픽셀 아트 이미지

이처럼 로라 모델을 활용하면 특정 이미지를 생성하는 데 많은 도움을 받을 수 있습니다.

이외에 CIVITAI 사이트에서 [Filters]를 클릭했을 때 선택할 수 있는 다양한 종류의 모델은 다음과 같이 정리할 수 있습니다.

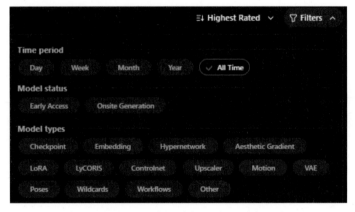

그림 3.78 CIVITAI 사이트에서 공유되는 모델의 종류

- Checkpoint: 가장 기초가 되는 기본 모델입니다. 이 모델이 없으면 이미지를 생성할 수 없습니다.

- Embedding: 기본 모델에 영향을 주지 않고 프롬프트를 추가로 학습시키는 용량이 작은 모델입니다.

- Hypernetwork: 특정 이미지를 뽑기 위한 보조 모델입니다. LoRA보다 효과가 낮은 경우가 많습니다.

- Aesthetic Gradient: 이미지에 색다른 분위기나 스타일을 추가하는 모델입니다.

- LoRA: 특정 이미지를 만들 때 효과적인 보조 모델입니다.

- LyCORIS: 특정 이미지를 만들 때 효과적인 보조 모델입니다. LoRA보다 성능이 좋은 경우가 많으며 별도의 확장프로그램을 설치해야 합니다.

- Controlnet: 인물의 자세를 변경하거나 이미지의 깊이 값을 추출하는 것과 같이 다양한 확장 기능을 제공하는 모델입니다.

- Upscaler: Hire. fix에서 사용할 수 있는 이미지 업스케일링[8] 모델입니다.

- Motion: 이미지에 애니메이션을 추가하는 모델입니다.

- VAE: 이미지의 색감과 품질을 보정하는 모델입니다.

- Poses: 인물의 자세를 담고 있는 모델로 컨트롤넷에서 사용할 수 있습니다.

- Wildcards: 인공지능이 다양한 콘셉트의 이미지를 생성할 수 있도록 하는 모델입니다.

- Workflows: 스테이블 디퓨전을 이용하는 또 다른 방법인 ComfyUI에서 사용할 수 있는 모델입니다.

지금까지 게임 이미지 제작에 특화된 설정을 모두 살펴봤습니다. 정확히 말하면 스테이블 디퓨전을 구성하는 기본 요소 중에서 게임 이미지 제작에 도움이 될 만한 것들을 간략하게 살펴본 것에 불과합니다. 로라 모델을 학습하는 방법이나 컨트롤넷(Controlnet)을 활용하는 방법을 보다 깊이 다루면 좋겠지만, 현재 목적은 이미지를 생성하는 것이 아니고 이미 만들어진 미드저니 이미지를 보완하고 개선하는 것입니다. 이미지의 품질을 개선하기 위해 필요한 기본 지식은 모두 갖추었으므로 이 부분에 집중하겠습니다.

기존 이미지를 새로운 이미지로 만드는 '이미지 → 이미지' 기능

이제 스테이블 디퓨전을 제대로 활용할 시간입니다. 미드저니로 이미지를 만들든 스테이블 디퓨전으로 이미지를 만들든 실제로 게임에 적용하려면 이미지의 품질을 개선하고 다양한 변화를 주어야 합니다. 스테이블 디퓨전은 이러한 작업에 매우 유용하게 사용할 수 있습니다. 오른쪽 그림은 2장에서 미드저니로 생성한 고블린 이미지입니다.

그림 3.79 미드저니로 생성한 고블린 이미지

---

8 이미지의 크기를 품질의 저하 없이 늘리는 작업을 의미합니다.

이미지 → 이미지 기능을 활용하면 아래 그림과 같이 고블린 캐릭터의 다양한 의상을 손쉽게 만들 수 있습니다.

그림 3.80 다양한 의상을 입고 있는 고블린

이미지 → 이미지는 미드저니의 이미지 링크와 거의 동일한 기능입니다. 사용자가 이미지를 첨부하고 프롬프트를 작성하면 첨부한 이미지를 바탕으로 새로운 이미지를 생성합니다. 미드저니의 이미지 링크와 다른 점은 원본 이미지의 형태를 더 잘 유지한다는 것입니다. 아래 두 그림을 보면 알 수 있듯이 미드저니는 원본 이미지에서 많이 벗어난 이미지를 생성한 반면, 스테이블 디퓨전은 원본 이미지의 형태를 거의 유지면서 품질이 향상된 것을 볼 수 있습니다. 이러한 특성 덕분에 스테이블 디퓨전을 이미지를 보완하기 위한 용도로 활용할 수 있는 것입니다.

그림 3.81 미드저니의 이미지 링크로 다시 생성한 화분 이미지

그림 3.82 스테이블 디퓨전의 이미지 → 이미지로 다시 생성한 화분 이미지

이미지 → 이미지 기능 사용 방법

📁 예제 파일: ch03/꽃 화분.png
ch03/빈 선반.png
ch03/선반(그림자).png

이미지 → 이미지 기능을 사용하려면 스테이
블 디퓨전에 접속한 다음 프롬프트 입력창 위
에 있는 [img2img] 버튼을 클릭합니다.

그림 3.83 프롬프트 입력창 위쪽에 있는 [img2img] 탭

그럼 왼쪽 아래에 이미지를 업로드할 수 있는 창이 나타납니다. 예제 폴더에서 '꽃 화
분.png' 이미지를 찾아 이곳에 업로드합니다.

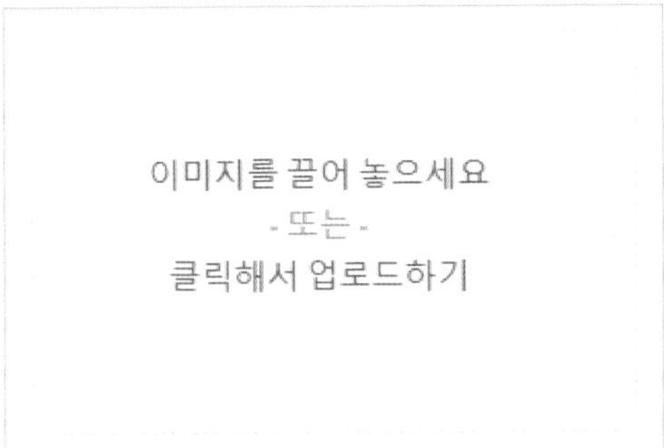

이미지를 끌어 놓으세요
- 또는 -
클릭해서 업로드하기

그림 3.84 이미지 업로드 영역

이미지 → 이미지에서 살펴봐야 하는 부분은 다음과 같습니다.

그림 3.85 이미지->이미지 세부 설정

Resize mode

첨부한 이미지의 해상도를 Resize to에 지정한 새로운 해상도로 변경하기 위한 방법을 선택합니다.

- Just resize: 이미지의 크기를 새로운 크기에 맞게 조절합니다.

- Crop and resize: 이미지를 잘라내는 방식으로 새로운 크기에 맞게 조절합니다.

- Resize and fill: 이미지의 크기를 조절한 후 남는 부분을 채웁니다.

- Just Resize (latent upscale): Just Resize와 유사하지만 품질이 낮아질 우려가 있습니다.

첨부하는 이미지와 최종 이미지 크기 모두 512×512로 고정할 예정이므로 Just resize 옵션을 선택합니다.

Denoising strength

디노이즈 강도[9]를 조절하는 부분입니다. 이 값이 0이면 첨부한 이미지가 변형 없이 그대로 생성되며, 값이 높을수록 품질은 좋아지지만 원본 형태에서 많이 벗어난 이미지가 생성됩니다. 따라서 0.3~0.5 사이의 적절한 값을 설정하는 것이 좋습니다.

이외에 Sampling method와 CFG Scale 등 나머지 부분은 이전과 동일한 값으로 설정합니다.

이제 이미지 → 이미지 기능을 활용해서 '꽃 화분' 이미지의 품질을 직접 개선해 보겠습니다. 이 기능도 체크포인트와 VAE 그리고 로라 모델의 영향을 받기 때문에 기본 설정을 하고 진행하겠습니다. 다음과 같이 설정하고 [Generate] 버튼을 클릭해 이미지를 생성합니다.

- 체크포인트: ReV Animated
- VAE: ReV Animated 모델이 권장하는 kl-f8-anime
- 일반 프롬프트: a flowerpot 작성
- 디노이즈 강도: 0.35

그럼 옆 그림과 유사한 이미지가 생성될 것입니다.

그림 3.86 새로 생성한 화분 이미지

---

9 새로운 이미지를 만들 때 원본 이미지를 얼마나 많이 변경할지 제어하는 값을 의미합니다. 값이 높을수록 원본 이미지에 많은 변형이 일어납니다.

만약 디노이즈 강도가 너무 낮거나 프롬프트를 작성하지
않았다면 오른쪽 그림과 같이 원본 이미지와 거의 차이가
없는 이미지가 생성됩니다. 이런 경우 설정을 다시 한번
확인합니다.

그림 3.87 원본과 비슷한 화분 이미지

이제 디노이즈 강도를 변경해 가면서 이미지를 추가로 생성해 보겠습니다. 이렇게 하면 디
노이즈 강도가 새로운 이미지에 미치는 영향을 직접 체감할 수 있을 것입니다.

값: 0.1   값: 0.6   값: 1

그림 3.88 디노이즈 강도 값에 따른 이미지 변화

이미지 → 이미지 기능이 이미지를 보완한다는
것은 대충 그린 그림도 높은 품질의 이미지로 다
시 만들어 준다는 것을 의미합니다. 이는 전문
디자이너의 도움 없이도 이미지의 특정 부분을
손쉽게 수정할 수 있다는 의미를 내포하고 있습
니다. 오른쪽 그림은 미드저니로 생성한 선반 이
미지입니다. 이 선반을 텅 비어 있는 선반으로
새롭게 만들어 보면서 이미지 → 이미지의 강력
한 기능을 한 번 더 체험해 보겠습니다.

그림 3.89 미드저니로 생성한 선반

이미지 → 이미지 기능은 원래의 요소를 제거하는 것보다 새롭게 변형하고 생성하는 것에 특화돼 있습니다. 만약 이 상태 그대로 비어 있는 책장을 생성하려고 시도하면 아래 그림과 같이 프롬프트를 전혀 반영하지 못한 이미지가 생성됩니다.

일반 **프롬프트**: an empty wooden shelf

그림 3.90 프롬프트로 '비어 있는 선반'을 작성해 생성한 이미지

그러므로 우선 선반에 있는 책들이 보이지 않도록 색을 덧칠해야 합니다. 이 작업은 어떤 그림 도구를 사용해도 무방합니다.

그림 3.91 책이 있던 부분을 제거한 선반

이렇게 수정한 이미지는 예제 폴더의 '빈 선반.png' 파일입니다. 이 이미지를 이미지 →
이미지에 업로드합니다. 그리고 다음과 같이 설정하고 이미지를 생성하면 아래 그림과 같
은 이미지를 만들 수 있습니다.

- **일반 프롬프트**: an empty wooden shelf illustration 작성
- **디노이즈 강도**: 0.4

그림 3.92 이미지 → 이미지로 다시 생성한 선반

좀 더 자연스러운 이미지를 만들기 위해 선반 안쪽에 그림자를 그려 보겠습니다. 그림자가
추가된 이미지는 자료 폴더에 있는 '선반(그림자).png'입니다.

그림 3.93 책을 제거한 부분에 그림자를 추가한 선반

이 이미지를 업로드한 후 프롬프트와 디노이즈 강도를 그대로 유지한 채로 이미지를 다시 생성하면 오른쪽의 그림과 같이 고품질의 이미지를 만들 수 있습니다. 물론 원하는 이미지가 한 번에 생성되는 경우는 거의 없기 때문에, 디노이즈 강도를 조금씩 변경하면서 여러 번 시도해야 합니다.

그림 3.94 이미지 → 이미지로 완성된 선반

이처럼 이미지 → 이미지 기능을 활용하면 낮은 품질의 그림도 빠르게 높은 품질의 이미지로 만들 수 있습니다. 또한 이미지 → 이미지 기능을 사용할 때는 프롬프트를 상세하게 작성할 필요 없이 만들고자 하는 물체의 이름이나 특징 정도만 작성해도 좋은 이미지를 만들 수 있습니다. 이전에는 텍스트로만 모든 것을 묘사해야 했다면 이미지 → 이미지에서는 대부분의 묘사를 텍스트 대신 첨부한 이미지로 대체했다고 생각하면 됩니다.

선택한 부분만 수정하는 인페인트 기능

📁 예제 파일: ch03/고블린(인페인트).png
ch03/고블린(회색).png

이제 더 나아가서 이미지의 일부분만 수정할 수 있는 인페인트(inpaint) 기능을 알아보겠습니다. 앞서 살펴봤던 고블린의 다양한 의상이 인페인트 기능으로 작업한 결과물입니다.

이미지 업로드 영역 상단에 나열된 목록에서 [Inpaint] 탭을 선택합니다.

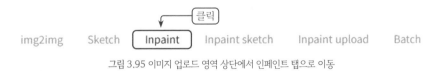

그림 3.95 이미지 업로드 영역 상단에서 인페인트 탭으로 이동

그럼 이미지 → 이미지와 동일하게 이미지를 업로드할 수 있는 창이 나옵니다. 기능을 사용해 보기 전에 하단에 있는 설정값을 살펴보겠습니다.

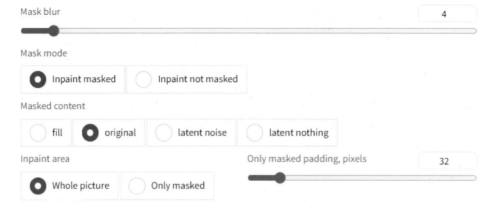

그림 3.96 인페인트 세부 설정

Mask blur

0~4 사이의 값으로 설정합니다. 이 설정은 마스크의 흐릿한 정도를 결정합니다. 값이 클수록 선택한 영역과 원본 이미지 사이의 전환이 더 부드러워집니다.

Mask mode

상황에 따라 다르게 설정해야 하지만 지금은 Inpaint masked로 설정합니다.

- Inpaint masked: 선택한 부분을 수정합니다.
- Inpaint not masked: 선택한 부분을 제외한 영역을 수정합니다.

Masked content

original로 설정합니다.

- fill: 원본 이미지의 색상만 참고해 새로운 이미지를 생성합니다. original에 비해 조금 더 창의적인 요소가 추가됩니다.
- original: 원본 이미지를 그대로 참고해 새로운 이미지를 생성합니다. 가장 자연스러운 이미지를 생성하는 방법입니다.
- latent noise: 원본 이미지의 분위기만 참고해 새로운 이미지를 생성합니다. 자연스럽게 이어지는 이미지보다는 액자 속 이미지나 텔레비전 속 이미지처럼 개별 공간에 새로운 이미지를 만들 때 사용할 수 있습니다.

- latent nothing: 원본 이미지를 전혀 참고하지 않고 새로운 이미지를 생성합니다. 이는 선택한 영역에 완전히 새로운 이미지를 생성하는 것과 같습니다.

Inpaint area

Whole picture로 설정합니다.

- Whole picture: 원본 이미지 전체를 참고해 새로운 이미지를 생성합니다. 원본 이미지와 자연스럽게 이어지는 이미지가 만들어집니다.
- Only masked: 선택한 영역만 참고해 새로운 이미지를 생성합니다. 이미지의 전체적인 분위기보다는 선택한 영역의 분위기에 맞게 새로운 이미지를 생성합니다.

Only masked padding, pixels

기본값인 32로 설정합니다. 선택한 영역의 주변 픽셀을 얼마나 참고할 것인지 설정하는 값입니다.

모든 설정을 완료했다면 본격적으로 인페인트 기능을 활용해 보겠습니다. 예제 폴더에 있는 '고블린(인페인트).png' 이미지를 업로드합니다. 이 이미지는 고블린이 입고 있던 옷 부분을 피부색과 유사한 한 가지 색상으로 간략히 덧칠한 이미지입니다.

그림 3.97 옷 부분을 피부 색상으로 덧칠한 고블린

업로드를 하고 나면 선택 영역을 지정할 수 있는 펜이 나타납니다. 이미지에 어색한 부분을 색칠하듯이 그려줍니다. 선택 영역은 원하는 부분에 정확하게 맞추지 않아도 되지만 너무 넓은 범위를 선택하지 않도록 주의합니다.

그림 3.98 부자연스러운 부분에 선택 영역을 지정

이 상태에서 일반 프롬프트에 Undressing goblin을 작성한 뒤 이미지를 생성하면 상의를 입고 있지 않은 고블린의 이미지를 순식간에 생성할 수 있습니다.

그림 3.99 상의를 입지 않은 고블린

TIP 덧칠한 이미지 제작 시 주의 사항

인페인트 기능을 활용하기 위해서 이미지에 특정 색상을 덧칠할 때는 원하는 부분만 정확하게 칠하는 것이 중요합니다. 불필요한 영역을 덧칠하면 원본 이미지가 손상돼 완전히 다른 결과물이 만들어질 수 있습니다. 이 작업을 섬세하게 처리할수록 인페인트 기능의 정확도가 향상됩니다.

이렇게 생성한 이미지에 회색으로 옷의 형태만 그려준 이미지를 다시 업로드합니다. 해당 이미지는 예제 폴더에 있는 '고블린(회색).png'입니다. 회색으로 칠한 부분만 인페인트 영역으로 선택한 후 프롬프트에 goblin wearing iron_suit를 작성해 이미지를 생성해 보겠습니다. 그럼 이렇게 조잡한 그림도 멋있는 철 갑옷으로 변신하게 됩니다.

그림 3.100 단순한 회색 그림으로 생성한 철 갑옷

이제 이 회색으로 칠한 부분을 다른 색상으로 변경해 주는 작업만으로 고블린의 다양한 의상을 만들 수 있습니다. 아래 이미지는 회색을 파란색으로 변경한 뒤 프롬프트로 goblin wearing blue_t-shirt를 작성해 생성한 이미지입니다.

그림 3.101 단순한 파란색 그림으로 생성한 파란 티셔츠

아래 이미지는 회색을 빨간색으로 변경한 뒤 프롬프트로 goblin wearing red_jacket을 작성해 생성한 이미지입니다.

그림 3.102 단순한 빨간색 그림으로 생성한 빨간 자켓

인페인트 기능에 활용 방법은 무궁무진합니다. 아래 그림과 같이 팔에 차고 있던 장신구를 제거할 수도 있습니다. 장신구가 있던 부분을 피부와 비슷한 색상으로 칠한 뒤 영역을 지정하고 프롬프트를 goblin's green_arms와 같이 작성합니다.

그림 3.103 피부톤과 유사한 색칠만으로 장신구를 제거한 팔

물론 장신구를 제거한 부분에 간단한 색칠만으로 새로운 갑옷 장신구를 만들 수도 있습니다.

그림 3.104 간단한 회색 그림으로 생성한 갑옷 장신구

이제 신발만 갑옷 신발로 변경해 주면 완전히 새로운 고블린 캐릭터가 완성됩니다.

그림 3.105 갑옷으로 치장한 고블린과 원본 고블린 비교

이처럼 이미지 → 이미지 기능과 인페인트 기능을 활용하면 하나의 물체를 다양한 형태로 손쉽게 변형할 수 있습니다.

이미지 크기를 512x512로 고정하기

📁 예제 파일: ch03/sumo선반.png

이전에 언급한 대로 스테이블 디퓨전 모델은 512×512와 768×768의 크기를 가진 이미지들로 학습된 모델입니다. 따라서 이 두 가지 크기의 이미지를 생성할 때 가장 좋은 품질의 이미지를 생성할 수 있고, 이는 이미지 → 이미지에서도 마찬가지입니다. 512×512 이미지와 768×768 이미지의 품질 차이는 크지 않으므로 용량이 작고 이미지 생성 속도가 빠른 512×512 크기로 설정하는 것이 좋습니다. 만약 이미지 → 이미지 기능을 사용하고 싶은 이미지가 수평으로 길거나 수직으로 길다면 512×512 크기의 정사각형 크기에 맞춰 조절한 뒤 사용해야 합니다.

만약 그렇게 하지 않고 출력 크기를 임의로 설정한 후 이미지를 생성하면 아래 그림과 같이 품질이 매우 낮은 이미지가 생성될 수 있습니다.

그림 3.106 잘못된 크기 설정으로 엉뚱하게 생성된 화분 이미지

이미지의 크기를 512×512로 고정하는 작업을 간편하게 할 수 있는 사이트를 알아보겠습니다. 구글 검색창에 Sumo app을 검색하거나 주소창에 아래 주소를 입력해 접속합니다.

- Sumo App: https://sumo.app

사이트에 접속한 다음 [Open Paint] 버튼을 클릭해 새로운 프로젝트를 생성합니다.

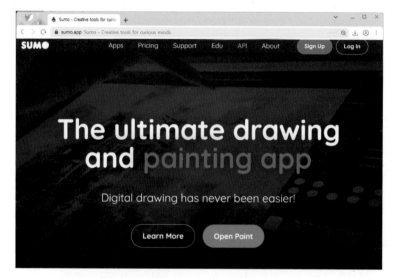

그림 3.107 Sumo 홈페이지

흰색 캔버스가 나타나면 상단 메뉴에서 [목록] 아이콘을 클릭하고, [File] – [Open from Device]를 클릭합니다.

그림 3.108 이미지를 불러오기 위한 메뉴 선택

그다음 예제 폴더에 있는 'sumo선반.png'를 불러옵니다.

그림 3.109 가로로 긴 비율을 가진 선반 이미지

이미지를 불러왔다면 상단 메뉴에서 [목록] 아이콘을 클릭하고 [Image] - [Resize Image]를 클릭합니다.

그림 3.110 이미지 크기 조절을 위한 메뉴 선택

이제 이미지의 크기를 512×512px에 맞게 조정해야 합니다. 우선 원본 이미지의 비율이 망가지지 않도록 Lock Aspect Ratio에 체크해 비율을 고정합니다. 그 후 너비와 높이 중 더 큰 값을 512로 변경합니다. 이 이미지는 너비가 더 크므로 Width 값을 512로 변경합니다. 그럼 자동으로 높이(Height) 값도 변경돼 비율이 유지됩니다. [Resize] 버튼을 클릭해 변경 사항을 적용합니다.

그림 3.111 이미지 크기 변경 창

이제 캔버스의 크기를 변경해야 하므로 상단 메뉴에서 [목록] 아이콘을 클릭하고 [Image] – [Resize Canvas]를 클릭합니다.

그림 3.112 캔버스 크기 변경을 위한 메뉴 선택

캔버스의 크기가 곧 이미지의 크기이
므로 Width와 Height를 512px로 설
정합니다. [Resize] 버튼을 클릭해
변경 사항을 적용합니다.

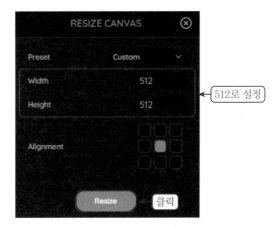

그림 3.113 캔버스 크기 변경 창

크기를 변경하고 나면 여백 부분이 투명색으로
나타납니다. 이미지 → 이미지에 업로드하는 이
미지는 투명색이 있으면 품질이 낮은 이미지가
만들어지므로 배경색을 흰색으로 설정해야 합
니다.

그림 3.114 투명색으로 채워진 이미지의 여백

오른쪽 상단에 있는 [레이어] 버튼을 클릭한 다
음 [+] 아이콘을 클릭해 레이어를 추가합니다.

그림 3.115 새로운 레이어 추가

레이어를 추가한 다음 화면 상단 메뉴 중에서 [페인트통] 도구를 선택합니다. 색상을 흰색으로 지정하기 위해 화면 하단에서 [컬러 팔레트]를 클릭하고, 색상을 흰색으로 변경합니다.

그림 3.116 채우기 도구 흰색 선택

이제 그림이 있는 화면 아무 곳이나 클릭해 흰색으로 모두 채워줍니다. 화면이 흰색으로 모두 채워졌다면 오른쪽 상단에 있는 [레이어] 버튼을 다시 클릭합니다. Layer 2의 썸네일을 꾹 누른 채로 아래로 드래그해 Layer 1 아래쪽에 배치합니다. 즉, 레이어의 순서를 바꿉니다.

그림 3.117 흰색으로 모두 채운 레이어를 가장 밑으로 이동

그럼 배경이 흰색인 512×512 크기의 이미지가 완성됩니다.

그림 3.118 512×512 크기로 설정된 선반 이미지

마지막으로 저장하기 위해서 상단 메뉴에서
[목록] 아이콘을 클릭하고 [File] − [Save to
Device]를 클릭합니다.

그림 3.119 이미지 저장을 위한 메뉴 선택

원하는 파일 이름을 작성하고 파일의 확장자를
PNG로 설정한 뒤 [Export]를 클릭해 이미지를
저장합니다.

그림 3.120 파일 저장 창

이렇게 하면 다양한 이미지의 크기를 512×512로 고정할 수 있고 이미지 → 이미지에서 품
질 저하 없이 활용할 수 있습니다.

이번 장에서는 스테이블 디퓨전을 사용하는 방법과 게임 이미지를 제작하기 위한 모델을
탐색하는 방법을 알아봤습니다. 또한 미드저니로 만든 이미지의 품질을 향상할 수 있는 이
미지 → 이미지 기능을 집중적으로 다뤘습니다. 이 기능을 충분히 숙달한다면 이미지의 품
질 향상을 넘어 상상하는 무엇이든 간단한 스케치만으로 표현할 수 있게 됩니다. 그러므로
예제 폴더에 있는 이미지나 직접 생성한 이미지를 활용해 이미지 → 이미지와 인페인트 기
능을 충분히 숙지하는 것이 좋습니다.

Part 04

포토샵으로
이미지 다듬기

게임 이미지 추출하기

포토샵 인공지능으로 이미지 개선하기

앞서 2장과 3장에서 미드저니로 이미지를 생성하고, 생성한 이미지의 품질을 개선하는 방법을 살펴봤습니다. 이제 인공지능으로 생성한 마법 같은 이미지를 게임에 적용할 수 있도록 다듬고 추출할 차례입니다. 이 작업을 위해서 이미지를 가장 효과적으로 편집할 수 있는 소프트웨어인 포토샵을 활용할 것입니다. 포토샵 설치 과정과 기초적인 내용을 모르는 초심자는 부록을 참고하여 기초 사용법을 익힌 후에 이번 장을 살펴보기 바랍니다.

게임 이미지 추출하기

기본적인 포토샵 사용법을 알고 있다면 바로 작업을 시작해 보겠습니다. 우선 이미지의 종류에 따라 배경에서 요소를 분리하는 방법이 다르므로 각 경우를 자세히 살펴보겠습니다.

캐릭터 이미지 추출하기

📁 예제 파일: ch04/고블린(갑옷).png

먼저 캐릭터 이미지를 배경과 분리하는 방법을 알아보겠습니다. 이전에 만든 고블린 이미지를 포토샵 시작 화면에 드래그 앤드 드롭해 열어줍니다. 해당 이미지는 예제 폴더에 있는 '고블린(갑옷).png' 파일입니다.

그림 4.1 고블린 이미지를 포토샵에서 열기

고블린 캐릭터를 배경에서 분리하기 위해
[Object Selection Tool](🔲)[1]을 선택한 상태
에서 고블린을 클릭합니다.

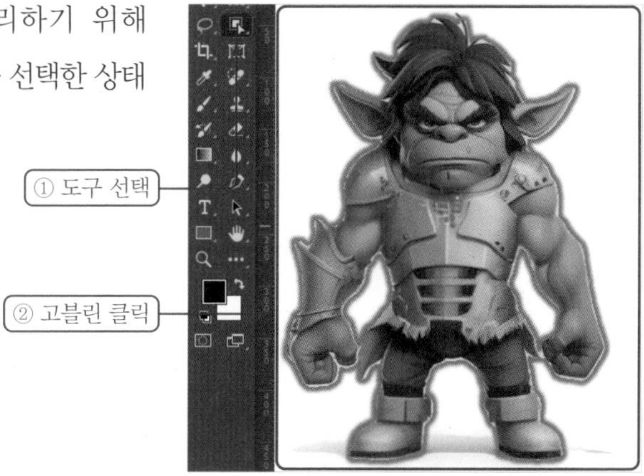

① 도구 선택

② 고블린 클릭

그림 4.2 Object Selection Tool로 고블린 캐릭터 선택

고블린 캐릭터 가장자리에 선택 영역이 표시되면
레이어 창에서 [Layer masks](🔲) 버튼을 클릭해
배경과 분리할 수 있습니다.

레이어를 선택한 상태에서 클릭

그림 4.3 Layer masks(레이어 마스크) 버튼 클릭

겉으로 보기에는 완벽하게 배경과 분
리된 것처럼 보이지만 실제로는 그렇
지 않습니다. 단색 배경을 추가하고
자세히 살펴보면 흰색을 띠는 부분을
찾을 수 있습니다.

그림 4.4 머리카락 부근에서 흰색 배경이 완전히 제거되지 못한 모습

---

1 Object Selection Tool(🔲)이 보이지 않으면 Quick Selection Tool(✓)을 길게 누르면 나오는 팝업 메뉴에서 선택해주세요.

이 문제를 해결하기 위해 한 가지 작업을 추가로 진행하겠습니다. 고블린 레이어를 선택하고 [Object Section Tool]()을 선택한 상태에서 상단 도구 속성에 위치한 [Select and Mask...] 버튼을 클릭합니다.

그림 4.5 Object Selection Tool을 선택하면 나타나는
Select and Mask... 옵션

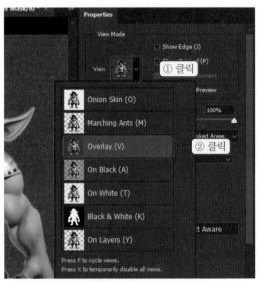

그림 이미지를 보다 정교하게 선택하고 추출할 수 있는 Select and Mask 작업 창이 나옵니다. 캐릭터 이미지의 뚜렷한 윤곽선을 확인하기 위해 배경을 단색으로 채우는 것이 좋습니다. 오른쪽 속성 창에서 [View] 버튼을 클릭한 다음 [Overlay (V)]를 클릭합니다.

그림 4.6 View 옵션을 Overlay로 변경

그림 캐릭터 이미지에서 지워지지 않은 흰색 영역을 살펴볼 수 있습니다. 이 흰색 부분을 최대한 제거해야 캐릭터를 자연스럽게 추출할 수 있습니다. 이 작업 창에서는 이러한 흰색 부분을 제거하는 데 도움을 주는 몇 가지 도구를 제공하고 있습니다. 왼쪽 도구 상자에서 도구들을 확인할 수 있으며 각 도구가 하는 역할은 다음과 같습니다.

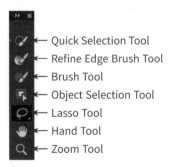

← Quick Selection Tool
← Refine Edge Brush Tool
← Brush Tool
← Object Selection Tool
← Lasso Tool
← Hand Tool
← Zoom Tool

그림 4.7 Select and Mask 작업 창의 도구 상자

Quick Selection Tool()

선택 영역을 마우스 왼쪽 버튼으로 클릭하거나 드래그해 주변 영역을 흰색으로 칠할 수 있습니다. Alt 키[2]를 누른 채로 사용하면 반대로 흰색을 제거할 수 있습니다. 이 도구로 칠한 영역은 거친 느낌이 강하므로 머리카락처럼 세밀한 부분을 지우기보다는 비교적 큰 영역을 지울 때 적합합니다.

Refine Edge Brush Tool()

이미지 가장자리 부분에 흰색을 부드럽게 제거하는 도구입니다. 가장 활용하기 좋은 도구로 머리카락이나 털과 같은 세밀한 부분 근처에 있는 흰색을 지울 때 유용합니다. 브러시의 크기를 너무 작지 않게 중간 크기로 설정하고 흰색 부분을 한 번씩 클릭하면 자연스럽게 지울 수 있습니다.

흰색 영역을 클릭

그림 4.8 Refine Edge Brush Tool로 캐릭터 가장자리의 흰색 제거

Brush Tool()

선택한 영역에 브러시 크기만큼 흰색 부분을 추가합니다. 일반 브러시 도구와 사용법은 동일합니다. Alt 키[3]를 누른 상태로 사용하면 흰색 부분을 제거합니다.

---

2   macOS에서는 Alt 키 대신 option 키를 사용합니다.
3   macOS에서는 Alt 키 대신 option 키를 사용합니다.

Object Selection Tool(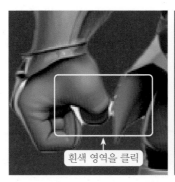)

일반 Object Selection Tool과 사용법이 동일합니다. 선택된 영역에 흰색을 추가하며 Alt 키를 누른 상태에서는 선택된 영역의 흰색을 제거합니다.

Lasso Tool()

일반 Lasso Tool과 사용법이 동일합니다. 선택한 영역에 흰색을 추가하며 Alt 키를 누른 상태에서는 선택한 영역의 흰색을 제거합니다.

이제 선택 도구를 활용해서 흰색 부분을 최대한 제거합니다. 대부분의 경우 Refine Edge Brush Tool()만으로 충분히 제거할 수 있습니다.

흰색 영역을 클릭

그림 4.9 Refine Edge Brush Tool로 제거한 흰색 영역

제거를 모두 완료했다면 마지막으로 확인해야 할 부분이 있습니다. 앞서 Overlay를 선택한 창 아래에서 Color를 조금 더 어두운 색상으로 변경합니다.

진한 빨간색으로 변경

그림 4.10 Overlay 색상 변경

Overlay 색상은 진한 빨간색으로 설정하는 것이 좋습니다. 검은색과 가까운 너무 어두운 계열로 설정하면 흰색 영역이 오히려 잘 드러나지 않습니다. 대부분의 경우 진한 빨간색이 흰색 영역을 잘 나타냅니다.

그럼 완벽하게 제거했다고 생각한 부분에 흰색 테두리가 미세하게 남아있는 것을 확인할 수 있습니다.

흰색 영역을 클릭

그림 4.11 캐릭터 가장자리에 남아 있는 미세한 흰색 테두리

이러한 부분을 제거할 때는 도구를 활용하는 것보다 이 작업 창에서 제공하는 Decontaminate Colors 기능을 사용하는 것이 더 좋습니다. 이 기능은 이미지 가장자리에 어색한 색상을 주변 픽셀과 일치하도록 변경하는 기능으로, 마무리 단계에서 세밀한 흰색 테두리를 제거할 때 효과적입니다. 오른쪽 속성 창에서 아래로 스크롤한 다음 Output Settings 부분에서 Decontaminate Colors 옵션을 활성화합니다.

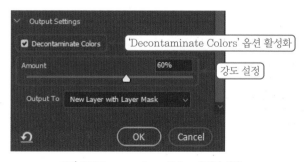

그림 4.12 Decontaminate Colors 옵션값 설정

옵션을 활성화하고 나면 옆 그림과 같이 흰색 영역
이 말끔하게 제거된 것을 확인할 수 있습니다.

다만 이 옵션의 값이 너무 높으면 가장자리 부근이
손상돼 깨지는 것처럼 보일 수 있습니다. 그러므로
강도 값을 50%에서 80% 이내로 설정하는 것이 좋
습니다.

그림 4.13 제거된 흰색 테두리

이제 모든 설정을 마쳤으니 [OK] 버튼
을 눌러 변경 사항을 적용합니다.

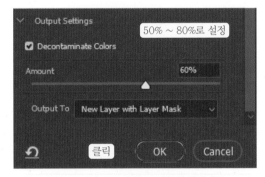

그림 4.14 Select and Mask 작업 창 확인 버튼

이렇게 하면 고블린 캐릭터를 배경 이미지에서 깔끔하게 분리할 수 있으며, 같은 방법으로
이전에 생성한 다른 캐릭터 이미지들도 모두 깔끔하게 추출할 수 있습니다.

그림 4.15 포토샵으로 추출한 캐릭터 이미지

UI 이미지 추출하기

예제 파일: ch04/미드저니UI-1.png
ch04/미드저니UI-2.png

이번에는 게임에서 사용할 UI 이미지를 추출하는 방법을 알아보겠습니다. 우선 예제 폴더
에서 '미드저니UI-1.png' 파일을 찾아 포토샵으로 불러옵니다. 이 이미지는 미드저니로
생성한 UI 이미지입니다.

먼저 이미지 중앙에 위치한 둥근 모서리를 가진 사각형을 배경에서 분리하겠습니다. UI를
제작하기 위한 이미지는 양옆 부분과 위아래가 모두 대칭을 이루도록 정교해야 합니다. 이
작업에는 도형 도구를 활용할 수 있습니다.

왼쪽 도구 상자에서 사각형을 만들 수 있는 [Rectangle Tool](■)을 선택한 다음 배경에
있는 사각형 크기에 맞춰 생성합니다.

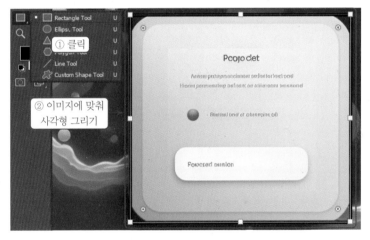

그림 4.16 사각형 크기에 맞춰 사각형 그리기

사각형의 외곽선만 나타내기

외곽선만 나타내기 위해서 상단 도구 속성에 위치한 Fill 색상을 투명색으로 설정합니다.

그림 4.17 도형 도구의 외곽선 속성

사각형의 모서리를 둥글게 만들기 위해서 오른쪽에 있는 Properties 창을 아래로 스크롤합니다. 그럼 둥근 모서리를 설정할 수 있는 아이콘 네 개가 표시됩니다. 이중 [한 아이콘]을 클릭한 상태로 좌우로 움직여 모서리를 둥글게 조절할 수 있습니다. 이때 특정 모서리만 둥글게 만들려면 [비율 고정] 아이콘을 클릭해 고정된 비율을 해제합니다.

그림 4.18 둥근 모서리 조절하기

이제 원본 사각형 이미지에 맞춰 모서리의 둥근 값을 설정합니다. 이때 원본 이미지와 정확히 딱 맞아떨어지는 것보다 약간 안쪽에 들어오게 위치를 조정하는 것이 좋습니다.

그림 4.19 원본 사각형과 약간의 여백을 두도록 크기와 위치 조정

TIP 외곽선을 세밀하게 살펴보기

외곽선을 세밀하게 살펴보기 위해 상단 도구 속성에 위치한 획(Stroke) 크기를 1px로 설정합니다.

그림 4.20 도형 도구의 획 크기 속성

작업이 끝났다면 Ctrl 키[4]를 누른 채로 사각형 도구가 있는 레이어의 썸네일을 클릭합니다. 이렇게 하면 도구 모양대로 영역을 선택할 수 있습니다.

---

4   macOS에서는 Ctrl키 대신 command 키를 사용합니다.

그림 4.21 도형 레이어 썸네일을 클릭해 영역 선택

선택 영역이 나타나면 원본 이미지 레이어 (미드저니UI-1)를 선택한 상태에서 복사 (Ctrl+C[5]) 후 붙여넣기(Ctrl+V[6]) 단축키를 눌러줍니다.

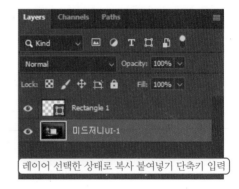

그림 4.22 원본 이미지 레이어 선택

그럼 선택한 영역을 Layer 1이라는 이름을 가진 레이어로 추출할 수 있습니다. Alt 키[7]를 누를 채로 Layer 1의 [눈 모양 아이콘]( )을 클릭하면 해당 레이어만 활성화할 수 있습니다.

---

5   macOS 에서는 Ctrl + C키 대신 command + C 키를 사용합니다.

6   macOS 에서는 Ctrl + V키 대신 command + V 키를 사용합니다.

7   macOS에서는 Alt 키 대신 option 키를 사용합니다.

그림 4.23 선택한 영역으로 추출한 사각형 이미지

만약 도형 도구를 원본 도형에 딱 맞게 설정한 상태로 추출하면 배경 이미지가 미세하게 겹쳐 나올 수 있습니다. 이렇게 되면 작업을 다시 해야 해서 번거로우므로 처음부터 약간의 여백을 둔 상태로 도형의 크기와 위치를 조정하는 것이 좋습니다.

그림 4.24 배경의 일부분이 함께 추출된 사각형 가장자리

이제 추출한 사각형 도형에서 불필요한 요소들을 Fill 기능으로 지우겠습니다. Fill은 선택한 영역을 지우고 주변 배경으로 자연스럽게 합성하는 기능으로, 단축키 Shift+F5를 눌러 활성화할 수 있습니다. Fill 기능의 속성을 다음과 같이 설정한 후 [OK] 버튼을 눌러 요소를 제거합니다.

- Contents: Content-Aware
- Color Adaptation: 활성화
- Blending Mode: Normal
- Blending Opacity: 100%

흰색 직사각형 도형을 제외한 나머지 부분을 모두 지웁니다.

그림 4.25 Fill 기능으로 불필요한 요소 제거

아래쪽에 위치한 직사각형 도형은 버튼이나 다양한 창에서 활용할 수 있으므로 따로 추출하겠습니다. 앞서 살펴본 것처럼 사각형 도형을 그려 추출하는 방식으로 작업하면 손쉽게 추출할 수 있습니다.

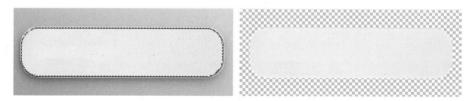

그림 4.26 도형 도구로 추출한 버튼 이미지

또한 포토샵의 레이어 기능을 활용하면 추출한 UI 요소의 색상을 자연스럽게 변경할 수 있습니다. 추출한 이미지 레이어의 썸네일을 Ctrl 키를 누른 상태로 클릭해 영역을 선택합니다. 그 상태에서 레이어 패널 아래쪽에 있는 [Create new fill or adjustment layer] (⬤) 아이콘을 클릭하면 나오는 메뉴에서 [Hue/Saturation...]을 클릭해 색조와 채도를 변경할 수 있는 레이어를 추가합니다.

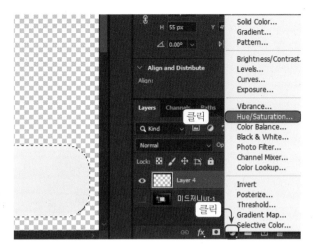

그림 4.27 색조와 채도를 조절하는 레이어 추가

레이어를 추가한 다음 색조와 채도 그리고 밝기 값을 적절히 조정하면 이미지의 색상을 변경할 수 있습니다.

그림 4.28 색조와 채도 밝기 값을 조절해 이미지의 색상 변경

이 작업이 익숙해지면 하나의 이
미지로 다양한 색상을 가진 이미
지를 손쉽게 만들 수 있습니다.

그림 4.29 이미지 하나로 제작한 세 가지의 다른 색상을 가진 사각형 이미지

이어서 메뉴 창을 구성하는 데 필요한 버튼 이미지를 만들어 보겠습니다. 먼저 예제 폴더
에서 '미드저니UI-2.png' 파일을 찾아 포토샵으로 불러옵니다.

아래쪽에 나열된 원 이미지 중에서 추출할 이미지 하나를 선택합니다. 타원이나 모서리가
둥글지 않은 사각형을 추출할 때는 [Marquee Tool]을 사용할 수 있습니다. 타원 선택 도
구인 [Elliptical Marqee Tool](◯)을 선택한 다음 Shift 키를 누른 상태로 드래그하면
원형으로 영역을 선택할 수 있습니다.

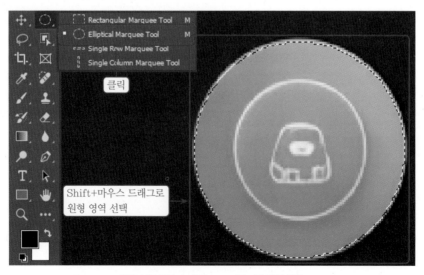

그림 4.30 Elliptical Marquee Tool로 원형 선택

추출한 원 이미지에서 필요 없는 영역을 선택한 후 단축키 Shift+F5를 눌러 Fill 기능을 활성화합니다. Fill 기능의 속성을 다음과 같이 설정하고 적용합니다.

- Contents: Content-Aware
- Color Adaptation: 활성화
- Blending Mode: Normal
- Blending Opacity: 100%

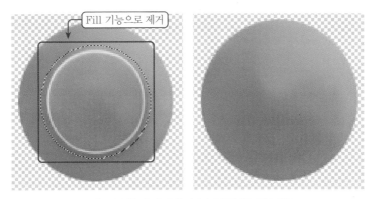

그림 4.31 Fill 기능으로 원 이미지에 불필요한 부분 제거

이 이미지 역시 앞서 살펴본 방법대로 색조와 채도를 변경해 다양한 색상의 버튼 이미지를 만들 수 있습니다.

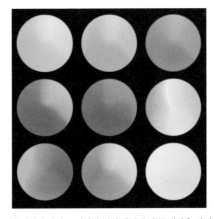

그림 4.32 원 이미지 하나로 제작한 여덟 가지의 다른 색상을 가진 원 이미지

같은 방법으로 다른 원 이미지 하나를 추출해 여러 가지 색상의 버튼 이미지를 만들 수 있습니다.

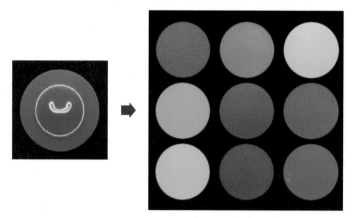

그림 4.33 원 이미지 하나로 제작한 여덟 가지의 다른 색상을 가진 원 이미지

이렇게 추출한 이미지를 적절히 조합하면 아래 그림과 같은 UI 요소를 제작할 수 있습니다.

그림 4.34 추출한 이미지를 조합해 제작한 UI

아이콘 이미지 추출하기

예제 파일: ch04/별 아이콘 팩.png

포토샵을 활용하면 미드저니로 생성한 아이콘 이미지 역시 쉽게 추출할 수 있습니다. 또한 아이콘 특성상 이미지의 크기를 모두 동일하게 제작해야 하는데, 포토샵을 활용하면 이 작업 또한 간단하게 수행할 수 있습니다. 예제 폴더에서 '별 아이콘 팩.png' 파일을 찾아 포토샵으로 불러옵니다.

그림 4.35 미드저니로 생성한 아이콘 이미지

캐릭터를 추출할 때와 마찬가지로 [Object Selection Tool]()을 사용해 마음에 드는 별 아이콘 하나를 선택합니다.

① 클릭

② 별 아이콘 클릭

그림 4.36 Object Selection Tool로 별 아이콘 선택

아이콘이 원이나 사각형 같은 도형이라면 [Object Selection Tool](⬛) 대신 [Marquee Tool](⬤)을 활용하는 것이 더 좋습니다.

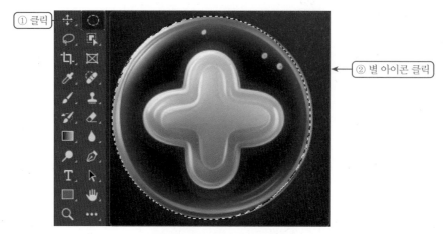

그림 4.37 Marquee Tool로 원형 선택

아이콘에 맞춰 영역을 선택했다면 Ctrl + C[8]를 눌러 이미지를 복사합니다. 그리고 Ctrl + N[9]을 눌러 새로운 프로젝트를 생성하기 위한 창을 엽니다.

그럼 자동으로 왼쪽에 [Clipboard] 항목이 선택된 것을 볼 수 있습니다. Clipboard 항목이 선택되지 않은 경우에는 직접 마우스로 클릭해 선택합니다. 이는 복사한 이미지의 크기로 새로운 프로젝트를 만드는 옵션입니다. 배경 색을 투명색으로 설정하기 위해 오른쪽에 있는 Background Contents 옵션을 [Transparent]로 선택한 다음 [OK] 버튼을 눌러 새 프로젝트를 만듭니다.

---

8 macOS에서는 Ctrl + C키 대신 command + C 키를 사용합니다.

9 macOS에서는 Ctrl + N키 대신 command + N 키를 사용합니다.

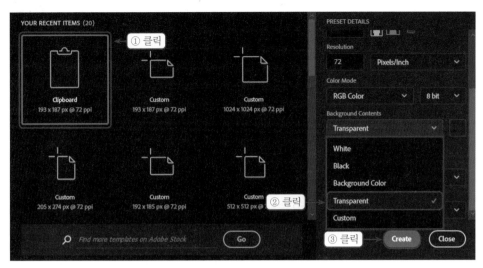

그림 4.38 클립보드에 복사한 이미지로 새로운 프로젝트 만들기

새로운 프로젝트가 만들어지면 Ctrl + V[10]를 눌러 복사한 이미지를 붙여 넣습니다. 오른쪽 Properties(속성) 패널에서 이미지의 너비와 높이를 확인할 수 있습니다.

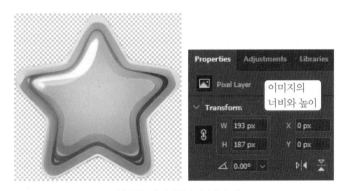

그림 4.39 별 아이콘의 너비와 높이

---

10 macOS에서는 Ctrl + V키 대신 command + V 키를 사용합니다.

아이콘을 개별로 추출하면 너비와 높이가 서로 다를 수 있으므로 크기를 일정하게 조정해야 합니다.

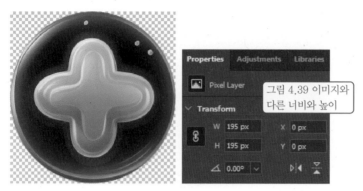

그림 4.40 원 아이콘의 너비와 높이

이미지 크기를 조정하기 위해 상단 메뉴에서 [Image] − [Image Size..]를 클릭합니다.

그림 4.41 이미지 크기 조절 옵션 선택

그럼 이미지 크기를 조정할 수 있는 Image Size 창이 나타납니다. 먼저 이미지의 크기를 픽셀 단위로 나타내기 위해 Width 오른쪽 영역을 클릭하고 [Pixels]를 선택합니다.

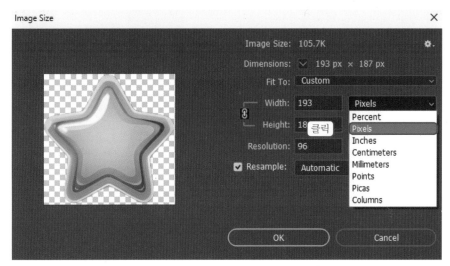

그림 4.42 이미지 크기의 단위를 픽셀로 변경

이제 통일하고자 하는 크기에 맞춰 너비와 높이 값을 변경합니다. 예를 들어, 크기를 256×256으로 통일하려면 너비와 높이 중에서 더 큰 값을 256으로 변경합니다. 이때 원본 이미지의 비율을 유지하기 위해서 [비율 고정] 옵션을 활성화합니다. 이렇게 하면 너비를 변경했을 때 자동으로 높이가 비율에 맞춰 조절됩니다.

비율 고정 옵션 활성화   너비 값 193 → 256 변경

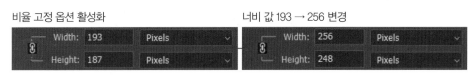

그림 4.43 이미지 크기 조절

반대로 너비와 높이 중에서 작은 값(이 예시에서는 높이)을 256으로 변경하면 너비가 264로 설정돼 통일하려는 크기를 초과하게 됩니다. 그러므로 아이콘의 크기를 통일할 때는 너비와 높이를 비교해 더 큰 값을 변경해야 합니다. 아래에 있는 [OK] 버튼을 클릭해 변경 사항을 저장합니다.

설정을 마치면 캔버스가 이미지와 동일한 크기로 바뀝니다. 그런데 이미지는 원본 비율을 유지하고 있어 256×256px이 아닌 256×248px의 크기를 갖고 있습니다. 따라서 256×256px 크기로 통일하려면 캔버스 크기를 256×256px로 설정해야 합니다. 캔버스 크기를 설정하기 위해 상단 메뉴에서 [Image] - [Canvas Size...]를 클릭합니다.

그림 4.44 캔버스 크기 조절 옵션 선택

캔버스 크기를 조절할 수 있는 Canvas Size 창이 나타나면 Width(너비)와 Height(높이) 모두 256으로 설정하고 [OK] 버튼을 클릭해 변경 사항을 적용합니다.

그림 4.45 캔버스 크기 조절 창

그림 크기가 256×248인 별 아이콘 이미지가 담긴 256×256 크기의 캔버스가 완성됩니다. 마지막으로 완성된 이미지를 저장하겠습니다. 상단 메뉴에서 [File] – [Export] – [Quick Export as PNG]를 클릭하면 이미지를 PNG 파일로 내보낼 수 있습니다.

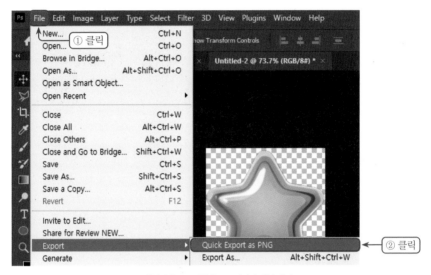

그림 4.46 PNG 형식으로 이미지 내보내기

이 방법대로 하면 모든 아이콘을 일관된 크기로 제작할 수 있으며, 아이템으로 활용하려는 이미지도 같은 방법으로 제작할 수 있습니다.

그림 4.47 포토샵으로 추출한 아이콘 이미지

TIP 이미지 크기를 더 빠르게 조정하는 방법

아이콘을 선택하고, 새로운 프로젝트에 붙여 넣은 다음 단축키 Alt+Shift+Ctrl+W[11]로
내보내기 창을 활성화합니다.

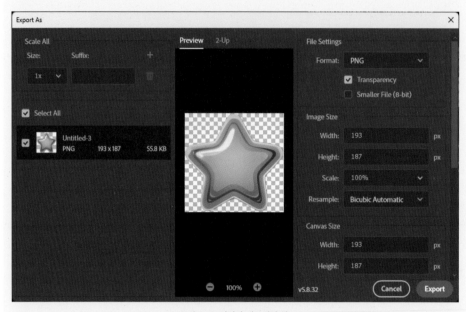

그림 4.48 이미지 내보내기 창

이 창에서 이미지 크기와 캔버스 크기를 모두 변경할 수 있으며, 파일 형식을 PNG로 선택한 상태에
서 [Export] 버튼을 클릭하면 PNG 이미지로 빠르게 내보낼 수 있습니다.

다만 이 방법은 이미지를 내보내는 과정에서 일회성으로 크기를 설정하는 것이므로 아이콘 이미지
를 수정할 때마다 이미지와 캔버스 크기를 다시 설정하고 내보내야 하는 번거로움이 있습니다.

지금까지 포토샵을 활용해 캐릭터와 UI 그리고 아이콘 이미지를 추출하는 방법을 알아봤
습니다. 이제 남은 작업은 배경 이미지를 다듬는 것뿐입니다. 포토샵의 인공지능 기능을
활용하면 이 작업을 빠르고 간단하게 수행할 수 있습니다. 또한 이 기능이 익숙해지면 배
경 이미지를 다듬는 것뿐만 아니라 다른 이미지를 제작할 때 작업 속도를 향상시킬 수 있
습니다.

---

11 macOS에서는 Alt + Shift + Ctrl + W 키 대신 option + command + shift + W 키를 사용합니다.

포토샵 인공지능으로 이미지 개선하기

포토샵을 개발한 어도비(Adobe)는 2023년 3월에 생성형 인공지능 모델 제품군인 어도비 파이어 플라이(Adobe Firefly)를 발표했습니다. 이후 포토샵 베타 버전에서 파이어 플라이의 기능을 체험할 수 있는 기회를 제공하다가 2023년 9월에 공식으로 출시했습니다. 이 기능을 이용하려면 어도비 서버와 통신해야 하므로 인터넷에 연결된 상태를 유지해야 합니다.

포토샵의 생성형 채우기(Generative Fill)

예제 파일: ch04/2.5D 안방.png

포토샵에서 사용할 수 있는 파이어 플라이 기능의 공식 명칭은 '생성형 채우기(Generative Fill)'입니다. 이 기능은 이전에 스테이블 디퓨전에서 이용했던 인페인트 기능과 유사한 작업을 수행합니다. 이 기능을 직접 사용해 보면서 어떻게 작동하는지 익혀보겠습니다. 예제 폴더에서 '2.5D 안방.png' 파일을 찾아 포토샵에서 열어줍니다. 이미지가 열리면 [Rectangular Marqee Tool](▣)로 침대 가운데 영역을 선택한 후 [Generative Fill] 버튼을 클릭합니다.

그림 4.49 침대 중앙 영역 선택

TIP Generative Fill 버튼이 있는 도구 상자가 나타나지 않는다면

영역을 선택해도 Generative Fill 버튼이 있는 도구 바가 나타나지 않는다면 포토샵 상단 메뉴에서 [Window] - [Contextual Task Bar]를 클릭해 도구 바를 열 수 있습니다.

텍스트 입력란에 프롬프트를 입력한 다음 [Generate] 버튼을 클릭하면 주변 배경과 어울리는 새로운 이미지를 생성할 수 있습니다. 프롬프트는 한국어로 작성할 수 있지만 높은 품질로 의도한 이미지를 생성하려면 영어로 작성하는 것이 좋습니다[12]. Teddy bear라는 프롬프트를 작성하고 [Generate] 버튼을 클릭해 곰 인형 이미지를 생성해 보겠습니다.

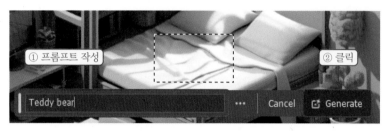

그림 4.50 Teddy bear 프롬프트 작성 후 Generate 버튼 클릭

약간의 시간이 지나면 선택한 영역에 곰 인형 이미지가 생성됩니다. 이때 생성형 채우기 기능을 활용하기 위해 살펴봐야 하는 요소는 다음과 같습니다.

그림 4.51 생성형 채우기 화면 구성

---

12 생성형 채우기 기능은 마이크로소프트 번역기를 사용해 한국어를 포함한 100개 이상의 언어를 프롬프트로 작성할 수 있도록 지원하고 있습니다. 하지만 각 언어의 미묘한 차이로 인해 예상치 못한 결과가 나올 수 있으므로 정확한 표현을 담은 영어로 작성하는 것이 좋습니다.

- **생성형 채우기 작업 공간**

  이 곳에 생성형 채우기로 생성한 이미지가 나타납니다. 좌우 화살표를 클릭해 두 가지의 대안을 살펴볼 수 있습니다. 또한 프롬프트를 수정한 다음 [Generate] 버튼을 클릭하면 동일한 선택 영역에 새로운 이미지를 생성할 수 있습니다.

- **프롬프트 입력 창**

  생성형 채우기를 사용할 때 작성한 프롬프트가 표시됩니다. 프롬프트를 수정한 다음 [Generate] 버튼을 클릭하면 동일한 선택 영역에 또 다른 이미지를 생성할 수 있습니다.

- **생성한 이미지 목록**

  생성형 채우기로 생성한 이미지의 목록이 표시됩니다. 생성형 채우기는 한 번 생성할 때 세 장의 이미지를 생성하며, 동일한 영역에 생성한 이미지는 이 곳에 모두 나열됩니다. 마음에 들지 않는 이미지는 이미지 우측 하단의 [휴지통 모양 아이콘]()을 클릭해 제거할 수 있습니다.

그림 4.52 생성형 채우기로 생성한 이미지 대안 삭제

생성형 채우기 기능으로 생성한 이미지는 별도의 레이어로 생성됩니다.

그림 4.53 별도의 레이어로 생성된 생성형 채우기 이미지

곰 인형 레이어 좌측에 위치한 [눈 모양 아이콘]()을 Alt 키[13]를 누른 상태로 클릭하면
해당 레이어만 활성화할 수 있습니다. 이렇게 하면 선택한 영역의 크기에 맞는 완전히 새
로운 이미지가 생성되어 덧붙여진 것을 확인할 수 있습니다.

그림 4.54 선택 영역만 새롭게 채워진 이미지

생성한 이미지를 기반으로 생성형 채우기를 추가로 사용하려면 레이어 선택에 유의해야
합니다. 곰 인형 머리에 모자를 추가하는 작업을 살펴보면서 어떤 부분을 유의해야 하는지
알아보겠습니다.

곰 인형 레이어만 활성화된 상태에서 모자를 생성하면 이미지 영역이 벗어난 부분을 임의
로 생성합니다. 배경 이미지를 활성화해서 살펴보면 상당히 어색한 결과물이 만들어진 것
을 확인할 수 있습니다.

그림 4.55 이미지 영역을 벗어나 부자연스러운 이미지가 함께 생성된 모자

따라서 이전에 생성한 이미지에 생성형 채우기를 다시 사용할 때는 배경이 활성화돼 있어야 하며 이전에 생성한 이미지의 레이어가 선택된 상태여야 합니다. 그럼 아래 그림과 같이 자연스러운 모자 이미지를 추가할 수 있습니다.

그림 4.56 배경 레이어를 활성화한 상태로 다시 생성한 모자

동일한 선택 영역에서 곰 인형이 아닌 배경 이미지가 있는 레이어를 선택하고 생성형 채우기를 사용하면 아래 그림과 같이 곰 인형은 반영되지 않은 채 모자 이미지만 생성됩니다.

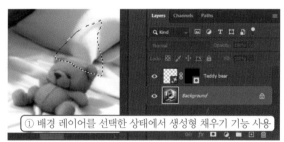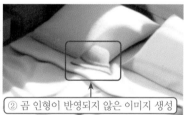

그림 4.57 배경 레이어를 선택한 상태로 생성한 모자

생성형 채우기 기능은 캔버스의 크기를 확장하고 생기는 빈 공간에 이미지를 채울 때도 활용할 수 있습니다. 아래 그림과 같이 [Crop Tool](🔲)을 사용해 캔버스의 오른쪽 영역을 늘려준 뒤 [Generative Expand] 버튼을 클릭합니다.

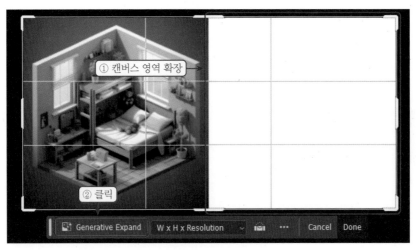

그림 4.58 캔버스를 확장하면 나타나는 Generative Expand 기능

캔버스가 가로로 확장되지 않고 일정한 비율을 유지한다면 화면 상단의 도구 속성에서 [Clear] 버튼을 클릭해 비율을 초기화합니다.

그림 4.59 캔버스 확장 비율 유지를 해제하기 위한 Clear 버튼

이제 빈 공간에 2.5D 구도의 화장실을 생성해 보겠습니다. 프롬프트 입력란에 Isometric bathroom을 입력한 후 [Generate] 버튼을 클릭합니다.

그림 4.60 Isometric bathroom 작성 후 Generate 버튼 클릭

그럼 원본과 비슷한 구도와 스타일의 화장실을 생성할 수 있습니다.

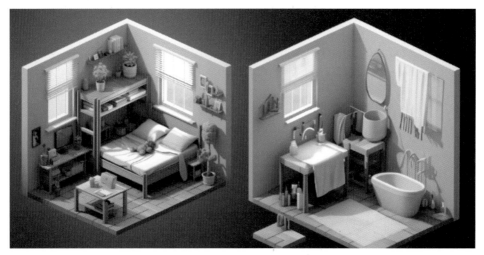

그림 4.61 원본 이미지와 유사하게 생성된 2.5D 화장실 이미지

이처럼 포토샵은 기존의 강력한 편집 기능에 생성형 인공지능을 결합해 놀라운 경험을 제공하고 있습니다.

생성형 채우기를 활용한 게임 이미지 수정하기

예제 파일: ch04/2D 동굴 배경.png

이처럼 놀라운 기능을 가진 생성형 채우기 기능은 게임 배경 이미지를 수정할 때 매우 유용하며, 게임 이미지를 추출할 때 작업 속도를 향상시킬 수 있습니다. 다음 그림은 만능 템플릿을 활용해 미드저니로 생성한 2D 게임의 동굴 이미지입니다.

```
2D cartoon game art, sunlit cave dungeon, beautiful landscape --ar 2:1
```

그림 4.62 미드저니로 생성한 2D 동굴 이미지

미드저니로 게임의 배경 이미지를 생성해 보면 다양한 물체로 채워진 이미지가 주로 생성
됩니다[14]. 배경에 물체가 채워져 있으면 몬스터나 아이템 상자와 같은 게임 오브젝트를 추
가할 수 없습니다. 이를 해결하고자 empty나 blank와 같은 키워드를 프롬프트에 포함해
도 비어 있는 배경 이미지는 쉽게 생성되지 않습니다. 비어 있는 배경 이미지를 만드는 데
성공했다고 해도 그 이미지는 비어 있는 이미지를 만들기 위한 프롬프트가 포함된 채 생성
된 것이므로 이미지 속 요소들의 품질이 좋지 않을 가능성이 있습니다.

그러므로 번거롭더라도 미드저니가 생성한 고품질의 배경 이미지를 직접 수정하는 것이
높은 품질의 비어 있는 이미지를 만드는 가장 확실한 방법입니다. 앞서 생성한 던전 이미
지에서 필요하지 않은 물체들을 제거해 보면서 생성형 채우기 기능을 체험해 보겠습니다.
예제 폴더에서 '2D 동굴 배경.png' 파일을 찾아 포토샵으로 불러옵니다.

이미지를 불러왔다면 먼저 오른쪽 아래에 있는 보물 상자부터 제거해보겠습니다. [Lasso
Tool](🔾)을 활용해 보물 상자 주변을 선택합니다. 생성형 채우기를 사용할 때는 선택 영

---

14 생성된 결과를 보면 미드저니 모델이 화려한 이미지에 비해 단순한 이미지를 많이 학습하지 못한 것으로 추측할 수 있습니다. 미드저니가 모델을 학습할 때 활
용한 데이터 세트는 공식적으로 공개되지 않았지만 많은 전문가들이 LAION-5B세트를 활용한 것으로 추정합니다. LAION-5B는 스테이블 디퓨전 모델 학습
에도 활용된 데이터 세트로, 인터넷에서 수집한 50억 개 이상의 이미지와 텍스트 조합을 포함하고 있습니다. 인터넷 상에서는 주로 화려하고 멋진 이미지가 많
이 공유되므로 간단하고 단순한 이미지는 화려한 이미지보다 학습된 양이 적을 것으로 추측할 수 있습니다.

역을 물체에 완벽하게 맞추지 않아도 되지만, 물체의 형태와 어느 정도 일치하도록 여유롭게 영역을 선택하는 것이 좋습니다. 생성형 채우기를 시도하기 전에 포토샵에서 이전부터 제공해 오던 Fill 기능을 먼저 사용해 보겠습니다. Shift + F5 키를 눌러 Fill 기능으로 보물 상자를 제거합니다.

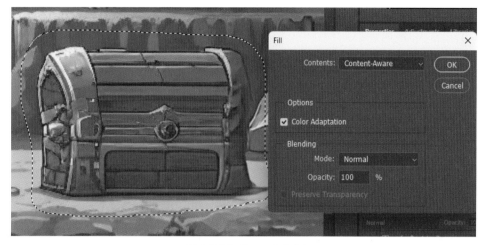

그림 4.63 Fill 기능으로 상자 제거

그럼 꽤 자연스럽게 보물 상자가 제거된 것을 확인할 수 있습니다. 하지만 청록색 수정이 있던 부분이 부자연스럽게 흐려진 모습을 볼 수 있습니다.

그림 4.64 상자가 제거된 부분에 나타난 흐린 자국

Fill 기능은 주변 배경이 깔끔하고 단순한 경우에 놀라운 성능을 보여주지만, 위 그림처럼 복잡한 배경에서 물체를 제거할 때는 자연스럽지 않은 부분이 자주 발생합니다. 또한 주변 이미지를 바탕으로 합성하기 때문에 동일한 패턴이 반복되는 경향이 있습니다.

이번에는 생성형 채우기 기능으로 보물 상자를 제거해 보겠습니다. Ctrl + Z 키[15]를 눌러 이전에 제거한 보물 상자를 되돌리고, 동일한 선택 영역에 프롬프트를 아무것도 작성하지 않은 채로 [Generate] 버튼을 클릭합니다.

그림 4.65 프롬프트 없이 생성형 채우기 기능 사용

그럼 부자연스럽게 흐린 부분이 없는 것은 물론, 중복되는 패턴을 만드는 경향이 있는 Fill 기능과 달리, 배경과 어울리는 바위를 생성해 훨씬 자연스러운 이미지를 생성합니다.

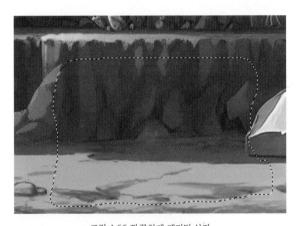

그림 4.66 깔끔하게 제거된 상자

이 작업을 통해 알 수 있듯이 특정 요소를 제거하기 위한 용도로 생성형 채우기를 사용할 때는 프롬프트를 작성하지 않아도 됩니다.

---

15 macOS에서는 Ctrl + Z 키 대신 command + Z 키를 사용합니다.

생성형 채우기의 프롬프트

프롬프트 없이 생성형 채우기를 사용했더니 의도하지 않은 결과가 만들어졌다면 프롬프트를 작성하고 다시 시도합니다. 프롬프트에는 물체가 제거된 부분에 생성하고자 하는 배경 요소를 작성합니다. 예를 들어 위 예시처럼 제거하려는 물체가 동굴 속 보물 상자라면 이 상자를 제거했을 때 동굴의 바닥이나 동굴의 땅이 있는 것이 가장 자연스럽기 때문에 cave ground 혹은 cave floor 같이 작성할 수 있습니다. 만약 바다 위에 떠 있는 부표를 제거하고자 한다면 간단하게 ocean 혹은 sea를 작성해도 의도한 이미지를 만들 수 있습니다.

Fill 기능은 큰 물체를 제거할 때 부자연스러운 경우가 많지만, 생성형 채우기는 제거하려는 물체는 크기가 크더라도 매우 자연스럽게 제거할 수 있습니다.

그림 4.67 프롬프트 없이 생성형 채우기 기능으로 수정 제거

위 그림과 같이 물체를 제거하고 나서 여전히 눈에 띄는 요소가 있다면 생성형 채우기 기능을 한 번 더 사용할 수 있습니다. 이때 주의해야 할 점은 앞서 곰 인형 예제에서 살펴봤듯이 배경 레이어가 아닌 새로 생성한 레이어를 선택한 상태에서 시도해야 한다는 것입니다.

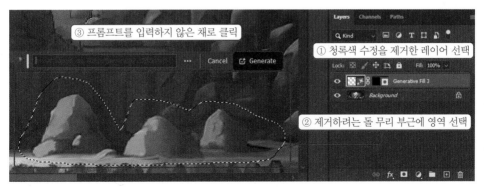

그림 4.68 돌 무리 주변을 선택하고 프롬프트 없이 생성형 채우기 기능 사용

그럼 아래 그림과 같이 돌 무리가 매우 깔끔하게 제거된 이미지를 생성할 수 있습니다.

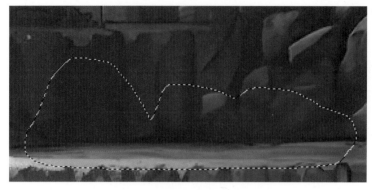

그림 4.69 깔끔하게 제거된 돌 무리

이제 이와 동일한 작업을 다른 물체에도 적용하면 배경 속 모든 물체를 제거할 수 있습니다.

그림 4.70 상자와 수정을 모두 제거한 동굴

이 과정을 조금만 더 반복하면 마치 처음부터 비어 있던 것처럼 자연스럽게 텅 빈 동굴이 있는 배경 이미지를 만들 수 있습니다.

그림 4.71 돌탑과 바위가 모두 제거된 텅 빈 동굴

이렇게 만든 텅 빈 동굴 이미지는 2D RPG 게임의 배경으로 활용할 수 있을 것입니다.

그림 4.72 텅 빈 동굴을 2D RPG 게임의 배경으로 활용

생성형 채우기 기능을 활용해서 게임의 배경을 수정하는 또 다른 예시를 한 가지만 더 살펴보겠습니다. 이전에 곰 인형을 만들 때 사용한 '2.5D 안방.png' 파일을 다시 불러옵니다. 이 이미지는 게임 Unpacking[16]과 유사한 게임을 만들 때 사용하기 위한 이미지입니다. Unpacking은 빈방에 이삿짐을 하나씩 꺼내 옮기는 것이 전부인 게임입니다. 따라서 다양한 물체로 가득 차 있는 방 이미지를 텅 비어 있는 방으로 바꿔야 합니다.

---

16 호주의 게임 제작사 Witch Beam이 개발한 이삿짐을 정리하는 퍼즐 게임입니다. 이 게임을 참고해 이미지를 제작하면 2.5D 구도의 이미지 작업 실력을 향상시킬 수 있습니다.

먼저 왼쪽 위 선반에 있는 물체들을 제거해 보겠습니다. 동굴 이미지를 수정할 때와 마찬가지로 해당 영역을 선택한 뒤 생성형 채우기 기능을 사용합니다.

TIP 빠르게 작업하는 방법

생성형 채우기 기능은 최소 10초 이상의 시간이 소요됩니다. 여러 개의 물체를 하나씩 제거하면 작업 시간이 늦춰지고, 크레딧 사용량이 늘어나므로 여러 개의 물체를 한 번에 선택한 후 사용하는 것이 가장 효율적입니다. [Marquee Tool](◯)이나 [Lasso Tool](◯)을 사용할 때 Shift를 누른 상태에서 선택을 시작하면 이전에 선택했던 영역을 유지한 채로 새로운 선택 영역을 만들 수 있습니다.

그림 4.73 화분을 한 번에 선택해 생성형 채우기 기능 사용

완전히 제거되지 않은 부분을 더 깔끔하게 제거하기 위해 새로 생성된 레이어를 선택한 상태에서 생성형 채우기를 한 번 더 사용합니다.

그림 4.74 앞서 생성한 레이어를 선택 후 생성형 채우기 다시 한번 사용

그런데 동굴 이미지에서 작업할 때와는 다르게 물체가 쉽게 제거되지 않는 것을 볼 수 있습니다.

그림 4.75 반복된 작업에도 깔끔하게 제거되지 않은 선반

이런 경우에는 물체가 완전히 사라질 때까지 같은 작업을 반복할 수도 있지만 다른 방법으로 시도해 볼 수 있습니다. 다시 원본 이미지를 불러와서 이번에는 생성형 채우기가 아닌 Fill 기능으로 물체를 제거합니다. 오른쪽 아래 그림과 같이 얼룩진 부분이 생기더라도 최대한 물체가 없도록 제거합니다.

그림 4.76 Fill 기능으로 물체 제거

이 상태에서 새로 생성할 벽면의 영역을 선택하고 생성형 채우기를 프롬프트 없이 사용합니다. 그럼 얼룩진 영역이 사라지고 자연스러운 그림자가 드러난 깔끔한 벽이 완성됩니다.

그림 4.77 지저분한 영역을 선택 후 생성형 채우기 기능 사용

3장에서 스테이블 디퓨전으로 만든 빈 선반을 덧붙이면 더욱 깔끔한 분위기의 벽면과 책장을 완성할 수 있습니다.

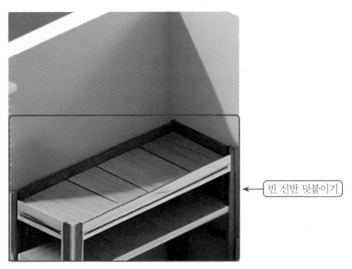

그림 4.78 스테이블 디퓨전으로 생성한 선반

안방 중앙에 위치한 책상도 같은 방법으로 제거할 수 있습니다. 책상 주변 영역을 선택하고 책상의 흔적이 보이지 않을 때까지 Fill 기능을 사용해 제거합니다.

그림 4.79 Fill 기능으로 안방 중앙에 위치한 책상 제거

책상이 어느 정도 지워지고 지저분한 얼룩이 생겼을 때 생성형 채우기로 마무리합니다. 그럼 원래부터 책상이 없던 것처럼 깔끔한 바닥 이미지를 만들 수 있습니다.

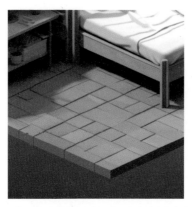

그림 4.80 생성형 채우기로 깔끔하게 완성된 바닥

나머지 부분에도 이 작업을 반복하면 텅 비어 있는 방 이미지를 완성할 수 있습니다.

그림 4.81 물체가 모두 제거된 텅 빈 안방

지금까지 포토샵의 생성형 채우기 기능을 활용해 2D와 2.5D 게임의 배경 이미지를 수정하는 방법을 살펴봤습니다. 이 기능을 익히면 미드저니로 생성한 배경 이미지를 빠르고 쉽게 가공할 수 있고 그만큼 게임 이미지 리소스 제작 시간을 단축할 수 있습니다.

또한 생성형 채우기는 UI와 아이콘 이미지를 추출할 때 불필요한 부분을 제거하는 데에도 유용하게 활용할 수 있습니다.

그림 4.82 생성형 채우기를 활용해 불필요한 부분 자연스럽게 제거하기

생성 크레딧

생성형 채우기 기능은 미드저니처럼 어도비의 자체 서버에서 작업을 처리한 뒤 사용자에게 전달하는 방식입니다. 그래서 미드저니와 마찬가지로 작업의 우선순위를 부여하는 자원을 제공하는데, 이 자원을 '생성 크레딧'이라고 합니다. 이 크레딧은 생성형 채우기 기능을 사용할 때 1개씩 소모됩니다. 크레딧을 모두 소모하더라도 생성형 채우기 기능을 사용할 수 있지만, 우선순위에서 밀려나 이미지 생성 속도가 느려집니다. 생성 크레딧의 이러한 특성은 미드저니의 빠른 GPU와 유사하며 크레딧을 모두 소모했을 때 속도가 느려지는 것은 미드저니의 느린 GPU와 동일합니다. 다만 빠른 GPU는 추가로 구매할 수 있지만 포토샵의 생성 크레딧은 추가로 구매할 수 없다는 차이가 있습니다.

생성 크레딧은 매월 초기화되는 자원이며 한 달 동안 사용하지 못한 크레딧은 이월되지 않습니다. 또한 어도비가 제공하는 플랜별로 크레딧의 개수가 다르게 제공됩니다. 포토그래피 플랜은 매월 250개의 크레딧을 제공하며, 기본 포토샵 플랜은 500개의 크레딧을 제공합니다[17]. 예를 들어 이번 달 20일에 포토그래피 플랜을 구독했다면 다음 달 20일에 크레딧이 250개로 초기화됩니다. 이때 크레딧이 250개 그대로 남아있어도 다음 달로 이월되지 않습니다.

---

17 플랜별 가격과 크레딧 개수는 부록의 '포토샵 플랜 선택하기'에서 자세히 살펴볼 수 있습니다.

남은 크레딧의 개수는 어도비 홈페이지의 계정 페이지에서 확인할 수 있습니다. Creative Cloud 프로그램의 오른쪽 위에 있는 [프로필] 아이콘을 클릭한 다음 [Adobe 계정]을 클릭하면 계정 페이지에 접속할 수 있습니다.

그림 4.83 Creative Cloud 앱 오른쪽 위에 있는 프로필 아이콘

또는 어도비 계정 페이지에서도 확인할 수 있습니다.

- **Adobe 계정 페이지**: https://account.adobe.com

계정 페이지에 접속한 다음 오른쪽 위에 있는 [프로필] 아이콘을 클릭하면 남은 생성 크레딧 개수를 확인할 수 있습니다.

그림 4.84 계정 페이지의 프로필에서 확인할 수 있는
남은 생성 크레딧 개수

게임 개발을 위한
미드저니, 스테이블 디퓨전
완벽 활용법

생성형 AI를 활용한 게임 캐릭터, 배경, 아이템 제작부터
유니티 실전 프로젝트까지

Part 05

게임 이미지
리소스 완성하기

이미지 화질 향상하기
이미지 용량 압축하기

게임 이미지 리소스 제작의 마지막 단계에 도달했습니다. 지금까지 만든 이미지를 게임 내에서 완성도 높은 품질로 사용하기 위해 몇 가지 개선 작업을 진행할 차례입니다. 특정 부분을 수정하는 것에 중점을 뒀던 3장과 달리 이미지의 크기를 조절하고 용량을 효과적으로 압축하는 방법을 중점적으로 알아보겠습니다.

이미지 화질 향상하기

시각적 완성도를 높이기 위해 가장 먼저 고려해야 하는 작업은 이미지의 화질을 최대한 높이는 것입니다. 게임에서 이미지의 화질은 단순히 미적 요소를 넘어 플레이어의 경험에 직접적인 영향을 미치는 중요한 부분입니다. 화질이 좋은 이미지는 몰입감을 높이고 다양한 게임 플랫폼에서 일관된 경험을 제공할 수 있게 해줍니다.

그림 5.1 화질이 낮은 UI 이미지(왼쪽)와 선명한 화질의 UI 이미지(오른쪽)

이미지 업스케일링

4장에서 아이콘을 추출하는 과정을 살펴보면 193×187px이나 195×195px과 같이 매우 작은 크기인 것을 알 수 있습니다. 고전 게임처럼 해상도가 매우 낮은 게임을 만들 것이 아니라면 이렇게 작은 크기의 아이콘은 실제 게임에 적용하기 어렵습니다. 그렇다고 해서 게임 해상도에 맞춰 이미지를 단순히 확대하면 품질이 나쁘고 선명도가 떨어지는 흐릿한 이미지를 만들게 됩니다. 이러한 화질 저하는 이미지를 늘리는 과정에서 픽셀이 눈에 띄게 커지고 세세한 부분이 손실되기 때문에 발생합니다.

이러한 문제를 피하려면 원본 이미지의 품질을 유지하면서 크기를 늘려야 하는데, 이를 가능하게 해주는 것이 바로 이미지 업스케일링(image upscaling) 기술입니다. 이 기술은 이미지의 해상도를 높이거나 크기를 늘리는 과정에서 이미지의 품질을 저하하지 않는 방법을 제공합니다.

그림 5.2 흐릿하고 품질이 낮은 이미지를 업스케일링한 예시

이미지 업스케일링은 크게 두 가지 방식으로 나뉩니다. 하나는 머신러닝을 기반으로 한 방법이고 다른 하나는 그렇지 않은 전통적인 방법입니다. 머신러닝 기반 기술이 등장하기 전까지는 미리 정해진 규칙과 수학적 알고리즘에 의존하는 방법을 사용했습니다. 이러한 전통적인 방법은 복잡한 패턴과 세부 사항을 처리하는 데 어려움이 있었습니다. 반면 머신러닝 기반의 기술은 방대한 양의 데이터를 학습하고 적용함으로써 복잡한 패턴에도 대응하는 탁월한 성능을 발휘했습니다.

NVIDIA가 게임의 성능 향상을 위해 RTX 20시리즈부터 도입한 DLSS[1] 기술 또한 머신러닝을 기반으로 하는 업스케일링 기술입니다.

그림 5.3 NVIDIA의 DLSS 기능 시연 중 일부

---

1 딥 러닝 슈퍼 샘플링(Deep Learning Super Sampling; DLSS)은 비디오 게임에 딥 러닝을 실시간으로 이용하기 위해 개발된 이미지 업스케일링 기술입니다. 이 기능은 성능 저하를 최소화하고 높은 화질로 게임을 플레이할 수 있게 해주기 때문에 DLSS를 지원하는 게임이라면 반드시 해당 옵션을 활성화할 것을 권장하는 수준입니다.

그럼 이제 이미지의 최종적인 품질을 향상하기 위해 머신러닝 기반의 업스케일링 기술을 직접 적용해 보겠습니다.

이미지를 업스케일링 하는 방법은 다양합니다. 스테이블 디퓨전을 이용할 때처럼 코랩에서 구동하거나 프로그램을 설치하는 방법 또는 웹 사이트에서 이용하는 방법이 있습니다. 이 중에서 가장 접근하기 쉬운 방법은 웹 서비스를 이용하는 것입니다. 다른 방법에 비해 성능이 크게 떨어지지 않으면서도 편리성과 성능을 갖춘 웹 서비스를 중점적으로 살펴보겠습니다.

이미지 업스케일링 서비스 비교

📁 예제 파일: ch05/고블린(저화질).png
ch05/배경 이미지(저화질).png

이미지 업스케일링 서비스는 독보적으로 뛰어난 한 가지 서비스만 존재하는 것은 아닙니다. 캐릭터 이미지를 효과적으로 향상시키는 서비스가 있고, 배경 이미지에 효과적인 서비스도 있으며, 어떤 유형의 이미지라도 준수하게 향상시키는 서비스 등 다양한 선택지가 있습니다.

가장 인지도가 높고 이용하기 편리한 웹 서비스 몇 가지를 살펴보면서 각 서비스에 어떤 차이가 있는지 알아보겠습니다.

waifu2x

waifu2x는 일본 애니메이션이나 일러스트와 같은 2D 매체로 학습된 인공지능으로 이미지를 업스케일링하는 서비스입니다. 특히 게임 캐릭터 이미지를 업스케일링 하는 데 효과적입니다. 구글에서 'waifu2x'로 검색하거나 주소창에 아래 주소를 입력해 접속합니다.

- waifu2x 주소: https://www.waifu2x.net/

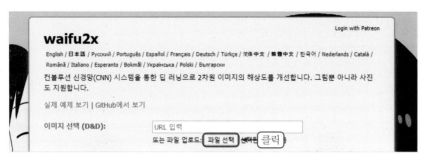
그림 5.4 waifu2x 웹 사이트

[파일 선택] 버튼을 클릭하면 이미지 파일을 업로드할 수 있습니다. 자료 폴더에서 '고블린(저화질).png' 파일을 업로드합니다. 이 파일은 업스케일링 효과를 명확히 확인하기 위해 의도적으로 해상도를 낮춘 고블린 이미지입니다.

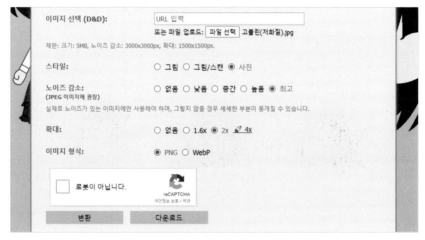
그림 5.5 waifu2x 업스케일링 옵션 목록

스타일

업로드한 이미지의 스타일을 설정합니다. 그림이나 일러스트라면 [그림]을 선택하고 카메라로 찍은 사진이라면 [사진]을 선택합니다. 고블린 캐릭터는 일러스트에 가까우므로 [그림]을 선택합니다.

원본   사진   그림

그림 5.6 스타일 옵션에 따른 업스케일링 결과 차이

노이즈 감소

이미지의 자글자글한 노이즈를 제거하고 부드럽게 만드는 옵션입니다. 높은 옵션을 선택하면 작업에 소요되는 시간이 조금 늘어나지만, 매우 부드러운 이미지를 만들 수 있습니다. 최상의 품질을 위해 [최고]를 선택합니다.

원본   그림   그림(노이즈 최고)

그림 5.7 노이즈 감소 옵션에 따른 결과 차이

확대

이미지의 크기를 몇 배로 늘릴지 설정하는 옵션입니다. 배율이 증가할수록 작업 시간이 더 소요되지만, 그만큼 품질 손상 없이 크기를 늘린 이미지를 만들 수 있습니다.

4배 확대 옵션은 해당 웹 사이트에서는 사용할 수 없으며 텍스트를 클릭했을 때 연결되는 실험 페이지에서만 사용할 수 있습니다.

그림 5.8 업스케일링 확대 옵션

이 사이트에서는 4배 크기의 이미지도 마음껏 업스케일링 할 수 있지만, 기본 웹 사이트에 비해 작업 시간이 조금 더 소요됩니다.

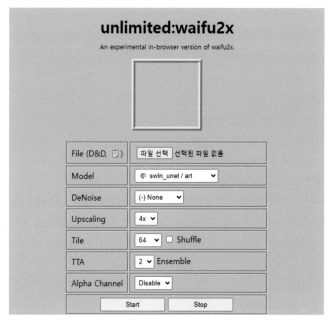

그림 5.9 4배 확대를 사용할 수 있는 실험 페이지

이미지 형식 및 최종 옵션

WebP 형식은 게임에서 사용할 이미지보다는 웹 사이트 디자인에 적합한 파일 형식이므로 PNG를 선택합니다. 작업을 시작하려면 [로봇이 아닙니다.]를 클릭해 인증을 완료해야 합니다. 인증을 완료한 후 [변환] 버튼을 클릭하면 새로운 페이지 탭이 활성화되며 업스케일링된 이미지가 나타납니다. [다운로드] 버튼은 클릭하고 잠시 기다리면 파일이 다운로드됩니다.

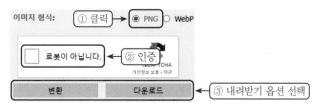

그림 5.10 이미지 형식 및 내려 받기 옵션

ImgUpscaler

ImgUpscaler는 구글 검색창에 '이미지 업스케일링'을 검색했을 때 나오는 다양한 이미지 업스케일링 서비스 중 하나입니다. 특히 이 서비스는 준수한 성능을 자랑하며 이미지 용량 압축 성능이 가장 좋은 서비스입니다. 게임 캐릭터를 제외한 배경 이미지나 UI 이미지를 업스케일링 할 때 좋은 성능을 발휘합니다.

구글에 '이미지 업스케일링'으로 검색하거나 주소창에 아래 주소를 입력해 접속할 수 있습니다.

- ImgUpscaler 주소: https://imgupscaler.com/ko

이 서비스는 최대 4배(400%)까지 업스케일링을 지원합니다. 원하는 배율을 선택한 후 [이미지 업로드] 버튼을 클릭하거나 파일을 드래그 앤드 드롭해서 이미지를 업로드할 수 있습니다. 예제 폴더에서 '배경 이미지(저화질).png' 파일을 찾아 업로드합니다.

그림 5.11 ImgUpscaler 웹 사이트

이 이미지는 2장에서 미드저니로 생성했던 RPG 게임의 배경 이미지 중 일부를 잘라낸 것입니다.

그림 5.12 미드저니로 생성한 RPG 게임 배경 이미지

이미지가 업로드 되면 [Edit] 버튼을 클릭해 특정 부분을 선택하거나 효과를 줄 수 있고 [Start] 버튼을 클릭하면 이미지 업스케일링이 시작됩니다.

그림 5.13 이미지 업로드 시 나타나는 목록

작업이 완료되면 다음과 같이 세 가지 옵션이 나타납니다.

그림 5.14 업스케일링 완료 시 나타나는 목록

눈 모양 아이콘 버튼

이 버튼을 클릭하면 업스케일링 전후 이미지를 비교해 살펴볼 수 있는 창이 나타납니다. 가운데 막대 선을 좌우로 움직여 비교할 수 있습니다.

그림 5.15 업스케일링 전후 비교 창

[Download] 버튼을 클릭하면 업스케일링이 완료된 이미지를 내려받을 수 있으며, [Edit] 버튼을 클릭하면 이미지를 수정할 수 있습니다.

또한 이 서비스의 차별점은 이미지의 용량을 크게 압축해 준다는 것입니다. 앞서 업로 드한 배경 이미지를 waifu2x에서 2배 크기로 업스케일링 한 것과 ImgUpscaler 사이 트에서 2배 크기로 업스케일링 한 그림의 용량과 품질 차이는 아래와 같습니다.

그림 5.16 waifu2x와 ImgUpscaler의 업스케일링 품질과 용량 차이

흐릿한 이미지를 선명하게 2배 크기로 늘렸지만 놀랍게도 용량이 원본보다 오히려 1.3 KB 줄어든 것을 확인할 수 있습니다. 물론 이미지마다 압축되는 수준은 다를 수 있지만 기타 업스케일링 서비스들과 비교했을 때 압축 성능이 뛰어나다는 것을 보여주고 있습 니다.

무료 사용자는 한 번에 한 장의 이미지만 업로드할 수 있으며 유료 플랜을 결제하면 한 번에 최대 5장의 이미지를 업로드할 수 있습니다. [Start All] 버튼을 클릭하면 목록에 업로드 된 이미지를 모두 업스케일링하고 [Remove All] 버튼을 클릭하면 목록을 초기화합니다.

유료 플랜은 이미지 업로드 영역 하단에 위치한 하이퍼링크를 클릭하면 확인할 수 있습니다.

그림 5.17 ImgUpscaler 유료 플랜 결제를 위한 하이퍼링크

기타 웹 서비스

앞서 살펴본 ImgUpscaler 외에도 구글에 '이미지 업스케일링'을 검색하면 매우 다양한 업스케일링 웹 서비스를 찾을 수 있습니다. 각 서비스는 성능에 약간의 차이가 있으며 모든 경우에 최상의 성능을 제공하는 서비스는 없습니다. 그러므로 이미지가 원하는 수준에 도달할 때까지 여러 사이트에서 시도해 보며 업스케일링을 진행하는 것이 좋습니다.

그림 5.18 구글에 검색하면 나타나는 이미지 업스케일링 웹 서비스 목록

아래는 앞서 나열된 사이트에서 순서대로 이미지를 업스케일링한 결과입니다.

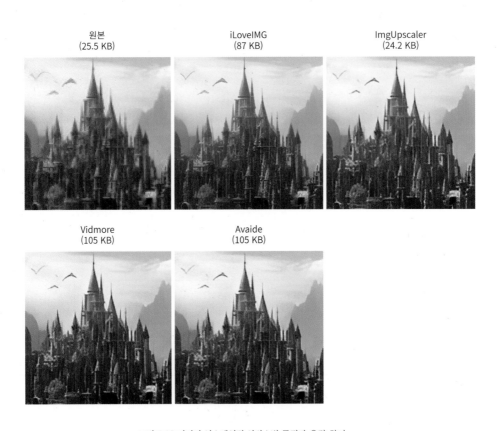

그림 5.19 이미지 업스케일링 서비스별 품질과 용량 차이

이를 보면 ImgUpscaler의 용량 압축 성능이 뛰어나다는 것을 다시 한번 확인할 수 있습니다.

미드저니 내장 기능

2장에서 살펴봤듯이 미드저니는 기본적으로 이미지 업스케일링 기능을 제공하고 있습니다. 다만 미드저니로 생성한 이미지에 한해서만 사용할 수 있으며 외부 이미지를 업로드해 업스케일링 할 수는 없습니다.

미드저니에서 업스케일링을 사용하는 방법은 다음과 같습니다. 먼저 프롬프트를 작성해 이미지를 생성합니다. 여기서는 'chiaroscuro rooster portrait'라는 프롬프트를 입력해 보겠습니다.

그림 5.20 미드저니 프롬프트 작성

이미지 아래쪽에 있는 [U-숫자] 버튼을 클릭해 이미지를 그리드에서 분리합니다.

그림 5.21 네 번째 이미지 분리하기

[Upscale (배율)] 버튼을 클릭하면 이미지를 선택한 배율만큼 업스케일링 할 수 있습니다.

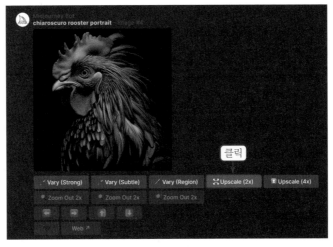

그림 5.22 미드저니의 2배 업스케일링 버튼

2배 업스케일링한 이미지와 원본 이미지를 비교해 보면 다음 그림과 같습니다.

그림 5.23 원본 이미지와 2배 업스케일링 한 이미지 비교

TIP 미드저니 업스케일링 기능 이용 시 주의 사항

미드저니에서 바로 업스케일링하면 별도의 사이트를 이용하지 않고 즉시 업스케일링 할 수 있어 매우 간편하지만, 빠른 GPU 시간을 소모하므로 주의해야 합니다. 2배 업스케일링은 빠른 GPU 시간을 2배로 빠르게 소모하며 4배 업스케일링은 6배 빨리 소모합니다. 다시 말해 4배 업스케일링을 한번 사용하는 데 드는 빠른 GPU 시간은 6장의 이미지를 생성하는 데 필요한 GPU 시간과 동일합니다. 따라서 다양한 대안 이미지를 생성하기 위해서는 이 기능을 남용하지 않는 것이 좋습니다.

이처럼 상황에 따라 선택해야 하는 업스케일링 서비스가 다르므로 모든 방법을 미리 숙지해 두는 것이 좋습니다.

이미지 용량 압축하기

이미지의 품질을 향상하는 것만큼이나 중요한 것은 이미지 리소스의 용량을 최대한 작게 유지하는 것입니다. 컴퓨터 게임이든 모바일 게임이든 용량을 최소화하는 것은 게임 개발자에게 있어 해결해야 할 중요한 과제 중 하나입니다. 이미지 리소스를 서버에서 불러오는 방식이 아니라면 게임 용량의 대부분은 이미지 리소스로 채워지므로 이미지의 용량을 줄이는 것이 곧 게임의 용량을 줄이는 과정이 됩니다.

이미지 리소스의 용량을 최소화해야 하는 이유는 다음과 같습니다.

- **빠른 설치 시간**

  이미지 리소스의 용량이 작을수록 게임의 용량이 줄어들며, 설치 시간이 단축됩니다. 설치 시간이 단축되면 전반적인 사용자 경험이 향상됩니다.

- **적은 용량 차지**

  대부분의 게이머는 디바이스의 저장 공간을 과도하게 차지하지 않는 프로그램을 선호합니다. 이는 모바일 디바이스나 구형 컴퓨터와 같이 저장 용량이 제한된 환경에서 특히 중요합니다. 프로그램의 크기를 줄이면 이 문제를 해결할 수 있고 이때 이미지 리소스의 용량을 최소화하는 것이 가장 효과적인 방법입니다.

- **빠른 로딩 시간**

  이미지를 프로젝트에 포함하는 방식 대신 서버에서 불러오는 방식을 채택한다면 용량이 작을수록 이미지를 불러오는 시간이 줄어듭니다. 이는 사용자 경험의 향상으로 이어지는 중요한 요소입니다.

이외에도 프로그램의 성능 향상이나 업데이트의 효율성 등 이미지 리소스의 용량이 작을수록 얻을 수 있는 이점은 다양합니다.

이미지 압축 서비스 비교

예제 파일: ch05/배경 이미지(Videmore).png
ch05/별.png
ch05/별 이미지 팩.png

이처럼 적은 용량을 가진 이미지의 장점을 최대한 활용하기 위해서 직접 이미지의 용량을 압축해 보겠습니다. 이미지를 압축할 때는 원본 이미지의 훼손이 눈에 띄지 않을 정도로 최소화하고 용량을 크게 압축하는 것이 핵심입니다.

이미지 업스케일링 서비스를 이용하는 것과 마찬가지로 구글에 '이미지 압축 사이트'로 검색하면 압축 서비스를 제공하는 다양한 웹 사이트를 찾을 수 있습니다.

그림 5.24 구글에 검색하면 나타나는 이미지 압축 사이트 목록

사이트 순서대로 이미지 압축 성능을 시도해 보기 위해 이전에 업스케일링 했던 파일 중에서 용량이 가장 큰 파일을 압축해 보겠습니다. 예제 폴더의 '배경 이미지(Videmore). png'로 직접 시도해 볼 수 있습니다.

Vidmore
(105 KB)

| iLoveIMG | ImgPresso | Watermarkly |
| (24.3 KB) | (75.2 KB) | (32.9 KB) |

그림 5.25 이미지 압축 사이트별 압축 성능 차이

이미지 압축은 파일 형식이나 노이즈 정도 등 다양한 변수에 따라 압축 성능이 달라질 수 있습니다. 따라서 이미지 압축 서비스 또한 이미지 업스케일링 서비스와 마찬가지로 모든 경우에서 최상의 결과를 만들어내는 한 가지 서비스는 없으므로 다양한 서비스의 사용 방법을 익혀 두는 것이 좋습니다.

모든 사이트의 이용 방법을 살펴보기는 어려우므로 비교적 압축 성능이 우수한 iLoveIMG 의 이용 방법을 간단하게 살펴보겠습니다. 구글 검색창에 '이미지 압축 서비스'로 검색하거나 주소창에 아래 주소를 입력해 접속합니다.

- iLoveIMG 이미지 압축 페이지: https://www.iloveimg.com/ko/compress-image

[여러 이미지 선택]을 클릭하거나 원하는 파일을 드래그 앤드 드롭 해 업로드할 수 있습니다. 동시에 여러 장의 이미지를 압축할 수 있으므로 파일을 여러 개 선택 후 한 번에 불러올 수 있습니다. 자료 폴더의 '배경 이미지(Videmore). png' 파일을 업로드합니다.

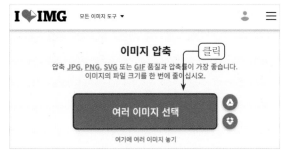

그림 5.26 iLoveIMG 웹 사이트

파일을 업로드했다면 [여러 이미지 압축] 버튼을 클릭해 압축을 시작합니다.

그림 5.27 iLoveIMG 이미지 압축

압축이 완료되면 [압축된 이미지 다운로드] 버튼을 클릭해 파일을 내려받을 수 있습니다. 이 외에 다른 이미지 압축 사이트도 유사한 방법으로 이미지를 압축할 수 있습니다.

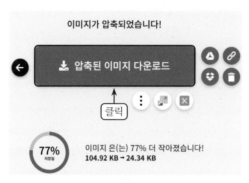

그림 5.28 압축이 완료된 iLoveIMG 화면

게임 이미지 리소스에 적용하기

지금까지 이미지를 업스케일링하고, 압축하는 방법을 살펴봤습니다. 이전까지는 캐릭터와 배경 이미지를 예시로 살펴봤지만, 마무리 단계에서 가장 큰 효과를 누릴 수 있는 리소스는 바로 UI와 아이콘 이미지입니다.

캐릭터와 배경은 미드저니로 이미지를 생성할 때부터 이미 크기가 큰 이미지로 생성되기 때문에 품질이 심하게 떨어지는 경우는 드뭅니다. 그래서 캐릭터와 배경 이미지를 업스케일링 하는 것은 세부 사항을 조금 더 보완하고 개선한다는 느낌으로 활용하는 느낌이 강합니다. 반면에 아이콘은 효율성을 위해 여러 개의 아이콘을 한 이미지에 생성합니다. 이 이미지에서 아이콘을 개별적으로 추출하면 크기가 193×187px과 같이 매우 작게 추출되고, 그만큼 품질이 떨어지는 경우가 많습니다. 또한 게임 화면에서 큰 비중을 차지하는 UI의 특성상 눈에 잘 띄고 품질의 결함이 더 잘 보일 수 있으므로 품질을 최대한 높이는 것이 좋습니다.

우선 아이콘 이미지를 효율적으로 업스케일링 하는 방법을 살펴보겠습니다. 가장 좋은 방법은 한 이미지에 하나의 아이콘만 생성하는 것이지만 이렇게 하면 GPU 시간이 지나치게 소모되며 용량이 커질 수 있습니다.

앞서 4장에서 포토샵으로 추출한 별 아이콘 이미지를 업스케일링 해보며 아이콘의 마무리 단계를 자세히 알아보겠습니다. 별 아이콘은 캐릭터가 아니므로 waifu2x 사이트보다는 ImgUpscaler 사이트에서 업스케일링 하는 것이 좋습니다. 자료 폴더에서 '별.png' 파일을 찾아 업로드해 2배 업스케일링을 진행합니다.

그림 5.29 ImgUpscaler에서 별 아이콘 이미지 업스케일링

세로: 256px
가로: 256px
용량: 74.3 KB

세로: 512px
가로: 512px
용량: 265 KB

그림 5.30 원본 별 이미지와 업스케일링된 별 이미지의 크기와 용량 차이

기억해야 할 점은 처음 추출했을 때 193×187px의 크기를 갖고 있던 별 이미지를 256×256px로 확대해 이미지에 손상이 발생했다는 점입니다. 즉 이미지의 손상이 발생한 상태에서 업스케일링이 이뤄진 것입니다. 최상의 품질로 아이콘 이미지를 만들려면 이미지에 손상이 이뤄지지 않은 상태에서 업스케일링을 진행해야 합니다.

크기를 확대하기 전인 193×187px 크기에서 업스케일링을 진행할 수도 있지만, 이 방식으로 많은 아이콘을 작업하려면 작업량이 상당히 늘어날 것입니다. 따라서 이미지의 품질을 유지하면서 효율적으로 작업하려면 아이콘을 개별적으로 업스케일링하는 대신 아이콘이 포함된 원본 이미지 전체 크기를 업스케일링하는 것이 좋습니다.

자료 폴더의 '별 이미지 팩.png' 파일을 업로드하고 업스케일링을 진행합니다.

그림 5.31 ImgUpscaler에서 별 이미지 팩 이미지 업스케일링

이렇게 하면 여러 개의 아이콘을 한 번에 업스케일링 한 것과 같은 효과를 누릴 수 있습니다. 한 이미지에 사용할 아이콘이 많을수록 효율이 증가하는 방법입니다. 그러나 여러 개의 아이콘 중에서 실제로 게임에서 사용할 아이콘의 개수가 많지 않다면 개별적으로 추출하는 것이 더 효율적일 수도 있습니다. 이는 상황에 따라 적절한 방법을 결정해야 합니다.

원본 이미지를 2배 업스케일링한 다음 동일한 별 아이콘을 추출했을 때의 아이콘 크기는 373×358px입니다. 그래픽 카드는 2의 거듭제곱 크기[2]를 가진 텍스처를 처리하는 데 특화돼 있습니다. 이는 게임의 성능 향상과 메모리 사용량 감소로 이어질 수 있기 때문에 이미지의 크기를 2의 거듭제곱 크기로 유지하는 것이 좋습니다. 이런 이유로 앞서 아이콘의 이미지 크기를 256×256px로 설정한 것입니다. 해당 아이콘의 경우 256×256px 크기로 축소하거나 다음 2의 제곱 수인 512×512px로 설정할 수 있습니다.

> **TIP** 이미지 크기 설정
>
> 추출한 아이콘 이미지를 2의 거듭제곱 크기로 조절할 때는 확대하는 것보다 축소해 가며 설정하는 것이 좋습니다. 이미지는 확대할 때보다 축소할 때 화질 손상이 적기 때문입니다.

그림 5.32 2배 업스케일링한 이미지에서 추출한 별 이미지의 크기

원본 이미지를 4배 업스케일링 한 경우에는 별 아이콘을 추출했을 때 크기가 746×715px입니다. 이 경우에는 1024×1024로 확대하는 것보다 512×512로 축소한 후 사용하는 것이 적절합니다.

그림 5.33 4배 업스케일링한 이미지에서 추출한 별 이미지의 크기

---

2 2의 거듭제곱은 2^2, 2^3, 2^4, 2^5…인 4, 8, 16, 32, 64, 128, 256, 512, 1024…를 의미합니다. 즉 2의 거듭제곱 크기인 텍스처는 크기가 64×64px 또는 128×256px와 같이 너비와 높이의 크기가 2의 거듭제곱인 텍스처를 의미합니다.

이 방법으로 게임의 해상도와 아이콘의 크기에 맞게 아이콘을 업스케일링한 후 적용하면 시각적으로 더 완성도 높은 게임을 만들 수 있습니다.

업스케일링이 이뤄진 별 아이콘을 iLoveIMG의 압축 서비스를 이용해 용량까지 압축하면 품질이 향상된 상태로 더 적은 용량의 이미지를 완성할 수 있습니다.

세로: 256px
가로: 256px
용량: 74.3 KB

세로: 512px
가로: 512px
용량: 30.2 KB

그림 5.34 4배 업스케일링 후 용량 압축을 거친 별 아이콘

게임의 메뉴 창이나 각종 버튼에 사용하기 위한 이미지는 아이콘처럼 한 이미지에 여러 개가 있는 경우가 드물기 때문에 캐릭터를 업스케일링 할 때와 같은 방법으로 진행하면 됩니다.

s2.png
96.4KB

그림 5.35 UI 이미지 업스케일링

이미지 리소스를 업스케일링하고 압축까지 완료했다면 이제 최종적으로 게임에 적용할 모든 준비가 완료됐습니다. 이제 남은 작업은 실제 게임에 적용하는 것뿐이며 이 과정은 다음 장에서 직접 실습하며 자세히 살펴보겠습니다.

Part 06

실전!
플랫폼 게임 제작하기

프로그래밍을 학습할 때 이론을 공부하고 문제 풀이에만 몰두하는 것은 종종 지루함을 느끼게 합니다. 장기적으로는 필요한 지식을 습득하고 어려운 문제들을 해결하는 것에 많은 도움이 되지만, 이 방식만 고수하면 프로그래밍에 대한 흥미를 잃기 쉽습니다. 그래서 가장 효과적이라고 알려진 학습 방법의 하나는 작지만 본인이 원하는 프로그램이나 서비스를 직접 만들어 보는 것입니다. 자신의 프로젝트를 수행하며 즐거움을 느끼고 그 과정에서 마주치는 문제들을 스스로 해결하다 보면 실력은 자연스럽게 늘어납니다. 성취감을 느끼며 작은 성공들을 쌓아가면 이후에는 큰 성공을 거둘 수 있게 될 것입니다. 이러한 접근은 학습 동기를 지속적으로 유지하는 데도 큰 도움이 됩니다.

이와 같은 이유로 이번 장에서는 지금까지 학습한 내용을 바탕으로 실제 게임에 적용해 보겠습니다. 이 과정에서 인공지능을 활용한 이미지 리소스 제작 실력을 향상시킬 수 있고, 인공지능 서비스와 관련된 다양한 노하우를 습득할 수 있습니다. 이 프로젝트는 대표적인 게임 엔진 중 하나인 유니티(Unity)로 진행할 예정입니다.

유니티 설치 및 환경 설정

유니티는 다양한 게임 개발 도구를 제공해 게임 제작을 간편하게 할 수 있도록 도와주는 통합 멀티미디어 게임 엔진입니다. 2005년 처음 선보인 이후 지금까지 사용 편의성과 낮은 진입 장벽 덕분에 수많은 개발자에게 인기를 끌었습니다. 특히 유니티의 큰 장점은 다양한 플랫폼을 지원하고 상대적으로 저렴한 라이선스 비용을 제공한다는 것입니다. 이러한 이유로 많은 1인 개발자나 소규모의 게임 개발사가 부담 없이 이용하는 게임 엔진으로 자리 잡았습니다.

하지만 이번 장에서는 게임 제작에 초점을 맞추는 것이 아닌, 게임 이미지 리소스 제작에 중점을 둔다는 것을 염두에 두기 바랍니다. 게임 개발의 전체 과정은 생략하고, 생성형 인공지능을 활용해 이미지를 생성하고 수정한 다음 게임에 적용하는 과정에 초점을 맞출 것입니다.

먼저 유니티 프로그램을 설치하는 방법을 살펴보겠습니다.

유니티 설치하기

유니티 에디터를 설치하려면 우선 유니티 허브(Unity Hub)를 설치해야 합니다. 유니티 허브는 유니티 엔진의 다양한 버전을 편리하게 설치하고 관리할 수 있는 프로그램입니다.

구글 검색창에 'unity hub'로 검색하거나 주소창에 아래 주소를 입력해 접속합니다.

- 유니티 허브 설치 페이지: https://unity.com/kr/download

설치 페이지에 접속하면 운영체제에 맞는 버튼을 클릭해 유니티 허브 설치 파일을 내려받습니다.

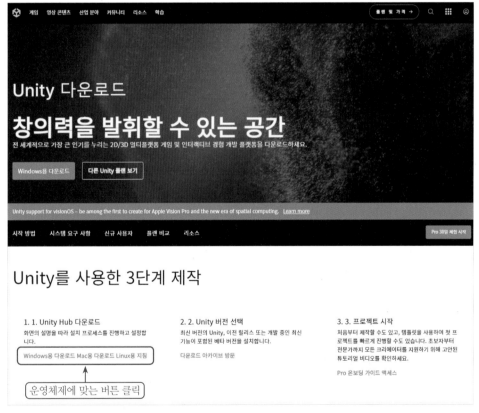

그림 6.1 유니티 허브 설치 페이지

Windows 운영체제는 내려받은 파일을 실행하면 유니티 허브를 설치할 수 있습니다. macOS에서는 아래 과정을 따라 유니티 허브를 설치합니다.

1. 내려받은 'UnityHubSetup.dmg' 파일을 실행합니다.

2. 약관이 나타나면 [Agree] 버튼을 클릭해 다음으로 이동합니다.

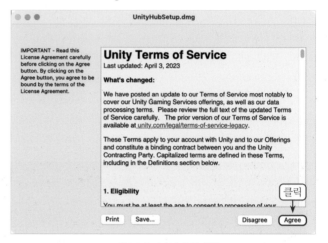

그림 6.2 유니티 약관 동의 창

3. 이어서 왼쪽에 있는 [Unity Hub] 아이콘을 오른쪽에 있는 응용 프로그램(Applications) 폴더로 드래그 앤 드롭합니다.

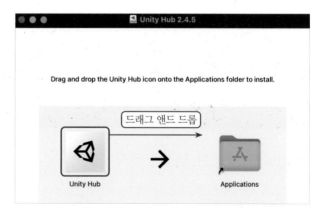

그림 6.3 macOS 운영체제에 유니티 허브 설치

4. 설치가 완료되면 응용 프로그램(Applications) 폴더에서 유니티 허브가 설치된 것을 볼 수 있습니다. (또는 런치패드(Launchpad)에서도 유니티 허브가 설치된 것을 볼 수 있습니다).

그림 6.4 설치가 완료된 유니티 허브

설치된 유니티 허브를 실행하면 로그인 창이 나타납니다. 유니티 계정이 있다면 [로그인] 버튼을 클릭해 로그인하고, 계정이 없다면 [계정 생성] 버튼을 클릭해 계정을 새로 생성한 다음 진행합니다.

그림 6.5 유니티 허브 시작 화면

로그인을 하면 [Unity 에디터 설치] 창이 나타납니다. 이 책과 동일한 환경에서 실습하려면 에디터 버전을 통일해야 하므로 [설치 건너뛰기] 버튼을 클릭합니다.

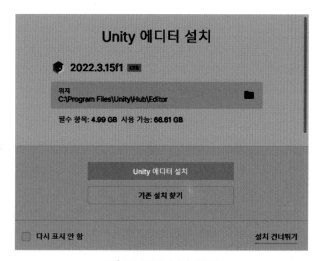

그림 6.6 유니티 에디터 설치 창

그다음 유니티 허브 왼쪽 위에 있는 [톱니바퀴](⚙) 아이콘을 클릭합니다.

그림 6.7 유니티 허브 홈 화면

유니티를 이용하려면 라이선스를 등록해야 합니다. 환경 설정 창이 나타나면 왼쪽 메뉴에서 [라이선스] 탭을 클릭한 다음 오른쪽 위에 있는 [추가] 버튼을 클릭합니다.

그림 6.8 유니티 허브 라이선스 탭

TIP 메뉴가 영문으로 나온다면?

유니티 허브를 처음 설치하면 메뉴가 영문으로 나타날 수 있습니다. 환경 설정 창의 왼쪽 메뉴에서 [Appearance] 탭을 클릭한 다음 하단에 있는 Language 옵션을 [한국어]로 선택하면 한국어 메뉴로 변경할 수 있습니다.

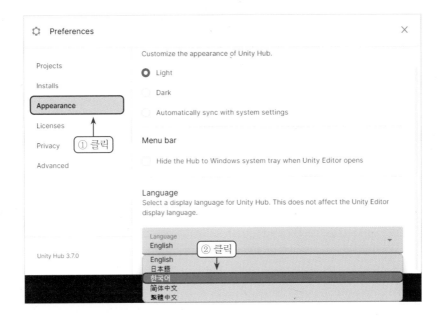

'새 라이선스 활성화' 창이 나타나면 [무료 Personal 라이선스 받기] 버튼을 클릭하고 [동의하고 Personal 라이선스 받기] 버튼을 클릭해 라이선스를 받을 수 있습니다.

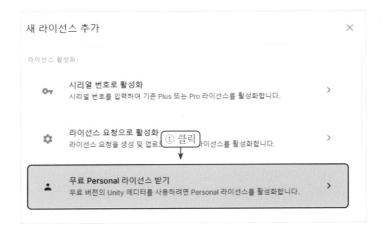

그림 6.9 유니티 Personal 라이선스 받기

그럼 다음과 같이 Personal 라이선스가 활성화된 것을 확인할 수 있습니다.

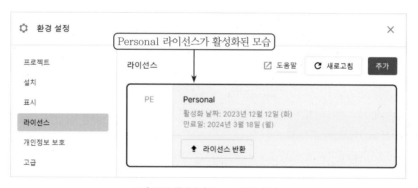

그림 6.10 활성화된 Personal 라이선스

라이선스가 활성화됐다면 환경 설정 창을 닫아줍니다. 이제 에디터를 설치하기 위해 왼쪽 메뉴에서 [설치] 탭을 클릭한 다음 오른쪽 위에 있는 [에디터 설치] 버튼을 클릭합니다.

그림 6.11 유니티 허브 설치 탭

이 책에서 설치할 버전은 '2022.3.1f1'입니다. '2022.3.1f1' 오른쪽에 있는 [설치] 버튼을 클릭합니다. 실습 프로젝트는 다른 버전에서 정상적으로 작동하지 않을 수 있으므로 반드시 '2022.3.1f1' 버전을 설치해야 합니다.

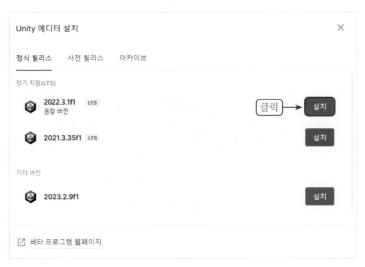

그림 6.12 유니티 에디터 버전 목록

TIP 2022.3.1f1 버전이 목록에 없다면?

유니티가 지속적으로 업데이트되면 2022.3.1f1 버전을 포함한 이전 버전이 목록에 나타나지 않을 수 있습니다.

이때는 원하는 버전을 공식 홈페이지 접속해 직접 찾아 설치해야 합니다. 하지만 이 과정은 매우 번거롭기 때문에 해당 버전의 유니티 에디터를 아래 구글 드라이브에서 내려받을 수 있게 업로드해 두었습니다. 주소창에 아래 주소를 입력해 접속한 다음 운영체제에 맞는 에디터 파일을 내려받아 설치합니다.

- **유니티 에디터 구글 드라이브**: https://bit.ly/유니티에디터구글드라이브

내려받은 파일을 실행해 2022.3.1f1 버전 에디터를 설치합니다. 설치 과정에서 에디터가 설치되는 경로를 선택하는 화면이 나타나면 경로를 잘 기억하고 있어야 합니다.

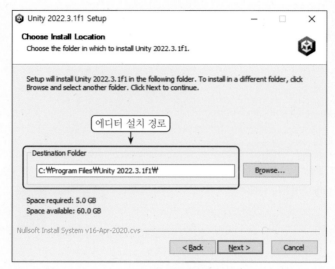

그림 6.13 유니티 설치 창

만약 설치하고 싶은 경로가 있다면 경로를 변경할 수 있습니다. 다만 해당 경로를 정확하게 기억하고 있어야 합니다. 이후에 유니티 허브에서 해당 에디터를 등록할 때 경로를 알고 있어야 하기 때문입니다.

설치가 완료되면 유니티 허브의 [설치] 메뉴에서 [검색] 버튼을 클릭합니다.

그림 6.14 유니티 허브 설치 메뉴

에디터를 설치했던 경로로 이동해 유니티 에디터 파일을 찾아 선택합니다. 경로를 변경하지 않았다면 에디터는 기본적으로 아래 경로에 위치합니다.

- Windows 기본 설치 경로
  C:\Program Files\Unity 2022.3.1f1\Editor\Unity.exe

- macOS 기본 설치 경로
  /Applications/Unity/Hub/Editor/2022.3.1f1/

에디터 파일을 찾아 선택하면 다음과 같이 2022.3.1f1 버전의 에디터가 목록에 나타납니다.

그림 6.15 설치된 유니티 2022.3.1f1 버전

실습 게임 프로젝트 불러오기

이 책에서는 이미지 리소스를 제작하는 것에 중점을 두고 실습할 것입니다. 따라서 게임을 개발하는 과정은 직접 다루지 않고, 대신 필자가 개발한 플랫폼 게임으로 실습을 진행합니다.

주소창에 아래 주소를 입력한 다음 AI Platform Game.zip 파일을 내려받습니다.

- **유니티 실습 프로젝트**: https://bit.ly/유니티실습프로젝트구글드라이브

내려받은 파일을 원하는 위치(바탕화면, 내 문서 등)로 옮기고 압축을 해제합니다. 프로젝트를 실행하기 위해 유니티 허브를 열고, 왼쪽 메뉴에서 [프로젝트]를 클릭한 다음 [추가] 버튼을 클릭합니다.

그림 6.16 유니티 허브 프로젝트 메뉴

파일 탐색기가 열리면 'AI Platform Game' 폴더가 저장된 경로로 이동하고, AI Platform Game 폴더를 선택한 다음 [열기] 버튼을 클릭합니다. 이때 폴더를 더블 클릭하면 계속해서 폴더 안으로 이동하게 되므로 폴더를 선택한 상태에서 오른쪽 아래에 있는 [열기] 버튼을 클릭해야 합니다.

그림 6.17 실습 폴더 열기

이렇게 하면 프로젝트 폴더가 목록에 추가되고 자동으로 실행됩니다.

그림 6.18 실습 프로젝트 실행

프로젝트가 실행되면 다음과 같은 화면이 나타납니다. 기존에 유니티로 개발해 본 경험이 있다면 프로젝트 전체를 둘러보기나 레이아웃을 변경해도 좋습니다.

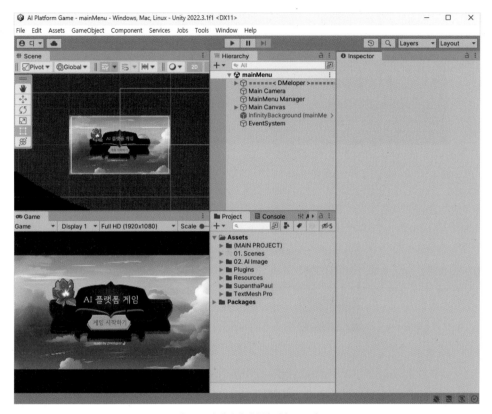

그림 6.19 이 책에서 사용할 실습 프로젝트

게임 속 모든 이미지 리소스는 인공지능이 생성한 이미지로 만들었으며, 기존에 있던 이미지 리소스를 모두 새로운 이미지로 변경하는 작업을 진행할 것입니다.

본격적으로 실습을 시작하기에 앞서 앞으로 제작할 이미지들이 어디에 쓰이는지 이해하기 위해 직접 게임을 플레이해 보는 것을 권장합니다. Game 뷰 오른쪽 상단에서 [속성](⋮) 아이콘을 클릭하고, [Maximize]를 클릭해 게임 화면을 전체 화면으로 설정합니다.

그림 6.20 Game 뷰를 전체 화면으로 설정하기

유니티 상단에 있는 [재생](▶) 아이콘을 클릭하면 게임을 플레이할 수 있습니다.

그림 6.21 유니티 게임 플레이 버튼

게임 플레이를 마쳤다면 이후 실습 과정이 상당히 길어질 수 있으니 잠깐 유니티 프로그램을 종료해 둡니다.

이번 장에서 만들 플랫폼 게임

실습에 활용할 게임 장르는 2D 플랫폼 게임입니다. 플랫폼(platform)은 캐릭터가 밟고 서 있을 수 있는 발판을 의미합니다. 플랫폼 게임은 이러한 발판으로 구성된 스테이지가 주요 무대이며 플레이어의 점프 조작이 중요한 게임 장르입니다. 대표적인 게임으로 슈퍼마리오 브라더스가 있습니다.

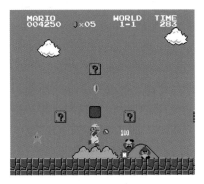
그림 6.22 대표적인 플랫폼 게임인 슈퍼마리오 브라더스

개발자 입장에서 플랫폼 게임이 갖는 큰 장점은 이미지 리소스를 재활용하기 쉽다는 점입니다. 예를 들어 잔디 발판 이미지 하나만 있으면 원하는 곳 어디든 배치하여 게임 스테이지를 제작할 수 있으며, 기존의 발판 이미지 몇 가지를 기타 이미지(예를 들어 벽돌이나 나무)로 바꾸기만 하면 완전히 다른 분위기의 게임을 만들 수도 있습니다. 이러한 작업에 생성형 인공지능을 활용하면 이미지의 품질과 개발 속도, 두 마리 토끼를 모두 잡을 수도 있습니다. 즉, 이번 실습에서 기존의 발판 이미지를 새로운 이미지로 바꾸는 작업만으로 색다른 콘셉트의 게임을 손쉽게 만들 수 있습니다.

그림 6.23 인공지능으로 제작한 이미지로 만든 게임 스테이지

본격적으로 프로젝트를 시작하기에 앞서 인공지능으로 제작한 이미지 리소스를 분류할 폴더를 만들겠습니다. `image_resources`라는 빈 폴더를 만들고, 다음 표와 같이 하위 폴더를 생성합니다. 이미지가 많아지면 원하는 파일을 찾기 어려우므로 미리 폴더를 만들어두는 것이 좋습니다.

폴더 이름	분류 기준
01. backgrounds	게임의 배경으로 사용할 이미지를 저장합니다.
02. platforms	각종 발판 이미지를 저장합니다
03. characters	플레이어 캐릭터, 몬스터 이미지를 저장합니다.
04. ui	버튼, 창 이미지 등 UI 이미지를 저장합니다.
05. items	아이템 이미지를 저장합니다.

표 6.1 image_resources 하위 폴더 이름과 분류 기준

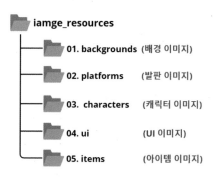

그림 6.24 image_resources 폴더 구조

이 실습에서 제작하는 모든 이미지 리소스는 다음의 2단계를 거쳐 완성됩니다.

1단계. 미드저니로 이미지 생성하기

2단계. 이미지 수정 (스테이블 디퓨전, 포토샵, 업스케일링 등)

1단계는 모든 경우에서 반드시 거쳐야 하지만, 2단계는 이미지를 수정하고 다듬는 과정이
므로 경우에 따라 생략할 수 있습니다.

배경 이미지 제작하기

📁 예제 파일: ch06/Planet of Lana.png

가장 먼저 게임의 배경 이미지를 만들어 보겠습니다. 배경 이미지를 가장 먼저 만드는 이유는 게임에서 화면을 가득 채우는 배경 이미지 특성상 게임의 콘셉트를 표현하는 데 중요한 역할을 하기 때문입니다. 사실 게임을 제작할 때는 시나리오를 작성하고 스토리와 세계관을 구축하는 것이 선행돼야 하지만, 이 프로젝트에서는 게임 그래픽 디자인에 집중하기 위해 이 과정은 생략하겠습니다.

[1단계] 미드저니로 이미지 생성하기

/describe 명령어로 프롬프트 생성하기

앞서 2장에서 배운 것처럼 미드저니의 /describe 명령어를 활용하면 다른 게임의 콘셉트를 흉내 낼 수 있습니다. 게임 Planet of Lana의 플레이 장면 중 일부(예제 폴더의 'Planet of Lana.png' 파일)를 불러온 다음 /describe 명령어로 프롬프트 네 개를 생성합니다.

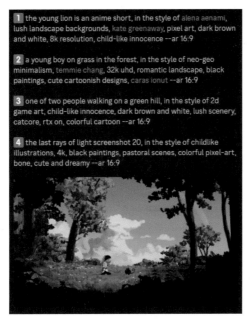

그림 6.25 /describe 명령어를 활용해 프롬프트 생성하기(Planet of Lana 게임 중 일부)

여러분이 개인적으로 원하는 콘셉트의 게임이 있다면 해당 게임의 플레이 장면 일부를 사진 파일로 불러와 진행해도 좋습니다.

생성된 네 개의 프롬프트로 이미지를 생성한 뒤 마음에 드는 결과물을 선택합니다. 필자는 두 번째 프롬프트로 생성한 아래 이미지로 진행하겠습니다.

/describe 명령어로 생성한 프롬프트 중 두 번째 프롬프트

a young boy on grass in the forest, in the style of neo-geo minimalism, temmie chang, 32k uhd, romantic landscape, black paintings, cute cartoonish designs, caras inout --ar 16:9

그림 6.26 게임 Planet of Lana와 유사한 이미지가 생성된 모습

만능 템플릿으로 배경 이미지 생성하기

2장에서 살펴본 만능 템플릿 구조를 활용하기 위해서 위 프롬프트를 콘셉트 프롬프트로 변경합니다. 게임의 그래픽 콘셉트를 나타내는 데 필요 없는 키워드인 a young boy on grass in the forest, romantic landscape, --ar 16:9(배경 이미지를 생성할 때는 필요한 매개변수이지만, 콘셉트 프롬프트에는 필요 없으므로)를 제거합니다.

콘셉트 프롬프트

in the style of neo-geo minimalism, temmie chang, 32k uhd, black paintings, cute cartoonish designs, caras ionut

이렇게 만든 콘셉트 프롬프트와 만능 템플릿을 활용해 배경 이미지를 생성할 수 있습니다.

만능 템플릿 (/describe로 콘셉트 프롬프트를 설정한 경우)

(이미지 종류), (추가 프롬프트), (콘셉트 프롬프트)

배경 이미지를 생성하기 위해 만능 템플릿에 다음과 같이 작성합니다.

- 이미지 종류: a beautiful blue sky
- 추가 프롬프트: with a full sky, 프롬프트 끝부분에 매개변수 --ar 16:9 작성
- 콘셉트 프롬프트: in the style of neo-geo minimalism, temmie chang, 32k uhd, black paintings, cute cartoonish designs, caras ionut

실습 게임은 16:9 비율로 제작됐으며, 배경 이미지가 화면을 가득 채우는 구조이므로 반드시 매개변수 --ar 16:9를 추가합니다. 그럼 다음과 같이 파란 하늘의 게임 배경 이미지를 생성할 수 있습니다.

배경 이미지를 생성하기 위한 프롬프트

a beautiful blue sky, with a full sky, in the style of neo-geo minimalism, temmie chang, 32k uhd, black paintings, cute cartoonish designs, caras ionut --ar 16:9

(이후부터 콘셉트 프롬프트는 [콘셉트 프롬프트]로 표기합니다.)

그림 6.27 기존의 프롬프트를 변경하고 다시 생성한 이미지

> **TIP** 배경을 만들 때 유용한 프롬프트
>
> 배경을 만들 때 유용한 프롬프트는 66쪽 '리소스별 만능 템플릿 작성 방법'에 있는 표 2.5에서 확인
> 할 수 있습니다.

참고로 생성형 AI의 특성상 이 책에서 생성한 이미지와 완벽하게 동일한 이미지를 생성할
수는 없으므로 비슷한 분위기의 16:9 비율을 가진 이미지가 생성됐다면 그대로 진행해도
좋습니다.

타일 형태의 배경 이미지 생성하기

실습 게임에서 배경은 하나의 이미지가 무한하게 이어지도록 구현돼 있습니다. 이를 위해
선 이미지의 가장자리가 서로 연결되는 타일 형태여야 합니다. 방금 생성한 이미지는 타일
형태가 아니므로 게임 배경으로 사용하면 다음과 같이 경계선이 나타나는 부자연스러운
배경이 됩니다.

그림 6.28 배경 이미지를 이어 붙이는 경우 뚜렷하게 보이는 이미지의 경계선

일반적으로 이미지를 연속되는 타일 이미지로 변경하는 것은 쉽지 않은 작업입니다. 그러나 미드저니의 '리믹스 모드'를 이용하면 이 작업을 매우 쉽게 진행할 수 있습니다. 리믹스 모드는 원본 이미지 프롬프트를 수정하여 변형 이미지를 생성하는 모드입니다. 이 모드의 핵심은 원본 이미지의 스타일을 최대한 유지하면서 원하는 부분만 변경

그림 6.29 리믹스 모드로 캐릭터의 화난 표정 만들기

하는 것입니다. 그래서 오른쪽 사진과 같이 캐릭터의 다양한 표정을 만들 때도 유용하게 활용됩니다.

리믹스 모드를 활성화하는 방법은 두 가지가 있습니다. 첫 번째는 명령어 /prefer remix를 직접 입력하는 것이고, 두 번째는 settings 메뉴에서 [Remix mode] 버튼을 클릭하는 방법입니다. settings 메뉴는 명령어 /settings를 입력해 생성할 수 있습니다.

그림 6.30 명령어 /prefer remix를 입력해 리믹스 모드 활성화

그림 6.31 settings 메뉴에서 'Remix mode' 버튼을 클릭해 리믹스 모드 활성화

리믹스 모드가 활성화된 상태에서 이전에 생성한 배경 이미지의 변형 버튼을 클릭합니다. 이 예제에서는 네 번째 이미지를 타일 이미지로 만들기 위해 [V4] 버튼을 클릭했습니다. 이미지의 순서는 Z 모양인 것을 기억하세요.

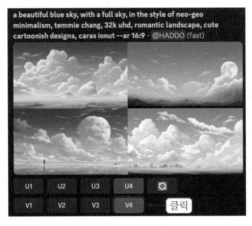

그림 6.32 네 번째 이미지의 변형 버튼 클릭

변형 버튼을 클릭하면 다음과 같이 리믹스 프롬프트 메뉴 창이 나타납니다. 메뉴 창에는 기존 프롬프트가 작성되어 있습니다. 이 프롬프트에 타일 이미지를 생성하기 위한 매개변수인 --tile을 문장 맨 끝부분에 추가합니다. 작성을 완료했다면 [전송] 버튼을 눌러 변형 이미지를 생성합니다.

타일 형태의 배경 이미지를 생성하기 위한 프롬프트

a beautiful blue sky, with a full sky, [콘셉트 프롬프트] --ar 16:9 --tile

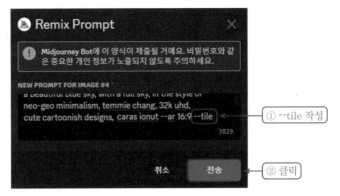
그림 6.33 기존 프롬프트 맨 끝에 --tile을 추가한 프롬프트

네 개의 이미지 중에서 마음에 드는 이미지를 업스케일링합니다. 이 예제에서는 [U4] 버튼을 클릭해 네 번째 이미지를 업스케일링 했습니다. 업스케일링이 완료되면 해당 이미지를 내려받습니다.

그림 6.34 네 번째 이미지 업스케일링

생성한 이미지가 타일 형태인지 확인하기

내려받은 이미지가 타일 이미지로 올바르게 생성됐는지 확인해야 합니다. 구글 검색창에서 'Seamless Texture Checker'로 검색하거나 주소창에 아래 주소를 입력해 접속합니다.

- 이미지 경계선 테스트 사이트: https://www.pycheung.com/checker

사이트에 접속한 다음 [File] 버튼을 클릭해 방금 내려받은 타일 이미지를 업로드합니다.

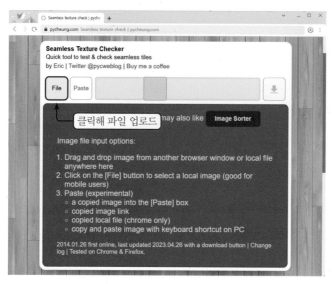

그림 6.35 Seamless Texture Checker 사이트에서 이미지 업로드

이미지를 업로드하면 페이지 전체에 이미지가 타일 형태로 생성됩니다. 상단의 슬라이더를 좌우로 움직이면 이미지 크기를 조절할 수 있습니다. 이미지를 올바르게 생성했다면 아래 화면처럼 각 이미지 사이에 경계가 보이지 않는 자연스러운 모습으로 보입니다. 그러나 이미지가 올바르게 생성되지 않았다면 그림 6.28과 같이 부자연스럽게 보일 수 있습니다. 이럴 때는 타일 이미지로 생성될 때까지 리믹스 모드로 변형 이미지를 생성합니다.

그림 6.36 이미지를 업로드 한 뒤 슬라이더를 좌우로 움직여 이미지 크기 조절

아래 사진에서 두 개의 빨간색 강조 상자 안에 있는 이미지를 비교하며 유심히 살펴보면 연속된 이미지가 동일한 것을 확인할 수 있습니다. 이러한 타일 이미지를 이용하면 게임에서 끊임없이 이어지는 배경을 만들 수 있습니다.

그림 6.37 이미지가 자연스럽게 연결되는 타일 이미지

상상하는 배경 마음껏 생성하기

이제 여러분이 상상하는 배경을 마음껏 만들어 보세요. 영감을 떠올리는 데 도움을 드리기 위해 두 가지 예시를 더 준비했습니다.

배경 이미지의 예시 프롬프트 1

a beautiful sky, with a full sky, [콘셉트 프롬프트] --ar 16:9 --tile

그림 6.38 beautiful blue sky에서 beautiful sky로 프롬프트를 변경

a beautiful dark sky environment, with a full sky, [콘셉트 프롬프트] --no moon --ar 16:9 --tile

그림 6.39 beautiful blue sky에서 beautiful dark sky environment로 프롬프트를 변경

[2단계] 이미지 수정하기

미드저니의 매개변수 --ar 16:9를 사용해 생성한 이미지의 크기는 1456×816px로, 정확히는 16:9 비율이 아닙니다. 이는 해당 매개변수가 일부 비율에서 약간의 오차를 발생시키기 때문입니다. 이러한 문제는 미드저니 공식 문서에서도 언급돼 있으며 이 매개변수의 한계점이라고 할 수 있습니다.

그런데 실습 게임에 적용하는 배경 이미지는 앞서 언급한 것과 같이 16:9 비율이어야 하며 정확히는 1920×1080의 크기를 가져야 하므로 이미지의 크기를 확장해야 합니다. 이는 이번 실습 게임에서만 적용되는 조건으로, 실제 게임을 제작할 때는 여러분이 의도한 크기에 맞춰 제작할 수 있습니다.

ImgUpscaler에서 이미지 업스케일하기

이미지의 화질이 저하되는 것을 최소화하기 위해 우선 업스케일링을 진행한 후 크기를 조정하겠습니다. 5장에서 살펴본 ImgUpscaler 사이트를 이용하기 위해 구글 검색창에 '이미지 업스케일링'을 검색하거나 주소창에 다음 주소를 입력해 접속합니다.

▪ ImgUpscaler: https://imgupscaler.com/ko

앞으로 제작하는 이미지 리소스도 업스케일링 하는 경우가 많으므로 사이트를 계속 열어
두는 것이 좋습니다. 이미지를 업로드하고 200%로 업스케일링을 진행합니다.

업스케일링이 완료되면 [Download] 버튼을 클릭해 이미지를 내려받습니다.

그림 6.40 imgUpscaler 사이트에서 배경 이미지 업스케일링

이후 내려받은 이미지의 크기를 웹 사이트나 프로그램을 이용해 1920×1080px 크기로
조절합니다.

이미지의 크기를 16:9로 변경하기

이 책에서는 이미지의 크기 조절을 위해 iLoveImg 사이트를 이용하겠습니다. 구글 검색
창에 '이미지 크기 조절'로 검색하거나 주소창에 아래 주소를 입력해 접속합니다.

▪ **이미지 크기 조절 사이트 iLoveImg:** https://www.iloveimg.com/ko/resize-image

iLoveImg는 5장에서 이미지를 압축할 때 사용하기도 했던 사이트로, 이미지와 관련된 많
은 작업을 수행할 수 있습니다. 사이트에 접속한 다음 [여러 이미지 선택] 버튼을 클릭하
고 원하는 이미지를 선택하거나 이미지를 드래그 앤 드롭해 업로드합니다.

그림 6.41 iLoveImg 이미지 조절 사이트

이미지를 업로드하면 크기 조절 옵션이 나타납니다. 먼저 [가로 세로 비율 유지 옵션]을 비활성화하고 너비와 높이 값을 각각 1920과 1080으로 입력합니다. 그다음 [여러 이미지 크기 조절] 버튼을 클릭해 이미지의 크기를 조절합니다.

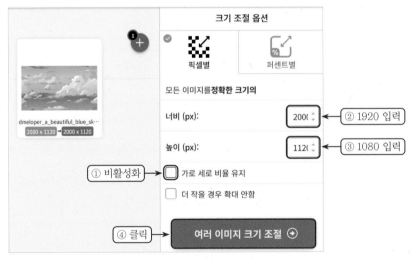

그림 6.42 배경 이미지의 크기 조절

이미지 용량 압축 및 저장하기

마지막으로 프로젝트 용량을 줄이기 위해 이미지의 용량을 압축하겠습니다. 이 과정은 이미지 리소스의 효율적인 용량 관리를 위한 연습입니다. 필수는 아니므로 생략해도 괜찮습니다.

iLoveImg 사이트 왼쪽 상단에 있는 [모든 이미지 도구] 탭에 마우스 커서를 올리면 나타나는 메뉴에서 [이미지 압축]을 클릭합니다.

그림 6.43 iLoveImg 사이트에서 제공하는 서비스 모음

5장에서 소개한 iLoveImg의 이미지 압축 페이지가 나오면 이미지를 업로드해 압축합니다. 압축이 완료되면 이미지의 이름을 'Background (game Scene)'으로 변경하고 /image_resources/01. backgrounds 폴더에 저장합니다.

이 이미지는 실습 게임에서 게임 플레이 화면의 배경이 됩니다.

그림 6.44 배경 이미지가 적용된 실습 게임 화면

메뉴 화면에 사용할 배경 이미지 생성하기

이제 실습 게임의 메뉴 화면에서 사용할 배경 이미지를 만들 차례입니다. 지금까지 한 작업과 동일하게 미드저니로 이미지를 생성하고 크기를 1920×1080으로 조절해 배경 이미지를 만들 수 있습니다.

이 책에서는 앞서 예시로 생성한 배경 이미지 중 하나를 메인 메뉴의 배경 이미지로 사용했습니다. 메뉴에 사용할 배경 이미지는 이름을 'Background (mainMenu Scene)'으로 변경하고 /image_resources/01. backgrounds 폴더에 저장합니다.

그림 6.45 배경 화면이 적용된 실습 게임의 메인 메뉴 화면

image_resources 폴더에 저장한 이미지들은 이후 한 번에 게임에 적용할 예정이니 아직 유니티 실습 프로젝트를 실행하지 않습니다.

발판 이미지 제작하기

이제 플랫폼 게임의 핵심인 발판 이미지를 제작할 차례입니다. 발판 이미지는 바닥 발판, 작은 발판, 중간 발판, 큰 발판 총 네 가지 이미지가 필요합니다.

발판 이미지를 생성할 때 사용할 콘셉트 프롬프트는 배경을 제작할 때의 콘셉트 프롬프트와 같습니다.

콘셉트 프롬프트

in the style of neo-geo minimalism, temmie chang, 32k uhd, black paintings, cute cartoonish designs, caras ionut

[1단계] 미드저니로 이미지 생성하기

바닥 발판 이미지 만들기

바닥 발판은 실습 게임의 맨 밑바닥에 사용할 발판으로, 배경 이미지를 제작할 때와 마찬가지로 타일 이미지로 제작합니다. 타일 이미지로 제작하면 오브젝트를 가로로 늘리는 간단한 작업만으로 끊임없이 이어지는 바닥 발판을 만들 수 있어 작업량을 줄일 수 있습니다.

그림 6.46 일정한 간격으로 이어지는 바닥 발판 이미지

바닥 발판 이미지를 생성할 때 아래 핵심 프롬프트를 추가로 작성하면 원하는 결과물을 생성할 확률이 증가합니다.

바닥 발판 이미지의 핵심 프롬프트

terrain set for a 2d game, platform, side view

잔디 바닥을 생성하기 위해 grass ground 키워드와 '바닥 발판 이미지의 핵심 프롬프트'
를 함께 작성하면 다음과 같은 이미지를 생성할 수 있습니다. 이때 발판 이미지의 가로 크
기는 1024px로 제작해야 하므로 이미지를 1:1 비율로 생성하는 것이 좋습니다. 1:1 비율
은 기본값이므로 비율 변경 매개변수를 작성하지 않아도 됩니다. 이렇게 생성한 이미지는
1024×1024px 크기를 갖습니다.

바닥 발판 이미지를 생성하기 위한 프롬프트 (잔디 발판)

terrain set for a 2d game, grass ground platform, side view, [콘셉트 프롬프드]

그림 6.47 미드저니로 생성한 잔디 바닥 발판 이미지

그림 6.47을 생성할 때 사용한 프롬프트에서 굵은 글씨로 표시된 단어를 변경하면 또 다른
발판 이미지를 생성할 수도 있습니다.

바닥 발판 이미지를 생성하기 위한 프롬프트 (바위 발판)

terrain set for a 2d game, rock ground platform, side view, [콘셉트 프롬프트]

그림 6.48 잔디를 바위로 변경해 생성한 이미지

타일 형태의 발판 이미지 생성하기

배경을 제작할 때와 같은 방법으로 바닥 발판 이미지를 타일 형태로 변경해 보겠습니다. 방금 생성한 발판 이미지 중에서 마음에 드는 이미지의 변형 버튼을 클릭합니다. 이 책에서는 그림 6.47의 네 번째 이미지를 선택했습니다.

리믹스 프롬프트 창이 나타나면 프롬프트 맨 끝에 매개변수 --tile을 추가하고 [전송] 버튼을 클릭합니다.

그림 6.49 리믹스 모드에서 --tile 매개 변수를 추가

그럼 다음과 같이 이미지 양쪽이 연결되는 타일 이미지를 생성할 수 있습니다.

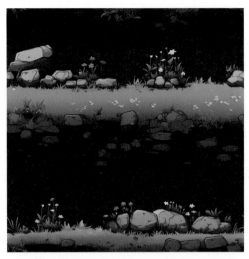
그림 6.50 타일 이미지로 새로 생성된 잔디 발판 이미지

같은 방법으로 그림 6.48 역시 타일 이미지로 변형할 수 있습니다.

그림 6.51 타일 이미지로 새로 생성된 바위 발판 이미지

이렇게 미드저니로 생성한 바닥 발판 이미지는 이후에 생성할 발판 이미지들과 함께 수정을 거쳐 게임에 적용할 예정입니다.

공중 발판 이미지 만들기

공중 발판은 게임 플레이에 직접적으로 관여하는 주요 발판으로, 세 가지 크기(작음, 중간, 큼)로 구분해 만들겠습니다.

그림 6.52 세 가지 크기의 공중 발판

공중 발판 이미지를 생성할 때 아래 핵심 프롬프트를 추가로 작성하면 원하는 결과물을 생성할 확률이 증가합니다.

공중 발판 이미지의 핵심 프롬프트

floating platform sprite sheet, set of floating platform

바닥 발판과 마찬가지로 잔디 발판을 생성하기 위해 '공중 발판 핵심 프롬프트'에 grass 키워드를 조합해 프롬프트를 작성합니다. 잔디가 아닌 다른 형태의 발판을 생성하고 싶다면 grass 대신 다른 단어를 사용할 수 있습니다. 또한 공중 발판은 배경에서 분리해 사용해야 하므로 배경색을 흰색으로 생성하는 것이 좋습니다. 이를 위해 white solid background 를 함께 작성합니다.

이렇게 하면 잔디 공중 발판이 나열된 이미지를 생성할 수 있습니다.

공중 발판 이미지를 생성하기 위한 프롬프트

floating **grass** platform sprite sheet, set of floating **grass** platform, white solid background, [콘셉트 프롬프트]

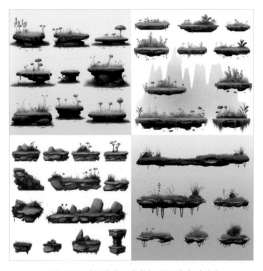

그림 6.53 미드저니로 생성한 공중 발판 이미지

이후에 이미지를 수정하는 작업을 편리하게 하려면 한 이미지에 세 가지 크기(작음, 중간, 큼)의 공중 발판이 모두 생성된 이미지가 가장 좋습니다. 그림 6.53에서는 세 번째와 네 번째 이미지가 이에 해당합니다.

이러한 이미지를 생성하지 못했다면 [새로고침](🔄) 아이콘을 클릭해 두세 번 정도 이미지를 다시 생성합니다.

그림 6.54 동일한 프롬프트로 새로운 이미지를 생성하는 버튼

이미지를 새로 생성해도 위와 같은 이미지가 생성되지 않는다면 크기별로 이미지를 따로 생성해야 합니다. 예를 들어 small이라는 단어를 추가해 이미지를 생성하면 작은 발판만 있는 이미지를 생성할 수 있습니다.

공중 발판 이미지를 생성하기 위한 프롬프트 (작은 발판)

small floating grass platform sprite sheet, set of small floating grass platform, [콘셉트 프롬프트]

그림 6.55 미드저니로 생성한 작은 발판 이미지

단어를 big으로 변경하면 큰 발판 이미지가 있는 이미지를 생성할 수 있습니다.

공중 발판 이미지를 생성하기 위한 프롬프트 (큰 발판)

big floating grass platform sprite sheet, set of big floating grass platform, [콘셉트 프롬프트]

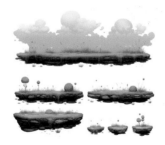

그림 6.56 미드저니로 생성한 큰 발판 이미지

이렇게 크기에 맞는 키워드를 추가함으로써 크기별로 이미지를 생성하고 이후 필요한 이미지만 추출해 사용할 수 있습니다.

TIP 나열된 이미지를 만드는 키워드

바닥 발판을 생성한 것처럼 다양한 물체가 나열된 이미지를 생성할 때는 다음 키워드를 작성하면 큰 도움이 됩니다.

1) set of ~ / ~ set for 2d game
2) ~ sprite sheet
3) ~ pack

[2단계] 이미지 수정하기

이제 미드저니로 생성한 네 개의 발판 이미지를 실습 게임에 적용할 수 있도록 수정하겠습니다.

포토샵에서 바닥 발판의 배경 제거하기

바닥 발판 이미지를 포토샵으로 불러온 다음 [Object Selection Tool](🔳)을 이용해 추출할 영역을 자동으로 선택합니다. [Object Selection Tool](🔳)은 클릭만으로 영역을 선택할 수 있지만, 이 발판 이미지처럼 복잡할 때는 대략적인 영역(직사각형 영역)을 드래그하면 좀 더 정확하게 영역을 선택할 수 있습니다.

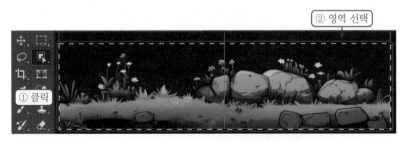

그림 6.57 Object Selection Tool로 대략적인 영역 설정

선택되지 않은 영역이 있다면 [Quick Selection Tool](🖌️)과 같은 다른 선택 도구를 활용해 나머지 영역을 추가로 선택합니다.

그림 6.58 자동으로 추가된 선택 영역

영역을 모두 선택했다면 다시 [Object Selection Tool]()을 선택한 상태에서 오른쪽
위에 있는 [Select and Mask...] 버튼을 클릭합니다.

그림 6.59 영역을 선택하고 Select and Mask 창 열기

그럼 4장에서 캐릭터 이미지
를 추출할 때 활용했던 Select
and Mask 창이 열립니다.
Select and Mask 창의 오른
쪽 Properties(속성) 패널에서
View 옵션을 [Overlay (V)]
로 변경하고 색상을 진한 빨간
색으로 설정합니다.

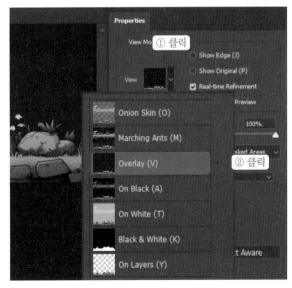

그림 6.60 View 옵션을 Overlay로 설정 후 색상을 진한 빨간색으로 설정

이제부터는 이미지의 세밀한 부분을 수정합니다. 이 이미지는 배경이 진한 녹색이므로 캐릭터를 추출할 때 흰색을 제거했던 것과 달리 진한 녹색을 제거하는 방식으로 진행합니다. 배경을 제거하는 방법은 캐릭터를 추출할 때의 방법과 같습니다[1].

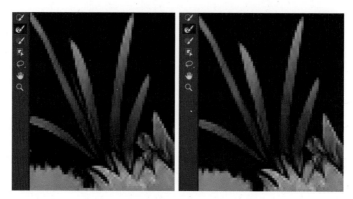

그림 6.61 오브젝트와 함께 선택된 녹색 배경을 제거한 모습

> **TIP** Select and Mask 창에서 배경 제거하기
>
> 기본적으로는 자연스럽게 녹색 영역을 제거할 수 있는 [Refine Edge Brush Tool]()을 사용하고, 해당 도구로 지워지지 않는 부분이나 매우 세밀한 부분은 [Brush Tool]()을 사용해 제거합니다.

수정을 마쳤다면 Properties(속성) 패널 오른쪽 아래에 있는 [Decontaminate Colors]를 활성화하고 Amount 값을 50%에서 80% 이내로 설정한 다음 [OK] 버튼을 눌러 적용합니다.

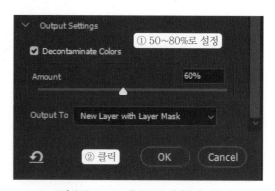

그림 6.62 Amount를 60%로 설정한 후 적용

---

1 Select and Mask 창에서 캐릭터를 추출하는 방법은 4장의 '캐릭터 이미지 추출하기' 절에서 자세히 살펴볼 수 있습니다.

그럼 수정 사항이 적용된 새로운 레이어가 생성됩니다. 해당 레이어를 마우스 오른쪽 버튼으로 클릭한 다음 [Quick Export as PNG] 메뉴를 클릭합니다. 이렇게 하면 캔버스 크기와 상관 없이 이미지 크기에 맞춰 png 형식으로 이미지를 저장할 수 있습니다.

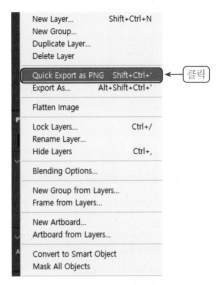

그림 6.63 레이어를 마우스 오른쪽 버튼으로 클릭하면
나타나는 Quick Export as PNG 메뉴

저장한 이미지가 타일 형태인지 확인하기

저장한 이미지를 이미지 경계선 사이트에 업로드 해 타일 이미지가 맞는지 확인합니다.

- 이미지 경계선 테스트 사이트: https://www.pycheung.com/checker

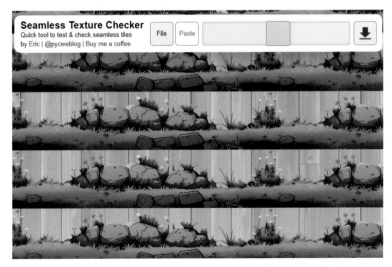

그림 6.64 이미지 경계선 사이트

발판 이미지의 크기 조정하기

타일 이미지로 올바르게 제작됐다면 다음으로 확인해야 할 것은 이미지의 크기입니다. 앞서 저장한 바닥 발판 이미지의 크기는 1024×230px입니다. 미드저니에서 이미지를 1:1비율로 생성했다면 가로 크기는 1024px로 동일하겠지만, 세로 크기는 다를 수 있습니다.

TIP 포토샵에서 추출한 이미지 크기 간단하게 확인하기

포토샵의 오른쪽 Layer(레이어) 패널에서 Ctrl[2] 키를 누른 채로 이미지를 추출해 새롭게 생긴 레이어의 마스크 썸네일을 클릭합니다. 그림 레이어 마스크에 맞춰 선택 영역이 나타납니다.

그림 6.65 Ctrl 키를 누른 상태에서 레이어의 마스크 썸네일 클릭

이 상태에서 추출한 레이어(이 예시에서는 Layer 1 copy)를 선택합니다. 이때는 Ctrl 키를 누르지 않습니다.

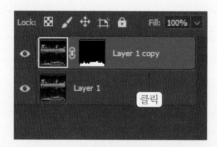

그림 6.66 레이어 선택

그럼 Layer(레이어) 패널 위쪽에 있는 Properties(속성) 패널에서 이미지의 크기를 확인할 수 있습니다.

---

2 macOS에서는 Ctrl키 대신 command 키를 사용합니다.

그림 6.67 Properties(속성) 패널에서 확인할 수 있는 이미지의 크기

이미지의 크기를 반드시 이 책과 같은 크기로 제작할 필요는 없지만, 그렇게 해야 실습 게임에 자연스럽게 적용할 수 있으므로 이 책에서 제작한 크기와 최대한 비슷하게 조절하는 것을 권장합니다.

TIP 이미지 크기를 조절하는 방법

이미지를 압축할 때 사용하는 iLoveImg 사이트에서 이미지 크기를 조절할 수 있습니다. iLoveImg 사이트에 접속한 후 왼쪽 위에 있는 [모든 이미지 도구]-[이미지 크기 조절]을 클릭합니다.

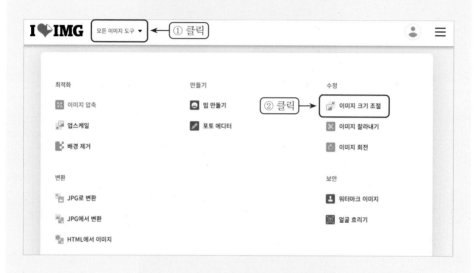

이미지 크기 조절 화면이 나타나면 [여러 이미지 선택] 버튼을 클릭해 이미지를 업로드합니다.

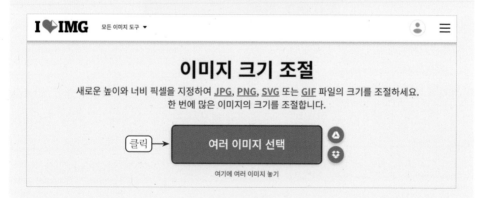

이미지가 업로드되면 오른쪽에 있는 너비와 높이를 이 책에서 제작한 이미지 크기와 동일하게 설정합니다. 이 예시에서는 크기가 1024×150인 바닥 발판 이미지를 1024×230px로 변경해 보겠습니다.

너비는 동일하므로 그대로 두고 높이를 230으로 변경한 후 [여러 이미지 크기 조절] 버튼을 클릭합니다.

작업이 완료되면 [조절된 크기의 이미지 다운로드] 버튼을 클릭해 크기가 조절된 이미지를 내려받을 수 있습니다.

만약 이 과정에 어려움을 겪거나 크기를 조절한 이미지가 마음에 들지 않는다면 이미지 크기를 조절하지 않고 그대로 사용해도 괜찮습니다.

이미지 용량 압축 및 저장하기

마지막으로 iLoveImg 사이트에서 이미지의 용량을 압축하면 바닥 발판 이미지는 완성입니다.

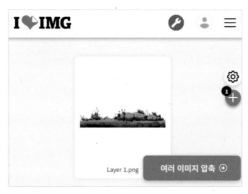

그림 6.68 iLoveImg 사이트에서 바닥 발판 이미지 용량 압축

> **TIP** 유니티 이미지 용량 압축 팁
>
> 유니티가 제공하는 효율적인 압축 포맷을 적용하려면 이미지 리소스의 가로와 세로 크기가 4의 배수여야 합니다. 가로와 세로의 길이는 동일하지 않아도 되며, 4의 배수에 해당하기만 하면 됩니다.
>
> 이번 실습에서는 중요한 부분이 아니므로 생략하지만, 실제 게임을 제작할 때는 게임 성능을 위해 이미지의 가로와 세로 크기까지 고려해 제작하는 것이 좋습니다.

압축한 파일의 이름을 'Bottom Platform'으로 변경하고 /image_resources/02.platforms에 저장합니다.

공중 발판 이미지 업스케일하기

이미지의 가로 크기 전체를 차지하는 바닥 발판 이미지와 달리 공중 발판 이미지는 여러 발판이 한 이미지에 나열돼 있기 때문에 바닥 발판에 비해 품질이 떨어질 수 있습니다. 그러므로 먼저 업스케일링을한 다음 추출 작업을 진행하겠습니다.

ImgUpscaler 사이트에 접속해 공중 발판을 추출할 이미지를 업로드하고 [200%]를 선택한 다음 업스케일링을 진행합니다.

그림 6.69 미드저니로 생성한 공중 발판 이미지를 ImgUpscaler에서 업스케일링

한 이미지에 세 가지 크기의 공중 발판이 모두 있다면 이미지 하나로 모든 업스케일링 작업을 완료할 수 있지만, 그렇지 않은 경우에는 각 이미지를 개별적으로 업스케일링 해야 하므로 작업량이 늘어날 수 있습니다.

포토샵에서 공중 발판의 배경 제거하기

업스케일링이 완료된 이미지를 포토샵으로 불러온 다음 [Object Selection Tool](🔲)을 사용해 추출하고자 하는 발판 이미지를 선택합니다.

그림 6.70 Object Selection Tool로 발판 선택

발판 이미지에 영역이 선택되면 오른쪽 상단에 있는 [Select and Mask...] 버튼을 클릭합니다.

그림 6.71 이미지를 추출하기 위해 Select and Mask 버튼 클릭

바닥 발판을 추출할 때와 마찬가지로 세밀한 부분을 모두 수정합니다. 수정을 마치면 [Decontaminate Colors] 옵션을 활성화하고 Amount 값을 50%에서 80% 이내로 설정한 후 [OK] 버튼을 눌러 적용합니다.

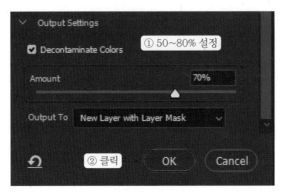

그림 6.72 Amount를 70%로 설정한 후 적용

새로 추가된 레이어를 마우스 오른쪽 버튼으로 클릭하고 [Quick Export as PNG] 메뉴를 클릭해 저장합니다.

그림 6.73 발판 이미지를 png 파일로 저장

같은 방법으로 작은 크기와 중간 크기의 공중 발판도 제작합니다.

그림 6.74 추출이 완료된 세 가지 크기의 공중 발판

이미지 크기 조절하기

이 책에서 만든 각 공중 발판의 크기는 아래 표와 같습니다. 가능한 한 해당 크기에 맞춰 제작하는 것이 좋겠지만, 완벽하게 같은 크기로 만드는 것은 불가능하므로 대략 비슷한 크기로 만듭니다(100px 정도의 오차범위는 허용됩니다). 거듭 강조하지만 이는 실습 게임에 한해서 자연스럽게 이미지를 변경하기 위한 조건이므로 실제 게임을 개발할 때는 다른 크기로 제작해도 문제 없습니다.

공중 발판 종류	이미지 크기
큰 발판	1318×402
중간 발판	872×373
작은 발판	437×243

표 6.2 발판 이미지별 크기

이미지 크기를 조절하는 방법은 여러 가지가 있지만 가장 간단한 방법을 살펴보겠습니다. 다음 그림은 미드저니로 생성한 또 다른 공중 발판 이미지입니다. 이 이미지에서 중간 발판 이미지를 제작해 보겠습니다.

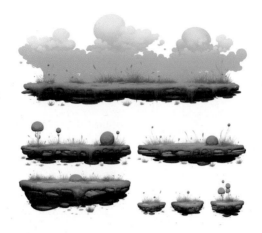

그림 6.75 미드저니로 생성한 또 다른 잔디 발판 이미지

발판 하나를 배경에서 분리한 다음 [Quick Export as PNG] 메뉴를 클릭해 저장합니다.

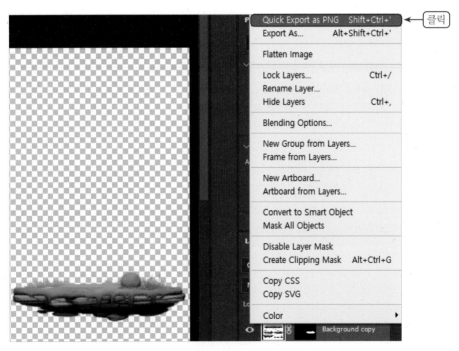

그림 6.76 추출한 발판을 png 파일로 저장

저장한 이미지를 새로운 프로젝트로 불러옵니다. 이렇게 하면 새로 추출한 이미지 크기에 맞춰 캔버스 크기가 설정됩니다. 이미지 크기를 변경하기 위해 포토샵 상단 메뉴에서 [Image] – [Image Size...]를 클릭합니다.

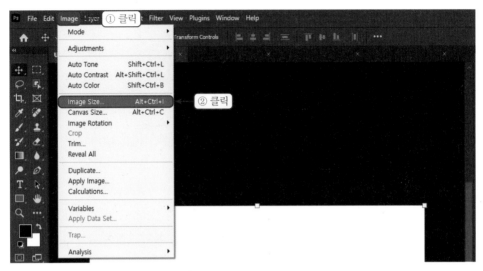

그림 6.77 이미지 크기 조절을 위해 Image Size 창 열기

Image Size 창이 열리면 이미지의 비율을 고정하는 [비율 고정]( ) 아이콘을 클릭해 활성화합니다. 그다음 Width(너비)에 중간 발판의 가로 길이인 872를 입력합니다. 그럼 비율에 맞춰 Height(높이)도 314로 변경됩니다.

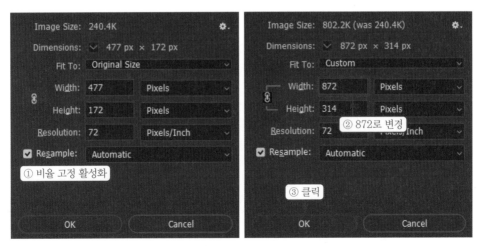

그림 6.78 이미지 크기 조절

[OK] 버튼을 눌러 변경 사항을 저장하면 중간 발판과 얼추 비슷한 크기의 발판 이미지를 만들 수 있습니다.

그림 6.79 비슷한 크기로 제작된 새로운 잔디 발판 이미지

이 예시에서는 발판 크기를 맞추기 위해 이미지를 확대했습니다. 그런데 이와 같은 방식으로 이미지의 크기를 확대하면 손실이 많이 발생합니다. 그러므로 배경 이미지를 제작할 때처럼 업스케일링을 먼저 진행한 다음 이미지를 축소하는 것이 화질의 손실을 최소화할 수 있는 방법입니다.

앞서 살펴본 예시에 업스케일링 과정을 추가하면 최종적으로 다음의 단계를 따라 이미지 크기를 조절할 수 있습니다.

1. 발판 이미지를 추출한다.
   원본 이미지 크기: 477×172px

2. 추출한 이미지를 업스케일링 한다. (1번과 순서 변경 가능)
   2배 업스케일링한 경우의 이미지 크기: 954×344px

3. 업스케일링한 이미지를 발판 크기에 맞춰 조절한다.
   너비에 맞춰 축소한 경우의 이미지 크기: 872×314px

이미지 용량 압축 및 저장하기

이와 같은 방법으로 세 종류의 공중 발판 이미지를 제작했다면 마지막으로 iLoveImg 사이트에서 용량을 압축해 완성합니다. 각 파일의 이름을 크기별로 'Large', 'Medium', 'Small'로 변경하고 바닥 발판을 저장한 경로 /image_resources/02. platforms에 저장합니다.

> **TIP** 스테이블 디퓨전을 활용해 이미지 수정하기
>
> 스테이블 디퓨전을 활용하면 이미지에서 마음에 들지 않는 부분을 자연스럽게 제거하거나 추가할 수 있습니다. 미드저니로 생성한 큰 발판 이미지에서 불필요한 바위들을 제거해 보겠습니다.

그림 6.80 바위가 눈에 띄는 발판 이미지

Sumo 웹 사이트에 접속해 큰 발판 이미지를 512×512 크기로 변경합니다. Sumo 웹 사이트를 이용하는 방법은 155쪽 '이미지 크기를 512×512로 고정하기'를 참고합니다.

- Sumo: https://sumo.app/

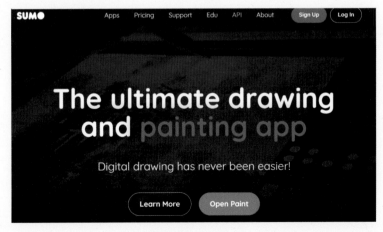

그림 6.81 Sumo 웹 사이트

크기를 변경한 이미지는 이미지 편집 프로그램 또는 사이트를 활용해 바위를 지우고 색을 채웁니다.

그림 6.82 바위를 제거하고 단색으로 채운 발판 이미지

코랩에서 스테이블 디퓨전을 실행하고 기본 환경 설정을 마친 다음 '이미지 → 이미지' 기능에 수정한 발판 이미지를 업로드합니다. 환경 설정 방법은 121쪽 '게임 이미지 제작에 특화된 스테이블 디퓨전 환경 설정'을 참고합니다.

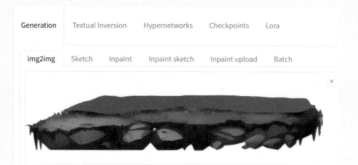

그림 6.83 스테이블 디퓨전 '이미지 → 이미지'에 발판 이미지 업로드

프롬프트 입력란에 '2D platform game, floating grass platform'을 작성한 뒤 이미지를 생성합니다.

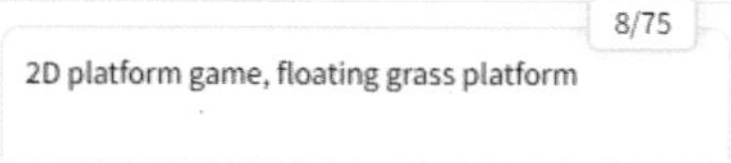

8/75

2D platform game, floating grass platform

그림 6.84 발판 이미지 생성을 위한 프롬프트

디노이즈 강도를 변경해 가며 다양한 대안을 살펴봅니다.

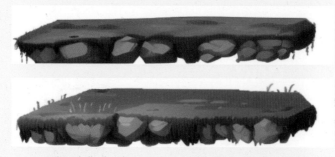

그림 6.85 디노이즈 강도 0.35, 0.5로 생성한 새로운 잔디 발판 이미지

사다리 이미지 제작하기

캐릭터를 제작하는 단계로 넘어가기 전에
플레이어가 매달리기 위한 사다리 이미지를
추가로 제작해 보겠습니다.

그림 6.86 실습 게임에서 플레이어가 매달릴 수 있는 사다리

이 책에서는 넝쿨이 있는 사다리를 제작하기 위해 plant vine ladder라는 단어를 사용했
으며, 나열된 이미지를 생성하기 위한 키워드도 함께 작성했습니다.

사다리 이미지를 생성하기 위한 프롬프트

plant vine ladder sprite sheet, set of plant vine ladder, [콘셉트 프롬프트]

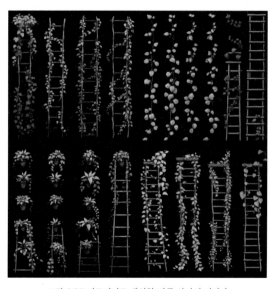

그림 6.87 미드저니로 생성한 넝쿨 사다리 이미지

미드저니로 이미지를 생성한 다음 발판 이미지를 제작할 때와 같은 방법으로 원하는 이미지를 추출하고, 크기를 201×923px로 조절합니다. 크기는 완전히 같지 않아도 되지만 오차 범위 30px 이내로 제작하는 것이 좋습니다.

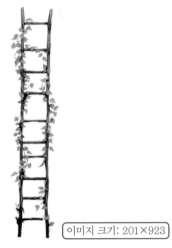

이미지 크기: 201×923

그림 6.88 제작을 마친 넝쿨 사다리 이미지

제작이 완료되면 파일의 이름을 'Ladder'로 변경하고 /image_resources/02. platforms 에 저장합니다.

캐릭터 이미지 제작하기

이어서 게임의 주인공이 될 플레이어 캐릭터와 몬스터 이미지를 제작할 차례입니다. 콘셉트 프롬프트는 이전과 동일하며 잊지 않도록 한 번 더 살펴보겠습니다.

콘셉트 프롬프트

in the style of neo-geo minimalism, temmie chang, 32k uhd, black paintings, cute cartoonish designs, caras ionut

만능 템플릿의 구조도 다시 한번 살펴보겠습니다.

만능 템플릿 (/describe로 콘셉트 프롬프트를 설정한 경우)

(이미지 종류), (추가 프롬프트), (콘셉트 프롬프트)

[1단계] 미드저니로 이미지 생성하기

플레이어 캐릭터 이미지 만들기

만능 템플릿을 활용해 플레이어 캐릭터 이미지를 생성해 보겠습니다. 캐릭터 이미지를 생성하기 위해 character design을 작성하고, 귀여운 남자아이 캐릭터를 만들기 위해 a young boy character를 추가로 작성했습니다. 또한 2D 시점에 맞춰 캐릭터가 옆면을 바라보는 구도로 생성하기 위해 side view 키워드를 작성했습니다. 마지막으로 배경을 흰색으로 생성하기 위해 white solid background도 추가합니다.

플레이어 캐릭터 이미지를 생성하기 위한 프롬프트

character design, a young boy character, side view, white solid background, [콘셉트 프롬프트]

그림 6.89 미드저니로 생성한 캐릭터 이미지

캐릭터 이미지를 만들 때 유용한 프롬프트

캐릭터 이미지를 만들 때 유용한 프롬프트는 66쪽 '리소스별 만능 템플릿 작성 방법'에 있는 표 2.6 과 77쪽 '게임 캐릭터 이미지 만들기'에서 확인할 수 있습니다.

마음에 드는 캐릭터 이미지가 생성됐다면 [U-(숫자)] 버튼을 클릭해 하나의 이미지로 분리한 후 저장합니다. 비율을 변경하지 않았다면 이미지의 크기는 1024×1024px이며 별도로 업스케일링을 진행하지 않습니다. 이 책에서는 첫 번째 캐릭터 이미지를 사용하기 위해 [U1] 버튼을 클릭한 다음 이미지를 저장했습니다.

그림 6.90 네 장의 이미지에서 분리된 캐릭터 이미지

스테이블 디퓨전으로 캐릭터의 다양한 버전 생성하기

먼저 Sumo 사이트에서 캐릭터 이미지를 512×512px 크기로 변경합니다. 스테이블 디퓨전의 이미지 → 이미지에 512×512px 크기로 변경한 캐릭터 이미지를 업로드 합니다.

그림 6.91 스테이블 디퓨전의 이미지 → 이미지
에 캐릭터 이미지 업로드

프롬프트 입력란에 game character, a young boy character를 입력한 다음 이미지를 생성합니다.

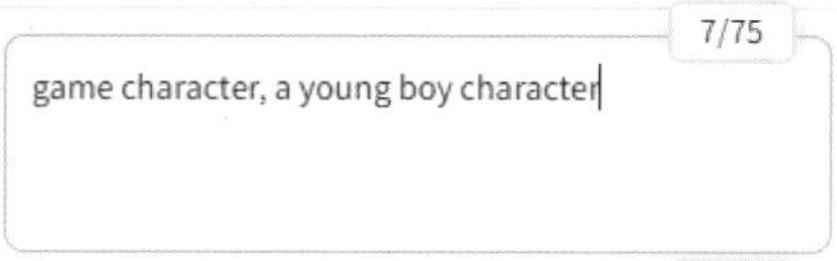

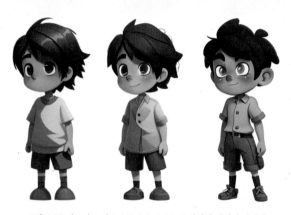

그림 6.92 새로운 캐릭터를 생성하기 위한 프롬프트

디노이즈 강도를 변경해 가며 다양한 대안을 살펴봅니다.

그림 6.93 디노이즈 강도 0.3, 0.4, 0.6으로 생성한 캐릭터 이미지

[2단계] 이미지 수정하기

포토샵에서 캐릭터의 배경 제거하기

저장한 이미지를 포토샵으로 불러온 다음 발판 이미지를 제작할 때와 같은 방법으로 배경에서 캐릭터를 추출합니다. 추출한 이미지는 파일명을 'Player'로 변경하고 png 형식으로 저장합니다.

그림 6.94 포토샵에서 배경을 제거하고 캐릭터 추출하기

캐릭터 이미지의 애니메이션

캐릭터 이미지를 실습 게임에 적용하는 방법은 크게 두 가지로 나눌 수 있습니다. 첫 번째 방법은 추출한 이미지를 그대로 사용하는 것이고, 두 번째 방법은 뼈대 이미지로 분리해 사용하는 것입니다. 두 방법의 주된 차이는 본(Bone) 애니메이션을 적용할 수 있는지에 있습니다.

첫 번째 방법은 시간을 많이 절약할 수 있는 대신에 캐릭터의 애니메이션을 구현할 수 없으므로 결과물이 밋밋해 보일 수 있습니다. 반면 두 번째 방법은 작업량이 늘어나고 조금 복잡한 과정을 거쳐야 하지만, 캐릭터의 자연스러운 애니메이션을 구현할 수 있습니다.

그림 6.95 애니메이션이 없는 캐릭터(왼쪽)와 애니메이션이 적용된 캐릭터(오른쪽)

필자가 권장하는 방법은 뼈대 이미지로 분리해 사용하는 것이지만, 이 과정은 복잡하고 어려워 시간이 많이 소요될 수 있습니다. 그러므로 처음부터 뼈대 이미지로 제작하는 것보다는 다음의 과정을 따라 실습을 진행하는 것이 좋습니다.

1. 실습 처음에는 추출한 이미지를 그대로 사용하는 첫 번째 방법으로 캐릭터 이미지를 제작합니다.

2. 모든 이미지 리소스 제작을 마치고, 게임에 적용했을 때 캐릭터가 전체적인 분위기와 잘 어울린다면 그때 캐릭터 이미지를 뼈대 이미지로 다시 제작합니다.

3. 캐릭터가 게임 분위기에 어울리지 않으면 새로운 캐릭터를 생성하고, 위 과정을 반복합니다.

유니티에서 2D 이미지의 애니메이션을 구현할 때는 캐릭터의 움직임을 프레임 단위로 제작해 연속적으로 재생하는 방법과 본 애니메이션을 활용하는 방법이 있습니다.

그림 6.96 애니메이션을 구현하기 위한 스프라이트 시트 이미지와 뼈대 이미지

이번 실습에서는 본 애니메이션을 활용하기 위해 뼈대 이미지를 제작하겠습니다. 이 방법은 한 장의 이미지로 원하는 애니메이션을 빠르게 구현할 수 있다는 장점이 있습니다. 또한 실습 게임에는 필자가 미리 만들어둔 캐릭터 애니메이션 파일이 있기 때문에 캐릭터를 뼈대 이미지로 제작하는 것만으로도 간편하게 캐릭터의 애니메이션을 구현할 수 있습니다.

다만 앞서 언급했듯이 뼈대 이미지를 만드는 것은 간단한 작업이 아니므로 우선 이미지를 그대로 사용하는 방법부터 살펴보겠습니다.

추출한 이미지를 그대로 사용하기

이 방법은 말 그대로 추출한 이미지를 바로 게임에 적용하는 것이므로 별도로 진행할 다른 작업은 없습니다. 파일의 용량을 최적화하기 위해 iLoveImg 사이트에서 압축을 진행합니다.

압축을 완료한 캐릭터 파일의 이름을 'Player'로 변경하고 /image_resources/03.characters에 저장합니다.

이후에 모든 이미지 리소스를 실습 게임에 적용하고 나면 애니메이션이 없는 캐릭터의 움직임이 밋밋한 것을 느낄 수 있습니다. 그럼 다시 이 단계로 돌아와 캐릭터를 뼈대 이미지로 변경하고 골격 애니메이션을 적용하면 됩니다.

캐릭터를 뼈대 이미지로 변경하기

추출한 캐릭터의 이미지 또는 용량을 압축한 캐릭터 이미지를 포토샵으로 불러옵니다.

그림 6.97 포토샵으로 불러온 캐릭터 이미지

이제 캐릭터의 신체를 각각 다른 레이어로 분리해야 합니다. 신체 부위를 세부적으로 분리하면 더욱 자연스러운 애니메이션을 구현할 수 있지만, 부위가 많아질수록 실습 과정이 어렵고 복잡해지므로 반드시 필요한 신체 부위만 분리하겠습니다.

분리해야 하는 신체 부위는 다음과 같습니다.

머리, 목, 몸통, 팔(좌우), 다리(좌우)

가장 먼저 머리부터 분리해 보겠습니다. [Object Selection Tool](🖱)을 선택한 상태로 캐릭터의 머리 주변 영역을 드래그해 선택합니다. 그럼 머리 형태에 맞게 대략 영역이 선택됩니다. 이처럼 배경에서 특정 물체를 추출할 때 자주 사용한 [Object Selection Tool](🖱)은 신체 부위를 분리할 때도 유용하게 활용할 수 있습니다.

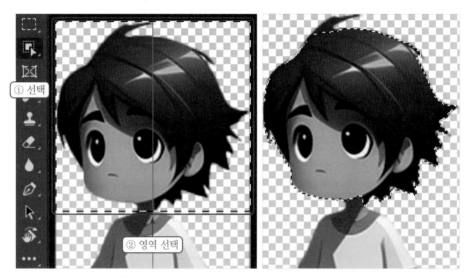

그림 6.98 Object Selection Tool을 사용해 캐릭터의 머리 영역 선택

선택되지 않은 영역이 있다면 다른 선택 도구를 활용해 추가로 영역을 선택하고 불필요한 영역이 있다면 해당 부분을 제거합니다. 형태에 맞게 영역을 선택했다면 원본 이미지에서 머리를 추출합니다. 필자가 이미지를 분리할 때 자주 사용하는 방법은 다음과 같습니다.

복사 단축키(Ctrl + C[3])를 눌러 선택 영역의 이미지를 복사하고 제자리에 붙여 넣는 단축키(Ctrl + Shift + V)로 그 자리에 신체 부위를 붙여 넣습니다. 이렇게 하면 원본 이미지를 유지한 상태로 원하는 신체 부위를 새로운 레이어로 추출할 수 있습니다.

---

3 macOS에서는 Ctrl + C키 대신 command + C키를 사용합니다.

Alt 키[4]를 누른 채 추출한 신체 레이어의 [눈 모양 아이콘]을 클릭하면 해당 신체 부위만 살펴볼 수 있습니다.

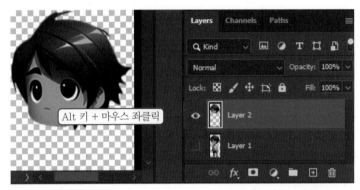

그림 6.99 머리 레이어만 활성화

새로 추출한 레이어의 이름 부분을 마우스로 더블 클릭하고 해당 신체 부위(머리)에 맞게 'Head'로 변경합니다.

그림 6.100 추출한 머리 레이어의 이름을 Head로 변경

실습을 원활하게 진행하기 위해 앞으로 추출하는 각 신체 부위의 레이어 이름은 다음과 같이 설정합니다.

신체 부위	레이어 이름
머리	Head
몸통	Body
왼팔	ArmL
오른팔	ArmR
왼쪽 다리	LegL
오른쪽 다리	LegR

표 6.3 뼈대 이미지를 제작하기 위한 신체 부위 레이어의 이름

---

4   macOS에서는 Alt 키 대신 option 키를 사용합니다.

골격 애니메이션은 이처럼 신체 부위로 분리된 각 이미지를 개별적으로 움직여 구현합니다. 따라서 각 신체 부위를 분리할 때 다른 신체 부위와 연결되는 부분이 자연스럽게 이어지도록 제작해야 합니다. 각 신체 부위를 제작하는 과정을 살펴보면서 자세히 알아보겠습니다.

캐릭터의 몸통은 목과 어깨 일부분, 허리를 함께 선택합니다. 이때 다른 신체 부위가 몸을 가릴 때에는 해당 부분이 가려지지 않은 모습을 상상하며 새롭게 채워야 합니다. 즉, 아래 그림에서 몸통을 선택할 때는 팔에 가려진 부분을 함께 선택하고 추출합니다. 추출을 하고 나서는 가려져 있는 영역을 주변 색으로 채웁니다.

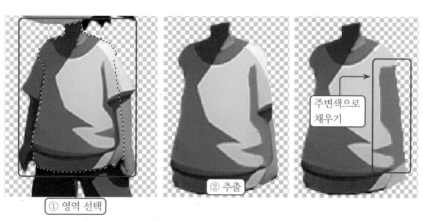

그림 6.101 몸통 분리 후 팔에 가려져 있던 몸통 부분을 주변 색으로 채우기

이어서 팔을 분리할 때는 어깨를 함께 선택하는 것이 자연스럽습니다.

그림 6.102 팔은 어깨와 함께 선택

팔과 다리는 분리하고 나서 이름을 변경할 때 좌우 위치를 구분해야 합니다. 이때 좌우 위치는 캐릭터가 아닌 우리가 바라보는 방향을 기준으로 합니다. 즉 아래와 같이 캐릭터가 어느 방향을 보고 있더라도 우리가 바라보는 시점을 기준으로 팔의 위치를 설정합니다.

그림 6.103 캐릭터가 바라보는 방향과 상관없이 우리가 바라보는 시점으로 오른쪽 구분

이 캐릭터의 왼쪽 팔은 몸에 가려져 있으므로 몸통을 제작할 때와 마찬가지로 가려진 부분을 상상해 채웁니다.

그림 6.104 몸통에 가려져 있던 팔 부분을 색으로 채우기

마지막으로 캐릭터의 다리를 분리하면 모든 뼈대 이미지가 완성됩니다. 다리는 걷는 애니메이션을 적용했을 때 허리와 분리되는 것처럼 보일 수 있으므로 몸통에 가려지는 부분을 조금 길게 제작하는 것이 좋습니다.

허리와 분리된 것처럼 보이는 다리

그림 6.105 몸통과 다리가 벌어지는 현상

따라서 다음과 같이 허벅지 부분을 동일한 색상으로 채워 확장합니다.

허벅지와 동일한 색상으로 확장

다리가 분리되지 않는 모습

그림 6.106 몸통 부분으로 확장한 허벅지 부분과 게임에 적용한 모습

모든 신체 부위를 분리했다면 레이어의 순서를 변경해 원본 이미지와 동일하게 보이도록 수정해야 합니다. 포토샵에서는 상단에 있는 레이어가 하단에 있는 레이어보다 앞에 표시됩니다. 즉 레이어의 순서를 밖으로 보여지는 신체, 다른 신체에 가려지는 신체 순으로 배치합니다.

다음 캐릭터 이미지의 경우에는 우리가 바라보는 기준으로 왼쪽 팔이 몸에 가려지고 오른쪽 팔이 밖으로 나와 있으므로 오른팔-몸-왼팔 순서로 배치합니다. 마찬가지로 다리는 몸에 가려지므로 몸-다리 순서로 배치합니다.

예시 캐릭터 이미지의 레이어 순서를 정리하면 다음과 같습니다.

(머리–오른팔–몸–왼팔–왼쪽 다리–오른쪽 다리)

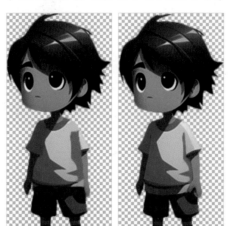

그림 6.107 포토샵 레이어 순서를 원본 이미지와 동일하게 보이도록 순서 수정

완성된 뼈대 이미지는 유니티에서 사용할 수 있도록 PSB 파일[5]로 저장합니다. 상단 메뉴에서 [File] – [Save As…]를 클릭해 파일을 저장하기 위한 창을 엽니다.

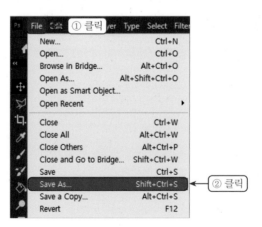

그림 6.108 파일을 저장하기 위한 Save As 창 열기

---

5 PSB(Photoshop Big)는 포토샵의 대용량 파일을 저장하는 포맷입니다. 실습에서 다루는 이미지는 용량이 크지 않아 기본 포맷인 PSD로 저장할 수 있지만, 유니티는 오직 PSB 파일만 지원합니다.

Save As 창이 열리면 파일 이름을 'Player'로 입력하고 파일 형식을 [Large Document Format (*.PSB)]로 선택한 다음 /image_resources/03. characters 경로에 저장합니다.

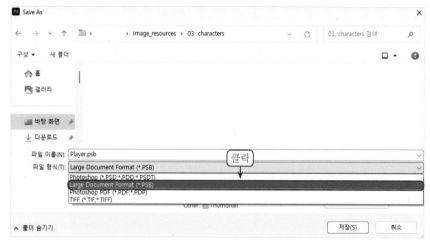
그림 6.109 뼈대 이미지를 PSB 형식으로 저장

몬스터 이미지 제작하기

플레이어 캐릭터를 만든 방법과 같은 방법으로 몬스터 이미지를 제작합니다. 이미지를 그대로 사용한다면 png 형식으로 저장하고, 뼈대 이미지로 제작했다면 PSB 형식으로 저장합니다. 파일 이름은 'Monster'로 변경하고 플레이어 캐릭터와 동일하게 /image_resources/03. characters에 저장합니다.

그림 6.110 플레이어 캐릭터와 같은 방법으로 제작한 몬스터 이미지

UI 이미지 제작하기

이번 절에서는 게임의 시작 메뉴와 일시 정지 창 그리고 버튼과 같은 UI 이미지를 제작해 보겠습니다. 실습 게임에 필요한 UI 이미지는 다음 표와 같이 총 네 가지이며, 각 이미지 파일의 이름을 '파일명'에 맞게 변경한 다음 /image_resources/04. ui에 저장합니다.

명칭	역할	파일명	미리보기 그림
원형 버튼	원형 모양의 버튼입니다.	Button (Circle)	
직사각형 버튼	직사각형 모양의 버튼입니다. 메뉴 창의 제목을 나타낼 때도 사용됩니다.	Button (Rectangle)	
메뉴 창	일시 정지 창, 게임오버 창 등 다양한 메뉴 창으로 사용됩니다.	Window	
게임 제목 창	게임 시작 화면 정중앙에 표시할 제목 창입니다	Title Window	

표 6.4 실습 게임에 필요한 UI 이미지 목록

UI 이미지는 유니티에서 자연스럽게 크기를 조절할 수 있습니다. 그러므로 다른 이미지 리소스처럼 이 책에서 제작한 크기에 맞춰 만들 필요는 없으며, 형태만 비슷하게 제작해도 무방합니다.

[1단계] 미드저니로 이미지 생성하기

UI 이미지 만들기

2장에서 언급한 것처럼 UI 이미지를 생성할 때는 프롬프트를 간결하게 작성하는 것이 특히 중요합니다. 이는 프롬프트가 짧을수록 각 단어의 비중이 커지기 때문인데, 프롬프트가 길어질수록 UI 요소보다는 풍경이나 배경 요소가 늘어날 수 있습니다.

이러한 특징은 우리가 UI 이미지를 생성하는 데에도 문제를 일으킬 수 있습니다. 지금까지 사용해 온 콘셉트 프롬프트의 길이가 꽤나 길기 때문입니다.

콘셉트 프롬프트

in the style of neo-geo minimalism, temmie chang, 32k uhd, black paintings, cute cartoonish designs, caras ionut

이 콘셉트 프롬프트에 UI 이미지 생성을 위한 키워드를 작성하면 각 키워드가 갖는 비중이 낮아져 원하는 이미지를 생성할 확률이 낮아집니다. 실제로 위 콘셉트 프롬프트를 활용해 UI 이미지를 생성해 보면 다음 그림과 같이 부자연스러운 이미지가 생성되는 것을 알 수 있습니다.

UI 이미지를 생성하기 위한 프롬프트 (콘셉트 프롬프트를 그대로 활용)

ui design, main menu ui, interactive buttons, in the style of neo-geo minimalism, temmie chang, 32k uhd, black paintings, cute cartoonish designs, caras ionut --niji 5

그림 6.111 배경, 캐릭터 이미지와 조화를 이루지 못하는 그래픽 스타일

특히 더 문제가 되는 부분은 위 이미지는 실습 게임의 그래픽과 전혀 어울리지 않는다는 것입니다. 이러한 문제를 해결하려면 콘셉트 프롬프트를 변경하는 것이 좋습니다. 이때 새롭게 변경하는 콘셉트 프롬프트가 기존의 그래픽 스타일과 잘 어우러질 수 있도록 설정합니다.

게임의 그래픽 콘셉트가 공상과학에 가깝다면 sc-fi를, 만화 같은 스타일이라면 cartoon을 사용할 수 있습니다.

TIP 그래픽 콘셉트를 설정하기 위한 프롬프트

그래픽 콘셉트를 설정하기 위한 프롬프트는 59쪽 '그래픽 콘셉트 설정하기'에서 확인할 수 있으며, 예시 사진과 키워드도 함께 살펴볼 수 있습니다.
이 책에서는 지금까지 생성한 배경과 캐릭터 이미지를 토대로 콘셉트 프롬프트를 다음과 같이 새로 설정했습니다.

UI 이미지 제작에 사용할 콘셉트 프롬프트

fantasy cartoon

콘셉트 프롬프트를 새로 설정하는 것이 어렵게 느껴진다면 다양한 키워드를 섞어가며 기존의 그래픽 스타일과 어울리는 프롬프트를 찾는 것이 좋습니다. 이 책에서도 이 방법을 통해 minimalism, fantasy, cartoon 등 다양한 키워드를 섞어서 이미지를 몇 장 생성한 후 최적의 프롬프트를 찾아 fantasy cartoon으로 설정했습니다.

한 가지 명심해야 할 점은 이렇게 콘셉트 프롬프트를 변경해야 하는 경우는 /describe 명령어로 콘셉트 프롬프트를 설정했을 때만 해당한다는 것입니다. 처음부터 sc-fi 혹은 fantasy와 같은 키워드로 콘셉트 프롬프트를 설정했다면 이러한 문제점이 발생하지 않습니다.

그럼 처음부터 /describe 명령어로 콘셉트 프롬프트를 설정하지 않는 것이 더 좋은 방법처럼 보이지만, 그렇지는 않습니다. /describe 명령어로 콘셉트 프롬프트를 설정하는 것은, 그 목적 자체가 특정 게임의 그래픽 스타일을 흉내 내는 것에 있으므로 원하는 그래픽 스타일의 이미지를 간편하게 제작할 때 매우 효과적입니다. 그 대신 /describe 명령어를 사용한 이미지에 포함되지 않은 요소를 제작할 때는 정확도가 떨어진다는 단점이 있습니다. 이번 실습에서 사용한 이미지처럼 들판과 푸른 하늘이 어우러진 이미지에서 추출한 콘셉트 프롬프트는 하늘이나 나무 등 기존에 존재하던 요소를 생성할 때 매우 효과적이지만, UI나 아이콘과 같이 이미지에 포함돼 있지 않았던 요소를 생성할 때는 정확도가 떨어집니다.

따라서 이번 실습을 마치고 새로운 그래픽 콘셉트를 가진 게임을 제작하고자 한다면 처음부터 /describe 명령어 없이 콘셉트 프롬프트를 제작하는 방법을 선택할 수도 있습니다. 또는 이번 실습처럼 특정 게임의 그래픽 스타일에서 영감을 얻고자 하는 리소스는 /describe 명령어로 콘셉트 프롬프트를 사용해 제작하고 그 외의 리소스는 새로운 콘셉트 프롬프트로 사용하는 방법이 있습니다.

이 두 가지 방법 외에도 원하는 그래픽 스타일을 가진 게임의 배경과 캐릭터, UI, 아이콘을 제작하는 단계마다 새롭게 /describe 명령어를 사용해 매번 다른 콘셉트 프롬프트로 활용하는 방법도 있을 수 있습니다. 정해진 정답은 없으며 여러분이 원하는 방법을 선택해 잘 활용할 수만 있다면 게임의 이미지 리소스를 제작하는 것에는 문제가 없습니다.

새로운 프롬프트는 이제 기본 만능 템플릿 구조를 따릅니다.

만능 템플릿

(콘셉트 프롬프트) game art, (이미지 종류), (추가 프롬프트)

새로 설정한 콘셉트 프롬프트를 활용해 본격적으로 UI 이미지를 제작해 보겠습니다. 다양한 버튼을 생성하기 위해 interactive buttons 라는 키워드를 추가하고, 게임 분위기와 어울리는 일러스트레이션 스타일을 위해 --niji 5 매개변수를 함께 작성했습니다.

UI를 생성하기 위한 프롬프트

fantasy cartoon game art, ui design, main menu ui, interactive buttons --niji 5

그림 6.112 미드저니로 생성한 UI 이미지

TIP UI 이미지를 만들 때 유용한 프롬프트

UI 이미지를 만들 때 유용한 프롬프트는 66쪽 '리소스별 만능 템플릿 작성 방법'에 있는 표 2.7과 82쪽 '게임 UI용 이미지 만들기'에서 확인할 수 있습니다.

생성한 이미지에서 추출할 수 있는 UI 요소를 살펴보겠습니다. 그림 6.112에서는 2번과 3번 사진에서 '메뉴 창'과 '직사각형 버튼'을 추출할 수 있습니다. 1번과 3번, 4번 사진에서는 '원형 버튼'을 추출할 수도 있습니다. 이미지에서 무엇을 추출할지는 온전히 여러분의 몫이며 마음에 드는 요소를 골라 추출하면 됩니다. 이 책에서는 3번 이미지에서 '메뉴 창'과 '직사각형 버튼'을 추출하기로 결정했습니다.

[2단계] 이미지 수정하기

포토샵에서 UI 요소 추출하기 – 메뉴 창

미드저니에서 생성한 이미지 중에서 세 번째 이미지를 저장하고 포토샵으로 불러옵니다. 이어서 '메뉴 창'이 될 부분을 추출합니다.

그림 6.113 포토샵으로 메뉴 창 추출

불필요한 부분은 [Generative Fill] 기능으로 제거합니다.

그림 6.114 포토샵 기능으로 불필요한 부분 제거

왼쪽의 부자연스러운 부분 역시 [Generative Fill] 기능으로 수정합니다(프롬프트를 입력하지 않습니다).

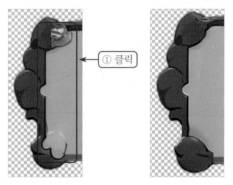

그림 6.115 포토샵 기능으로 부자연스러운 부분 수정

좌우 균형을 맞추기 위해 수정한 왼쪽 영역을 복사하고 붙여 넣어 새로운 레이어로 만든 뒤, 이미지를 좌우 반전해 오른쪽 영역에 덮어 씌웁니다.

그림 6.116 왼쪽 영역을 복사하여 좌우 반전 후 오른쪽 영역에 붙여넣기

좌우 반전하려는 레이어를 선택한 후 Properties(속성) 패널에 있는 좌우 반전(▷◁) 버튼을 클릭하면 이미지가 좌우 반전됩니다.

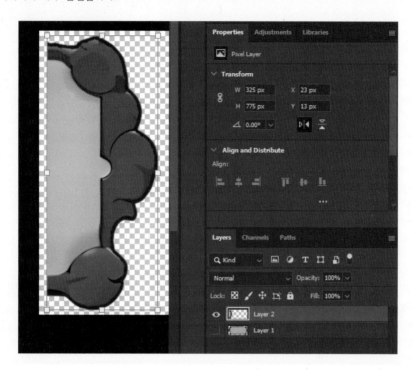

부자연스럽거나 보완이 필요한 부분을 [Generative Fill] 기능과 Brush Tool(✎) 또는 색상 채우기 옵션으로 수정합니다. 이 예시에서는 메뉴 창의 아랫부분을 좀 더 뚜렷하게 수정했습니다.

그림 6.117 포토샵으로 부자연스러운 영역 수정

Layer(레이어) 패널에서 메뉴 창 이미지 레이어와 [Generative Fill]로 생성한 모든 레이어를 선택한 합니다. 레이어를 마우스 오른쪽 버튼으로 클릭한 다음 [Merge Layers]를 클릭해 하나의 레이어로 병합합니다.

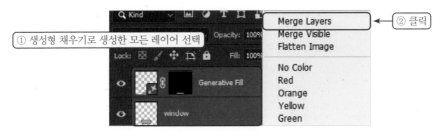

그림 6.118 Generative Fill로 생성한 모든 레이어 병합

UI 이미지를 좀 더 또렷하고 다른 요소와 구분될 수 있도록 외곽선을 추가하겠습니다. 병합을 완료한 레이어를 마우스로 더블 클릭하면 Layer Style 창이 열립니다. 왼쪽 영역에서 [Stroke] 탭을 클릭하고, Size 값을 적절히 조절해 메뉴 창 이미지의 외곽선을 설정합니다.

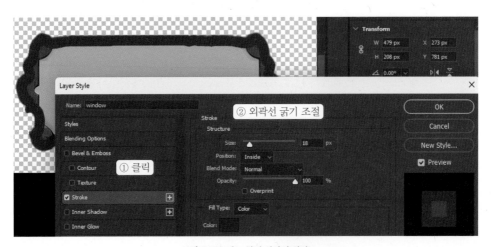

그림 6.119 메뉴 창의 외곽선 설정

외곽선을 설정하여 완성한 메뉴 창 이미지는 다음과 같습니다.

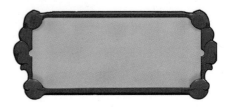

그림 6.120 완성된 메뉴 창 이미지

포토샵에서 UI 요소 추출하기 – 직사각형 버튼

이어서 직사각형 버튼을 제작하기 위해 메뉴 창 상단에 위치한 이미지를 추출합니다. 이 때 도형 도구를 활용해 좌우 대칭을 이루도록 추출합니다. 이 책에서는 [Rectangle Tool] (■)을 이용했습니다.

그림 6.121 도형 도구로 대칭을 이루는 직사각형 버튼 이미지 추출

기본 Fill 기능이나 [Generative Fill] 기능을 활용해 불필요한 글자를 제거합니다.

그림 6.122 포토샵 기능으로 불필요한 부분 제거

메뉴 창을 제작할 때와 같은 방법으로 외곽선을 추가해 완성합니다.

그림 6.123 외곽선을 추가해 완성된 직사각형 버튼 이미지

ImgUpscaler에서 이미지 업스케일하기

UI 이미지는 화질이 낮으면 눈에 잘 띄기 때문에 낮은 해상도는 피하는 것이 좋습니다. 추출한 메뉴 창과 버튼 이미지 모두 가로와 세로 길이 둘 중 하나가 최소 512px 이상이 되도록 업스케일링을 진행합니다. 업스케일링을 여러 번 진행할수록 이미지의 화질은 좋아지지만, 용량도 함께 늘어나므로 주의해야 합니다.

그림 6.124 제작한 UI 이미지를 ImgUpsacler에서 업스케일링

이미지 용량 압축 및 저장하기

업스케일링을 마치면 iLoveImg 사이트에서 용
량을 압축하고, 표 6.4의 '파일명'에 맞춰 이름을
변경한 다음 /image_resources/04. ui에 저장
합니다. 이렇게 제작한 이미지는 실습 게임에서
다음과 같이 적용됩니다.

그림 6.125 실습 게임에 적용된 UI 이미지 모습

원형 버튼 제작하기

이어서 원형 버튼과 게임 제목 창에 사용할 UI 이미지를 제작해 보겠습니다.

대안을 더 살펴보기 위해 이미지를 한 장 더 생성합니다.

UI를 생성하기 위한 프롬프트

fantasy cartoon game art, ui design, main menu ui, interactive buttons --niji 5

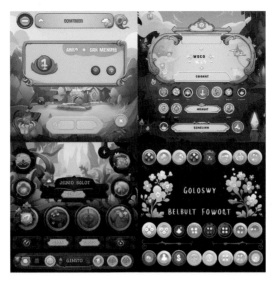

그림 6.126 미드저니로 생성한 또 다른 UI 이미지

이 중 1번 이미지를 활용해 원형 버튼을 만들겠습니다. 첫 번째 이미지를 포토샵으로 불러
온 다음 도형 도구나 원형 선택 도구를 활용해 원형 버튼 이미지를 추출합니다.

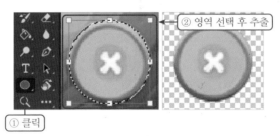

그림 6.127 이미지에서 원형 버튼 이미지 추출

원형 버튼의 형태만 남기고 불필요한 요소는
Fill 기능을 활용해 제거합니다. 버튼 중앙의
흰색 아이콘은 유니티에서 별도로 삽입할 예정
입니다.

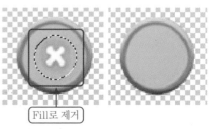

그림 6.128 포토샵 기능으로 불필요한 부분 제거

외곽선을 추가해 원형 버튼 이미지를 완성합
니다.

그림 6.129 외곽선을 추가해 완성된 원형 버튼 이미지

원형 버튼 이미지를 업스케일링하고 용량을 압축합니다. 표 6.4의 '파일명'에 맞춰 이름을
변경하고 /image_resources/04. ui에 저장합니다.

게임 제목 창 제작하기

게임 제목 창은 게임의 제목을 화려하게 나타낼 수 있는 이미지를 사용합니다. 그림 6.126
에서는 2번과 3번 이미지에서 추출할 수 있으며, 이 책에서는 3번 이미지를 선택했습니다.
게임 제목 창으로 사용할 이미지를 포토샵을 활용해 추출합니다.

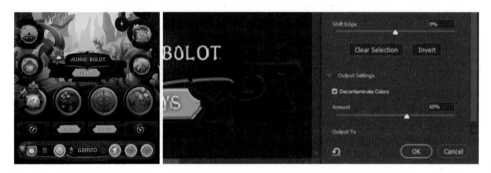

그림 6.130 포토샵으로 게임 제목 창 이미지 추출

[Generative Fill] 기능으로 불필요한 부분을 제거합니다.

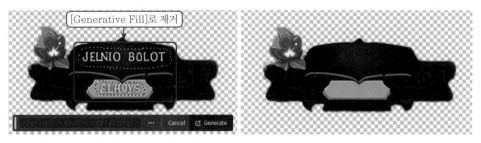

그림 6.131 포토샵 기능으로 불필요한 부분 제거

외곽선을 추가해 게임 제목 창을 완성합니다.

그림 6.132 외곽선을 추가해 완성된 게임 제목 창

실습 게임에는 게임 제목 창 이미지에 맞춰 두 개의 텍스트를 삽입했습니다. 그러나 텍스트는 유니티에서 추가하거나 제거할 수 있으므로 게임 제목 창 이미지에 텍스트를 삽입할 공간이 한 곳만 있거나 여러 군데 있어도 무방합니다.

그림 6.133 유니티에서 수정 가능한 텍스트 오브젝트

게임 제목 창 이미지를 업스케일링하고 용량을 압축합니다. 표 6.4의 '파일명'에 맞춰 이름을 변경하고 /image_resources/04. ui에 저장합니다.

아이템 및 아이콘 이미지 제작하기

마지막으로 플레이어가 사용할 아이템과 플레이어의 체력을 표시할 생명 아이콘을 제작해 보겠습니다.

[1단계] 미드저니로 이미지 생성하기

아이템(아이콘) 이미지 만들기

콘셉트 프롬프트는 UI 이미지를 제작할 때와 같은 이유로 새로 설정한 콘셉트 프롬프트를 사용합니다.

콘셉트 프롬프트

fantasy cartoon

실습 게임에 필요한 아이템 이미지는 다음 표와 같이 총 세 가지이며, 각 이미지 파일의 이름은 '파일명'에 맞게 변경한 후 /image_resources/05. items에 저장합니다.

명칭	역할	파일명	미리보기 그림
생명	플레이어의 생명을 나타내는 아이콘이며 플레이어의 생명을 하나 늘려주는 아이템이기도 합니다.	Life, Life (Off)	
윙 슈즈	플레이어에게 높은 점프력을 부여하는 아이템입니다.	Wing Shoes	
쉴드	몬스터의 공격을 한 번 막아주는 방패 아이템입니다.	Shield	

표 6.5 실습 게임에 필요한 아이템 및 아이콘 이미지 목록

2장에서 살펴본 것과 같이 아이템 이미지를 제작할 때는 생성하고자 하는 아이템을 정확하게 묘사하는 것이 중요합니다. game item이나 platform stage item처럼 넓은 의미를 담는 키워드 대신에 heart나 shield와 같이 정확한 키워드를 작성하는 것이 좋습니다.

아이템을 생성하기 위한 프롬프트 (하트)

fantasy cartoon game art, heart icon pack, heart sprite sheet --niji 5

그림 6.134 미드저니로 생성한 하트 이미지

TIP 아이템 및 아이콘 이미지를 만들기 위한 프롬프트

아이템 및 아이콘 이미지를 만들 때 유용한 프롬프트는 66쪽 '리소스별 만능 템플릿 작성 방법'에 있는 표 2.8과 85쪽 '게임 아이템과 아이콘 이미지 만들기'에서 확인할 수 있습니다.

[2단계] 이미지 수정하기

포토샵에서 아이템 이미지 추출하기

미드저니로 생성한 이미지를 포토샵으로 불러온 다음 마음에 드는 생명 아이템 이미지를 추출합니다.

그림 6.135 포토샵으로 추출한 생명 이미지

생명 아이템은 실습 게임의 왼쪽 위에서 플레이어의 남은 생명을 나타내는 아이콘 역할도 합니다. 이때 손실된 생명은 흑백으로 표현되므로 흑백 생명 이미지를 따로 제작해야 합니다.

추출한 생명 이미지를 복사해 새로운 레이어로 생성합니다. 새로운 레이어를 선택한 상태에서 포토샵의 채도 감소 단축키인 Shift + Ctrl + U 키[6]를 누르면 흑백 이미지로 변경할 수 있습니다. 이미지는 이대로 사용해도 좋고 외곽선을 추가해도 좋습니다.

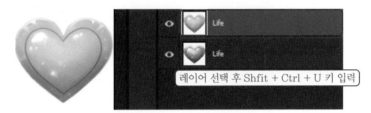

레이어 선택 후 Shfit + Ctrl + U 키 입력

그림 6.137 레이어 복사 후 흑백 생명 이미지 제작

이미지 용량 압축 및 저장하기

두 개의 이미지를 png 파일로 내보낸 후 가로와 세로 둘 중 하나가 최소 512px이 되도록 업스케일링합니다. 업스케일링한 파일은 용량을 압축하고, 컬러 이미지와 흑백 이미지 각각 Life와 Life (off)로 이름을 변경하여 /image_resources/05. items에 저장합니다.

윙 슈즈와 쉴드 아이콘 제작하기

윙 슈즈와 쉴드 아이콘 역시 같은 방법으로 제작합니다.

날개 달린 신발 이미지를 생성하기 위해 wing shoes 키워드로 아이템 이미지를 생성합니다. 필자는 일러스트 스타일이 아닌 이미지도 살펴보기 위해 --niji 매개변수를 생략했습니다.

---

6   macOS에서는 Shift + Ctrl + U 키 대신 command + shift + U 키를 사용합니다.

아이템을 생성하기 위한 프롬프트 (윙 슈즈)

fantasy cartoon game art, wing shoes icon pack, wing shoes sprite sheet

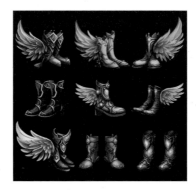

그림 6.138 미드저니로 생성한 윙 슈즈 이미지

윙 슈즈 이미지를 포토샵으로 불러온 다음 마음에 드는 이미지를 추출합니다. 외곽선은 선택 사항입니다.

그림 6.139 포토샵으로 추출한 윙 슈즈 이미지

다음으로 방패 이미지를 생성하기 위해 shield 키워드로 이미지를 생성합니다.

아이템을 생성하기 위한 프롬프트 (방패)

fantasy cartoon game art, shield icon pack, shield sprite sheet

그림 6.140 미드저니로 생성한 방패 이미지

방패 이미지를 포토샵으로 불러온 다음 마음에 드는 이미지를 추출합니다. 외곽선은 선택
사항입니다.

그림 6.141 포토샵으로 추출한 방패 이미지

두 이미지 역시 업스케일링 후 용량을 압축합니다. 이름을 표 6.5의 '파일명'에 맞춰 변경
한 다음 /image_resources/05. items에 저장합니다.

실습 게임에 이미지 리소스 적용하기

이제 지금까지 제작한 모든 이미지를 실습 게임에 적용할 차례입니다. 유니티 허브를 실행
하고 AI Platform Game 프로젝트를 열어줍니다.

프로젝트가 열리면 지금까지 이미지를 저장한 image_resources 폴더를 드래그해
Project 창의 Assets에 드롭합니다.

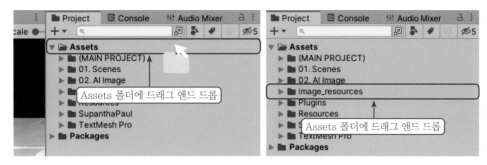

그림 6.142 Assets 폴더 하위에 image_resources 폴더 붙여 넣기

이미지를 적용할 때 살펴봐야 하는 폴더는 01. Scenes과 02. AI Image 두 개입니다.

1. Scenes 폴더에는 게임 플레이 화면과 메인 메뉴 화면을 구분하는 두 개의 씬(Scene)이 있습니다. 씬을 더블 클릭하면 해당 씬을 활성화할 수 있습니다. 이 책에서는 이미지가 게임에 올바르게 적용됐는지 확인하는 용도로 활용합니다.

그림 6.143 게임 씬과 메인 메뉴 씬

2. AI Image 폴더에는 여러분이 제작한 이미지 리소스를 실습 게임에 간편하게 적용할 수 있는 파일이 나열돼 있습니다. 파일의 이름은 '이미지 종류 약자_이름'의 구조를 따릅니다.

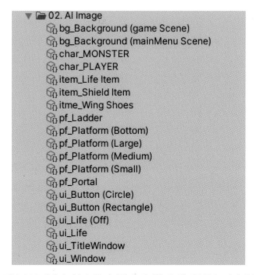

그림 6.144 이미지 리소스를 간편하게 변경할 수 있도록 돕는 파일 목록

본격적으로 실습 게임에 이미지를 적용하기 전에 이미지 리소스별로 사전 작업이 필요합니다. 이 과정을 생략하거나 작업 중에 잘못된 설정을 하는 경우 실습 게임에 이미지가 올바르게 적용되지 않으므로 주의를 기울여야 합니다.

배경 이미지 사전 작업

/image_resources/01. backgrounds 폴더에 있는 Background (game Scene) 파일을 선택합니다. 그럼 유니티의 Inspector 창에서 선택된 2D 이미지의 다양한 옵션을 살펴볼 수 있습니다. 이처럼 앞으로 적용할 모든 이미지는 파일을 선택했을 때 나타나는 2D 옵션 창에서 사전 작업을 진행합니다.

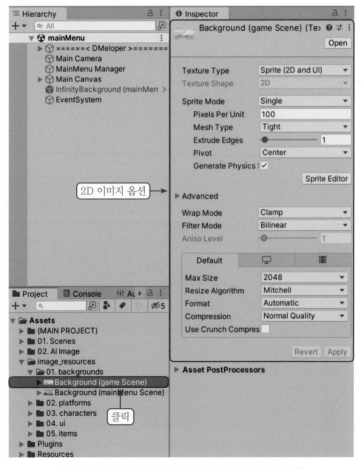

그림 6.145 이미지 리소스를 선택하면 나타나는 2D 이미지 옵션 창

가장 먼저 Pixels Per Unit(이후 PPU로 서술)의 값을 1로 설정합니다. PPU는 1유니티 단위당 텍스처의 픽셀 수를 나타내는 값으로, PPU값이 100이라면 텍스처에서 100픽셀이 1유니티 단위를 갖게 됩니다. 이번 실습에서는 제작한 이미지의 실제 크기를 그대로 유지하기 위해 유니티 월드 단위와 픽셀 수가 1:1로 일치하는 1로 설정합니다.

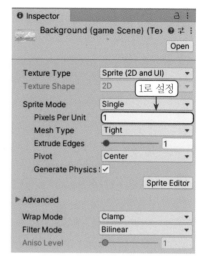

그림 6.146 PPU 값을 1로 설정

다음으로 배경 이미지는 무한히 연결되는 특성이 있으므로 Wrap Mode를 [Repeat]로 설정합니다. Wrap Mode는 이미지의 픽셀을 확장하는 방식을 정의하는 옵션으로, 배경 이미지를 제외한 모든 이미지는 기본값인 [Clamp]로 설정합니다.

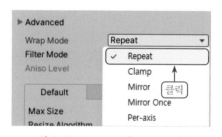

그림 6.147 Wrap Mode를 Repeat로 설정

Filter Mode는 2D 이미지의 계단 현상을 줄이는 데 적합한 [Bilinear] 옵션을 선택합니다.

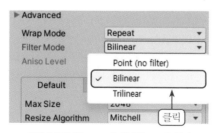

그림 6.148 Filter mode를 Bilinear로 설정

오른쪽 아래에 있는 [Apply] 버튼을 클릭해 변경 사항을 저장합니다.

지금까지 살펴본 방법과 같은 방법으로 Background (mainMenu Scene) 파일의 이미지 옵션도 수정합니다.

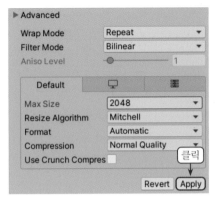

그림 6.149 변경 사항을 적용하기 위한 Apply 버튼

발판 이미지 사전 작업

/image_resources/02. platforms 폴더에 있는 Bottom Platform을 선택합니다. 가장 먼저 배경 이미지와 같은 이유로 PPU 값을 1로 설정합니다. 바다 발판은 게임의 가장 아래쪽에 위치하며 왼쪽에서 오른쪽으로 이어지므로 Pivot 값을 [Bottom Left]로 설정합니다.

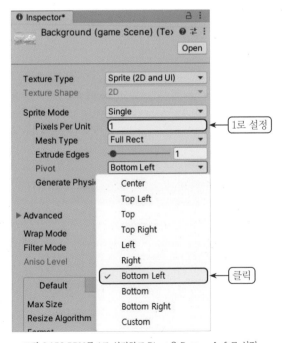

그림 6.150 PPU를 1로 설정하고 Pivot을 Bottom Left로 설정

발판 이미지 역시 배경과 마찬가지로 무한히 이어지는 타일 형식이므로 Wrap Mode를 [Repeat]로 설정합니다. 추가로 Mesh Type을 [Full Rect]로 변경합니다. 이는 바닥 발판 이미지가 배경 이미지와 다른 방식으로 화면에 그려지기 때문에 필요한 옵션으로, 배경 이미지는 [Tight]로 설정해도 무방합니다.

계단 현상을 줄이기 위해 Filter Mode를 [Bilinear]로 설정하고 [Apply] 버튼을 눌러 변경 사항을 적용합니다.

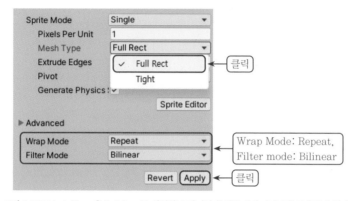

그림 6.151 Mesh Type을 Full Rect로 설정하고 나머지 옵션을 배경 이미지와 동일하게 설정

이번에는 바닥 발판을 제외한 나머지 발판(Ladder 포함)을 Shift 키를 누른 상태로 모두 선택합니다. 옵션을 동일하게 수정할 때는 한 번에 여러 이미지를 선택한 상태로 수정할 수 있습니다.

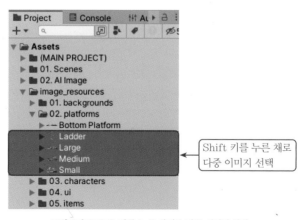

그림 6.152 Shift 키를 누른 상태로 다중 이미지 선택

다른 옵션은 기본값 그대로 유지하며 PPU 값을 1로 설정합니다. 공중 발판 이미지는 무한하게 이어지는 이미지가 아니므로 Wrap Mode를 [Clamp]로 설정하고 계단 현상을 줄이기 위해 Filter Mode를 [Bilinear]로 설정합니다.

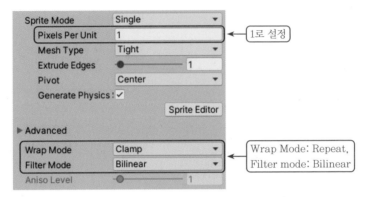

그림 6.153 공중 발판 이미지의 옵션 설정

Wrap Mode와 Filter Mode 두 옵션은 이후 모든 리소스가 동일하므로 더 이상 언급하지 않겠습니다. [Apply] 버튼을 눌러 변경 사항을 적용합니다.

캐릭터 이미지 사전 작업, 뼈대 추가하기

/image_resources/03. characters 폴더에 있는 캐릭터 이미지 또는 PSB 파일을 선택합니다. 목록에서 미리보기 이미지가 나타나지 않는 파일이 PSB 파일입니다.

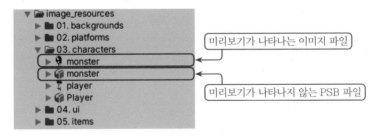

그림 6.154 미리보기 이미지가 나타나지 않는 PSB 파일

이미지 파일의 경우 PPU 값을 1로 변경하고 적용합니다.

PSB(뼈대 이미지)로 제작한 경우
에는 각 뼈대가 개별적으로 움직
일 수 있도록 뼈대를 심는 작업이
필요합니다. 우선 PPU 값을 1로
변경하고 [Open Sprite Editor]
버튼을 클릭합니다.

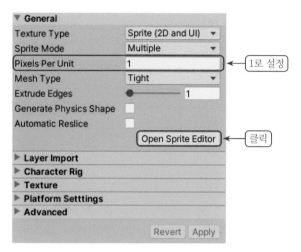

그림 6.155 PPU를 1로 설정하고 Open Sprite Editor 클릭

Sprite Editor 창이 열리고 포토샵에서
분리했던 신체 부위를 확인할 수 있습니
다. 왼쪽 위에 있는 [Sprite Editor]를
클릭하고 [Skinning Editor]를 선택합
니다.

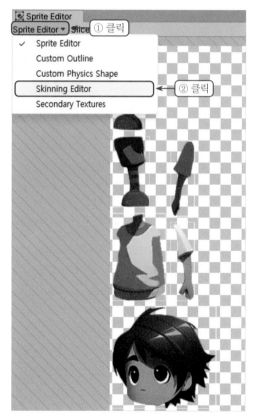

그림 6.156 뼈대를 심기 위해 Skinning Editor 선택

화면 왼쪽에 뼈대를 심기 위한 다양한 메뉴가 나타납니다. 이 메뉴를 모두 사용해야 하는 것은 아니며 필요한 메뉴는 딱 세 가지입니다.

그림 6.157 뼈대를 심기 위한 다양한 메뉴

뼈대를 만들기 위해 [Create Bone]을 클릭합니다. 뼈대를 제작하는 과정은 직관적이며 어렵지 않습니다. 몸통의 맨 밑부분을 클릭하면 이 부분이 뼈대의 시작 지점(검은색 원)이 됩니다. 다시 캐릭터의 목 부분을 클릭하면 몸통의 뼈대가 완성됩니다. 그리고 이 부분이 다음 뼈대의 시작점이 됩니다. 이 상태로 얼굴의 뼈대도 한 개 생성합니다. 그다음 마우스 오른쪽 버튼을 클릭해 연속적인 뼈대 제작을 중지합니다.

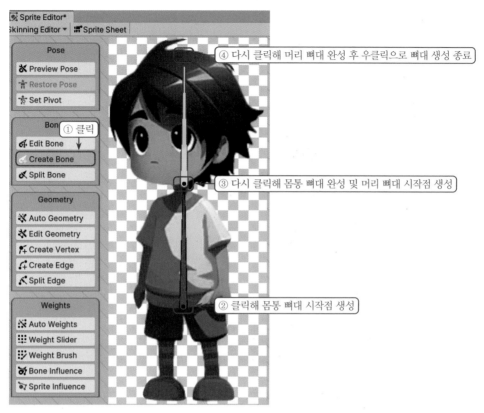

④ 다시 클릭해 머리 뼈대 완성 후 우클릭으로 뼈대 생성 종료

① 클릭

③ 다시 클릭해 몸통 뼈대 완성 및 머리 뼈대 시작점 생성

② 클릭해 몸통 뼈대 시작점 생성

그림 6.158 Create Bone 메뉴에서 뼈대 제작

TIP 뼈대를 잘못 만들었다면?

뼈대의 시작 지점을 잘못 선택했다면 마우스 오른쪽 버튼을 클릭해 작업을 취소할 수 있습니다. 또한 잘못 생성한 뼈대를 제거하려면 뼈대를 선택하고 키보드의 Delete 키를 누릅니다.

이어서 양팔의 뼈대를 심어보겠습니다. 모든 뼈대는 몸통과 연결돼야 하므로 뼈대의 시작 지점을 선택하기 전에 우선 몸통의 뼈대를 선택합니다. 오른쪽 그림과 같이 몸통의 시작 지점과 이어지는 불투명한 선이 나타나는지 확인합니다.

몸통과 연결되었음을 나타내는 불투명한 녹색 선

그림 6.159 몸통의 시작 지점과 이어지는 불투명한 녹색 선

이 상태에서 캐릭터의 어깨 부분에 시작 지점을 선택하고 마우스를 팔 끝으로 이동해 뼈대를 생성합니다. 같은 방법으로 반대편 팔의 뼈대도 생성합니다.

① 클릭해 팔 뼈대 시작점 생성

② 다시 클릭해 팔 뼈대 완성

그림 6.160 팔 뼈대 완성

마지막으로 캐릭터의 허벅지 부분에서 시작해 발끝에서 끝나는 뼈대를 생성합니다. 이 뼈대도 몸통과 연결하기 위해 몸통 뼈대를 선택한 상태에서 생성합니다.

허벅지에서 발끝으로 이어지는 뼈대 생성

그림 6.161 모든 신체 부위의 뼈대 완성

뼈대의 색상이나 제작 순서는 달라도 괜찮습니다. 대
신에 모든 뼈대는 몸통과 연결돼 있어야 합니다. 다음
으로 각 뼈대의 이름을 설정할 차례입니다. 뼈대를 선
택하면 오른쪽 아래에 이름을 변경할 수 있는 창이 나
타납니다. Name에 뼈대의 이름을 표 6.6에 맞춰 변경
합니다.

뼈대 위치	이름
머리	Head
몸통	Body
왼팔	ArmL
오른팔	ArmR
왼쪽 다리	LegL
오른쪽 다리	LegR

표 6.6 뼈대 위치에 따른 이름 목록

각 뼈대의 이름이 표 6.6과 다르면 애니메이션이 정상적으로 동작하지 않으므로 정확하게
입력합니다.

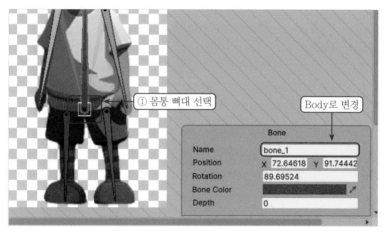

그림 6.162 뼈대 이름 입력하기

지금은 신체 부위 위에 뼈대를 표시만 한 상태이므로 신체 부위를 움직일 수 없습니다. 이
제 뼈대가 각 신체 부위를 움직일 수 있도록 연결할 차례입니다.

왼쪽 메뉴에서 [Auto Geometry] 버튼을 클릭하면 오른쪽 아래에 Geometry 옵션 창이
나타납니다. Geometry는 이미지의 모양과 구조에 관한 정보로, 뼈대와 연결된 이미지를
어떻게 나타내고 움직일지 결정하는 기본적인 데이터입니다. 함께 나열된 세 가지 옵션의
역할은 다음과 같습니다.

그림 6.163 뼈대와 신체 부위를 연결하는 Geometry 옵션

- Outline Detail

    Geometry 외곽선의 세밀한 정도를 설정하는 옵션입니다.

- Alpha Tolerance

    이미지의 투명도를 기반으로 Geometry를 조절하는 옵션입니다.

- Subdivide

    Geometry의 세분화 수준을 조절하는 옵션입니다

이 세 가지 옵션은 전문적으로 뼈대를 생성할 때 필요한 옵션이므로 지금은 모두 0으로 설정합니다. 가장 아래에 있는 Weights 옵션은 각 신체 부위가 어떤 뼈대에 얼마나 영향을 받을지 자동으로 설정하는 옵션입니다. 이 옵션을 선택하지 않으면 직접 Weight를 설정해야 하므로 해제하지 않은 상태로 [Generate For All Visible] 버튼을 클릭합니다. 이렇게 하면 뼈대와 신체 부위가 자동으로 연결됩니다.

캐릭터의 색상이 알록달록하게 변경되면 뼈대와 신체가 올바르게 연결된 것입니다. 이 상태에서 뼈대를 움직이면 캐릭터의 신체 부위가 움직이는 모습을 확인할 수 있습니다. 그런데 뼈대를 움직여보면 이미지가 비정상적으로 늘어나 어색해 보입니다.

비정상적으로 늘어나는 이미지

그림 6.164 뼈대의 간섭으로 비정상적으로 늘어나는 이미지

이러한 현상이 생기는 이유는 뼈대가 다른 신체 부위에 간섭하기 때문에 발생합니다. 이를 해결하려면 각 뼈대가 하나의 신체 부위에만 영향을 주도록 변경해야 합니다. 왼쪽 메뉴에서 [Bone Influence] 버튼을 클릭합니다.

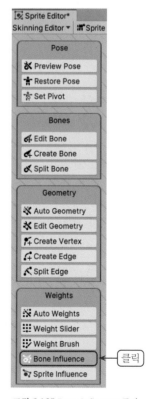

클릭

그림 6.165 Bone Influence 클릭

이 상태에서 몸통 뼈대를 마우스로 더블 클릭합니다. 그럼 오른쪽 아래에서 선택한 뼈대가 영향을 미치는 모든 뼈대의 목록을 살펴볼 수 있습니다. 몸통 뼈대는 몸통에만 영향을 줘야 하므로 Body를 제외한 다른 뼈대는 제거해야 합니다. 제거하고자 하는 뼈대 이름을 선택하고 [−] 버튼을 클릭해 제거합니다.

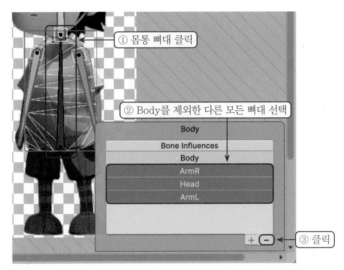

그림 6.166 현재 선택한 뼈대를 제외한 다른 뼈대를 모두 제거

다른 모든 뼈대도 동일한 작업을 진행하면 신체 부위별로 깔끔하게 움직이는 모습을 확인할 수 있습니다. 실수로 현재 선택한 뼈대까지 제거했다면 Auto Geometry 옵션에서 Geometry를 다시 생성한 후 진행합니다.

그림 6.167 정상적으로 늘어나는 캐릭터 이미지

이제 모든 작업이 끝났습니다. 변경 사항을 적용하기 위해 오른쪽 위에 있는 [Apply] 버튼을 클릭하고 [X] 버튼을 눌러 Sprite Editor 창을 닫습니다.

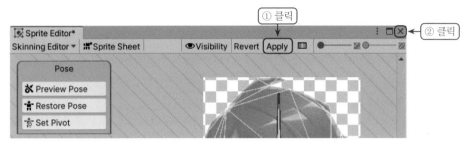
그림 6.168 생성한 뼈대를 적용하기 위해 Apply 버튼 클릭 후 창 닫기

마지막으로 Inspector 창에서 오른쪽 아래에 있는 [Apply] 버튼을 클릭해 최종적으로 변경 사항을 적용합니다.

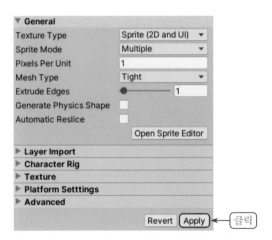
그림 6.169 Inspector 탭의 Apply 버튼을 클릭해 변경 사항 적용

몬스터 이미지도 뼈대 이미지로 제작했다면 위와 같은 방법으로 뼈대를 심어줍니다.

UI 이미지 사전 작업

/image_resources/04. ui 폴더에 있는
UI 이미지들은 PPU 값을 변경해도 실제
화면에는 변화가 없으므로 기본값 그대로
유지합니다.

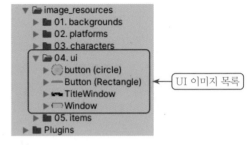

그림 6.170 ui 이미지 목록

Window 이미지를 선택한 다음 Inspector 창에서 [Sprite Editor] 버튼을 클릭합니다.

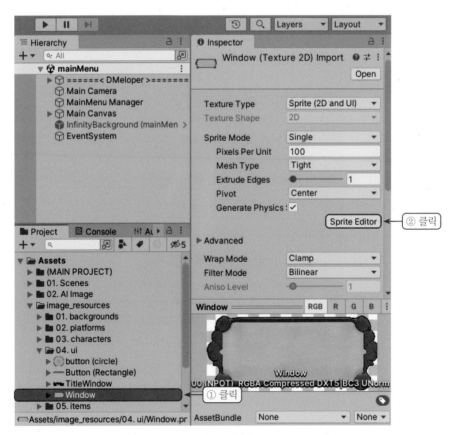

그림 6.171 Window 이미지 선택 후 Sprite Editor 클릭

UI 이미지의 너비와 높이를 조절할 때 이미지가 어색하게 늘어나는 것을 방지하고 원래 형태를 유지하도록 하려면 Border 옵션을 적절히 설정해야 합니다. 화면의 좌우 상단에 위치한 녹색 점을 마우스로 드래그하면 Border의 위치를 이동할 수 있습니다. Border를 다음 그림과 같이 설정하고 [Apply] 버튼을 눌러 적용합니다.

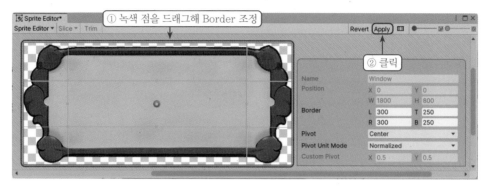

그림 6.172 Window 이미지의 Border 설정

Button (Rectangle)과 Button (circle) 이미지는 Border를 십자 형태로 설정합니다.

그림 6.173 십자 형태로 설정한 Border

Title Window 이미지는 별도로 수정하지 않습니다.

아이템 이미지 사전 작업

/image_resources/05. Items 폴더에 있는 아이템 이미지를 모두 선택한 다음 PPU 값을 1로 설정합니다.

그림 6.174 모든 아이템 이미지의 PPU를 1로 설정

실습 게임에 이미지 리소스 적용하기 - 메인 메뉴 씬

이제 모든 사전 작업을 마쳤으니 본격적으로 실습 게임에 이미지 리소스를 적용해 보겠습니다. 우선 메인 메뉴 씬부터 시작합니다.

메인 메뉴에서 적용해야 하는 이미지는 배경과 게임 제목 창 이미지입니다. 다음과 같이 메인 메뉴 씬이 활성화되지 않았다면 01. Scenes 폴더 하위에 있는 [mainMenu] 씬을 더블 클릭해 활성화합니다.

그림 6.175 메인 메뉴 씬 화면

먼저 배경 이미지를 적용해 보겠습니다. 02. AI Image 폴더에 있는 bg_Background (mainMenu Scene) 파일을 선택하면 Inspector 창에 새로운 이미지로 변경할 수 있는 옵션이 나타납니다. /image_resources/01. backgrounds 폴더에 있는 Background (mainMenu Scene) 이미지를 Spr 변수로 드래그합니다.

그다음 [변경사항 적용] 버튼을 클릭하면 메인 메뉴의 배경 이미지가 새로운 이미지로 변경됩니다.

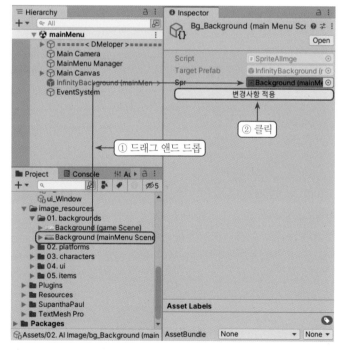

그림 6.176 배경 화면 이미지 변경

TIP Spr 변수가 사라지거나 안 보인다면?

Background (mainMenu Scene) 이미지를 Spr 변수에 드래그하려고 할 때 Spr 변수가 안 보이는 경우가 있습니다. 이는 Background (mainMenu Scene) 이미지를 드래그하지 않고 클릭했기 때문에 발생하는 문제입니다.

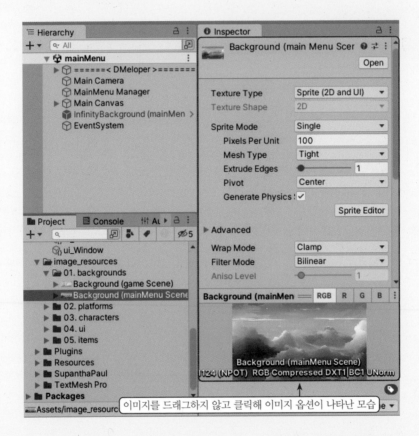
이미지를 드래그하지 않고 클릭해 이미지 옵션이 나타난 모습

이미지를 Spr 변수에 적용할 때는 이미지를 클릭하지 않고 반드시 드래그 앤드 드롭해 적용해야 합니다.

이어서 게임 제목 창을 새로운 이미지로 변경해 보겠습니다. 02. AI Image 폴더에 있는 ui_TitleWindow 파일을 선택합니다. 배경 이미지를 적용할 때와 동일하게 이미지 파일을 Inspector 창의 Spr 변수에 드래그 앤드 드롭해 변경할 수 있습니다. /image_resources/04. ui 폴더에 있는 Title Window 이미지를 Spr 변수로 드래그 앤드 드롭하고 [변경사항 적용] 버튼을 클릭해 변경합니다.

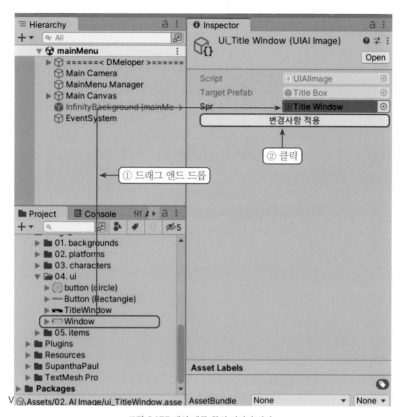

그림 6.177 게임 제목 창의 이미지 변경

새로운 이미지를 적용하면 제목 창의 크기를 조절하고 텍스트 위치를 수정해야 합니다.
Spr 변수 위에 위치한 Target Prefab 변수를 더블 클릭합니다.

그림 6.178 Target Prefab 변수를 더블 클릭해 파일과 연결된 오브젝트로 이동

Target Prefab 변수를 더블 클릭하면 게임 제목 창을 수정할 수 있는 화면이 나타납니다. 여기서는 텍스트만 수정할 수 있으며, 너비와 높이는 값을 조절해도 실제 화면에 적용되지 않습니다. Hierarchy 창에서 Title 오브젝트를 선택하면 제목 텍스트를 수정할 수 있습니다.

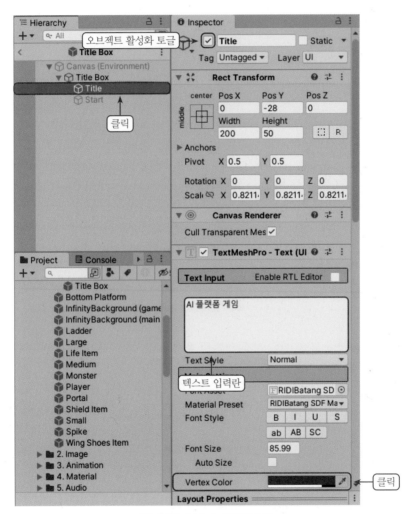

그림 6.179 텍스트 오브젝트의 옵션

- **오브젝트 활성화 토글**

  이 토글을 비활성화하면 텍스트 오브젝트를 숨길 수 있습니다.

■ **텍스트 입력란**

화면에 보이는 텍스트를 입력하는 부분입니다. 다른 텍스트로 변경할 수 있습니다.

■ **텍스트 색상**

텍스트의 색상을 변경할 수 있습니다.

텍스트의 위치는 Scene 뷰에서 화살표를 드래그해 변경할 수 있습니다. 화살표가 나타나지 않으면 왼쪽 메뉴에서 [손 모양](✋) 아이콘 아래에 있는[이동](✛) 아이콘을 클릭하거나 단축키 W[7]를 눌러 이동 모드로 변경합니다.

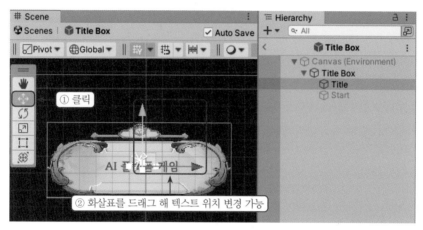

그림 6.180 이동 모드로 텍스트 위치 변경

위 세 가지 옵션과 텍스트 위치를 적절히 설정하면 다음과 같이 수정할 수 있습니다. 게임을 시작하는 버튼은 따로 만들 예정이므로 텍스트를 모두 숨겨도 괜찮습니다.

그림 6.181 게임 제목 창 이미지에 맞춰 변경한 텍스트 구조

---

7 키보드 입력 모드가 한국어라면 단축키가 작동하지 않으므로 영문 모드로 변경 후 입력합니다.

이제 제목 창의 크기를 조절할 차례입니다. 우선 Hierarchy 창 왼쪽 위에 있는 ◁ 버튼을 클릭해 수정 화면에서 벗어납니다.

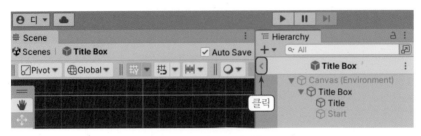

그림 6.182 수정 화면 벗어나기

다시 Hierarchy 창에서 Main Canvas – Title 아래에 있는 Title Container를 선택합니다. 이 상태에서 Rect Tool의 단축키인 T[8]를 눌러 너비와 높이를 수정할 수 있는 모드로 변경합니다(왼쪽 메뉴에서 [사각형](□) 아이콘을 클릭해도 됩니다). 게임 제목 창에 나타난 사각형의 변이나 모서리의 파란색 원을 드래그해 너비와 높이를 수정합니다.

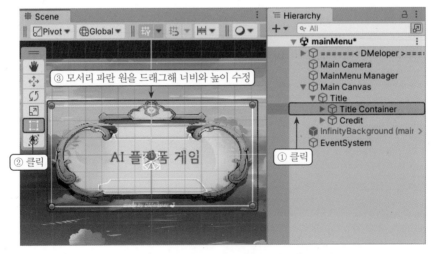

그림 6.183 게임 제목 창의 너비와 높이 조절

---

8 키보드 입력 모드가 한국어라면 단축키가 작동하지 않으므로 영문 모드로 변경 후 입력합니다.

이렇게 하면 최종적으로 메인 메뉴 씬의 모든 이미지를 변경할 수 있습니다.

그림 6.184 새롭게 변경한 게임 제목 창

실습 게임에 이미지 리소스 적용하기 – 게임 씬

이제 남은 이미지 리소스는 모두 게임 씬에서 적용합니다. 01. Scenes 폴더에 있는 game 씬을 더블 클릭해 게임 씬을 활성화합니다.

가장 먼저 배경 이미지를 변경하기 위해 02. AI Image 폴더에 있는 bg_Background (game Scene) 파일을 선택합니다. Inspector 창의 Spr 변수에 /image_resources/01. backgrounds 폴더에 있는 Background (game Scene) 이미지를 드래그 앤드 드롭하고 [변경사항 적용] 버튼을 클릭해 적용합니다.

이처럼 이미지를 적용하는 방법은 모든 이미지 리소스가 동일합니다. 나머지 이미지들도 02. AI Image 폴더에서 같은 이름을 가진 파일을 선택해 Spr 변수로 드래그 앤드 드롭하고 적용하기만 하면 됩니다. 몇 가지 예시를 살펴보면 다음과 같습니다.

- pf_Platform (Large):
  /image_resources/02. platforms/Large 이미지 적용
- item_Life Item:
  /image_resources/05. items/Life 이미지 적용
- ui_Button (Circle):
  /image_resources/04. ui/Button (circle)' 이미지 적용

다만 예외인 이미지 리소스가 두 개 있습니다. 캐릭터 이미지와 생명 아이콘은 다음 방법을 따라 리소스를 적용합니다.

실습 게임에 이미지 리소스 적용하기 – 캐릭터 이미지

캐릭터는 뼈대 이미지를 적용하는 경우와 추출한 이미지를 그대로 적용하는 경우 두 가지로 구분됩니다. 우선 02. AI Image 폴더에 있는 char_MONSTER 파일을 선택합니다.

뼈대 이미지인 경우

몬스터 이미지가 뼈대 이미지라면 뼈대 파일을 PSB 변수로 드래그 앤드 드롭한 다음 [변경사항 적용] 버튼을 눌러 적용합니다. [Only Sprite] 옵션은 비활성화 합니다.

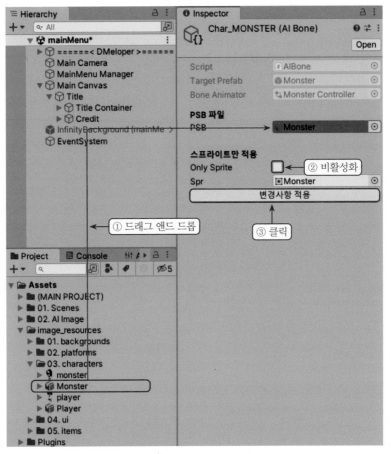

그림 6.185 캐릭터에 뼈대 이미지 적용

추출한 이미지를 그대로 적용하는 경우

이 경우에는 이미지 파일을 Spr 변수에 드래그 해 붙여 넣고 [Only Sprite] 옵션을 활성화합니다. 이 옵션을 활성화하면 PSB 파일이 있더라도 Spr 변수에 넣은 이미지만 적용됩니다. 그러므로 뼈대 이미지를 적용할 때는 이 옵션을 반드시 비활성화해야 합니다. [변경사항 적용] 버튼을 클릭해 이미지를 적용합니다.

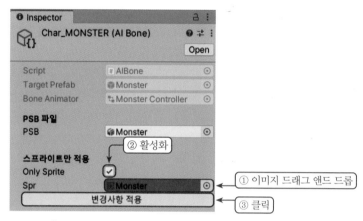

그림 6.186 캐릭터 이미지만 적용하는 경우 반드시 Only Sprite 변수 활성화

공통

적용을 마치면 Target Prefab 변수를 더블 클릭해 수정 화면으로 이동합니다. 그림은 뼈대 이미지로 진행하지만 이미지를 그대로 사용하는 경우에도 같은 방법으로 작업합니다.

그림 6.187 몬스터 오브젝트와 연결된 Target Prefab 마우스 더블 클릭

캐릭터의 크기를 일관적으로 유지하기 위해 캐릭터 이미지 크기를 초기 크기에 맞춰 조절해야 합니다. Scene 뷰에서 확인할 수 있는 녹색 직사각형이 캐릭터의 초기 크기를 나타냅니다. 초기 크기는 Hierarchy 창에서 Monster를 선택한 상태일 때만 나타납니다.

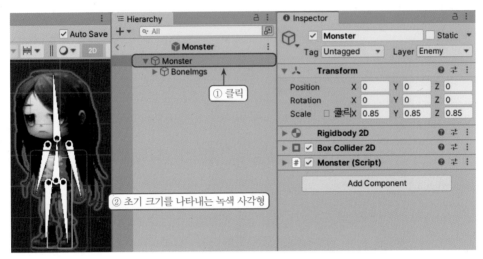

그림 6.188 캐릭터의 초기 크기

Monster의 하위 오브젝트인 BoneImgs(또는 aiImg)를 클릭합니다. 왼쪽에서 [크기조절]( ) 아이콘을 클릭하거나 단축키 R[9]을 눌러 크기 조절 모드로 변경합니다. 그럼 캐릭터 중앙에 크기를 조절할 수 있는 옵션이 나타나며, 중앙에 있는 흰색 사각형을 마우스로 드래그해 크기를 조절할 수 있습니다. 위치 이동이 필요할 때는 단축키 W를 눌러 이동 모드로 변경한 다음 이미지를 이동합니다.

---

9 키보드 입력 모드가 한국어라면 단축키가 작동하지 않으므로 영문 모드로 변경 후 입력합니다.

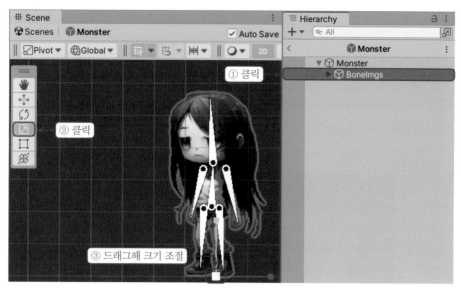

그림 6.189 캐릭터 초기 크기에 맞춰 이미지 크기 조절

크기를 조절하고 나서 다시 Monster 오브젝트를 클릭해 초기 크기와 비교합니다.

그림 6.190 초기 크기와 이미지 크기 비교

이때 Monster 오브젝트를 선택한 상태에서 크기를 조절하면 초기 크기 값이 변경되므로 반드시 BoneImgs(또는 aiImg) 오브젝트를 선택한 상태에서 크기를 조절해야 합니다. 이미지의 위치를 이동할 때도 마찬가지로 BoneImgs(또는 aiImg)를 선택한 상태에서 이동합니다.

위 과정을 캐릭터가 최대한 초기 크기 값과 가까워질 때까지 반복합니다.

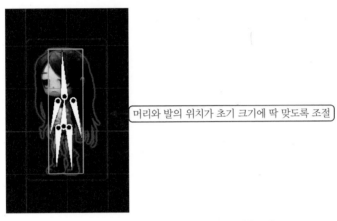

그림 6.191 캐릭터 이미지를 초기 크기에 정확히 맞춘 모습

실수로 초기 크기 값을 조절했다면 Monster 오브젝트를 선택하고 Transform 컴포넌트의 Scale을 캐릭터의 초기 크기인 (0.85, 0.85, 0.85)로 설정합니다.

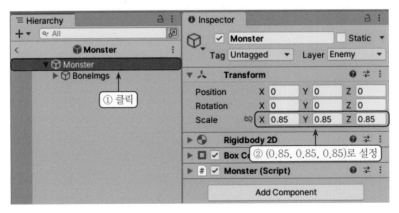

그림 6.192 초기 크기 값 되돌리기

캐릭터 이미지의 크기를 초기 크기와 동일하게 설정했다면 Hierarchy 창 왼쪽 위에 있는 〔〈 버튼을 눌러 수정 화면을 벗어납니다.

그림 6.193 수정 화면 벗어나기

플레이어 캐릭터도 몬스터 캐릭터와 같은 방법으로 초기 크기 값에 맞춰 설정합니다. Project 창에서 02. AI Image – char_PLAYER 파일을 선택하고 Target Prefab 변수를 마우스로 더블 클릭해 수정 화면으로 이동합니다. 플레이어 캐릭터의 초기 크기는 (1, 1, 1)입니다.

그림 6.194 초기 크기에 맞춰 플레이어 캐릭터의 이미지 크기 변경

추가로 플레이어 캐릭터는 몬스터 캐릭터와 달리 한 가지 고려해야 할 것이 있습니다. 플레이어 캐릭터는 기본적으로 오른쪽을 바라보고 있어야 합니다. 플레이어 캐릭터 이미지가 처음 제작할 때부터 오른쪽을 바라보고 있었다면 별도로 수정할 필요가 없지만, 왼쪽을 바라보고 있다면 Hierarchy 창에서 Player를 선택한 다음 Scale의 X값을 −1로 변경합니다. 그럼 캐릭터가 좌우 반전돼 왼쪽을 바라보던 캐릭터가 오른쪽을 바라보게 됩니다.

실습 게임에 이미지 리소스 적용하기 – 생명 아이템 및 아이콘

생명 이미지는 아이템으로도 사용되고 플레이어의 남은 생명을 나타내는 용도로도 사용되므로 동일한 생명 이미지를 02. AI Image 폴더에 있는 item_Life Item과 ui_Life 파일에 모두 적용합니다.

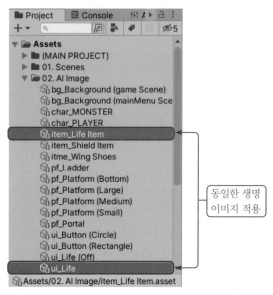

그림 6.195 동일한 생명 이미지를 적용해야 하는 item_Life Item과 ui_Life 파일

UI 리소스의 크기와 위치 조절하기

UI 이미지는 Hierarchy 창에 위치한 UI Canvas – Pause Window를 선택한 다음 오브젝트를 활성화하면 게임 뷰에서 실제로 적용된 모습을 살펴볼 수 있습니다.

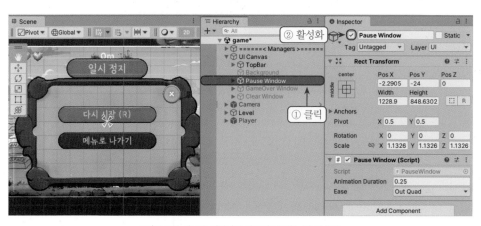

그림 6.196 새로운 이미지가 적용된 UI 메뉴 창 활성화

메뉴 창의 너비와 높이를 조절하는 방법은 메인 메뉴의 제목 창을 조절한 방법과 같습니다. Pause Window를 선택한 상태에서 단축키 T[10]를 누르고, 마우스로 드래그해 조절합니다.

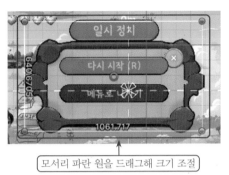

모서리 파란 원을 드래그해 크기 조절

그림 6.197 메뉴 창 크기 조절

Pause Window – Panel 아래에 있는 버튼 오브젝트를 선택하고 단축키 W를 누르면 버튼의 위치를 조정할 수 있습니다.

그림 6.198 메뉴 창 텍스트 위치 수정

---

10 키보드 입력 모드가 한국어라면 단축키가 작동하지 않으므로 영문 모드로 변경 후 입력합니다.

같은 방법으로 Pause Window 아래에 있는 GameOver Window와 Clear Window도 수정할 수 있습니다.

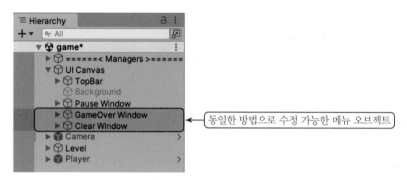

그림 6.199 같은 방법으로 수정할 수 있는 두 개의 메뉴 창

발판 이미지의 콜라이더 영역을 이미지에 맞추기

마지막으로 발판 이미지의 콜라이더(Collider) 영역을 이미지에 맞춰 변경하면 실습은 종료됩니다. 콜라이더는 2D 오브젝트의 충돌을 감지하는 영역을 의미합니다. 이 구조를 이미지에 맞게 수정해야 게임 플레이가 자연스럽게 이뤄질 수 있습니다.

이미지 적용을 마친 발판 파일을 선택한 다음 Target Prefab을 더블 클릭해 수정 화면으로 이동합니다.

그림 6.200 바닥 발판 오브젝트와 연결된 Target Prefab을 더블 클릭

Hierarchy 창에서 발판 이름(Bottom Platform 또는 Large 등)을 선택합니다. 그럼 캐릭터의 초기 크기를 나타내던 것과 동일한 녹색 직사각형이 나타나는 모습을 볼 수 있습니다. 이 녹색 직사각형은 콜라이더의 영역을 나타냅니다.

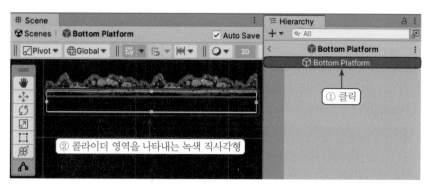

그림 6.201 바닥 발판의 콜라이더

이제 게임 플레이를 원활하게 할 수 있도록 콜라이더 영역을 적절하게 조절해야 합니다. 오른쪽에 있는 Inspector 창에서 Box Collider 2D 컴포넌트의 [Edit Collider]( ) 아이콘을 클릭합니다.

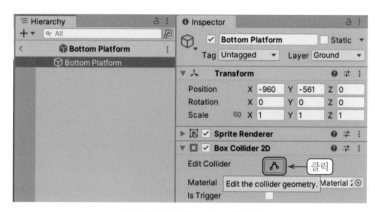

그림 6.202 콜라이더 수정 아이콘 클릭

그럼 콜라이더를 수정할 수 있는 네 개의 사각형이 나타나며 이 사각형을 드래그해 영역을 조절할 수 있습니다.

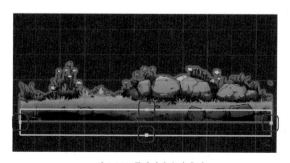

그림 6.203 콜라이더 수정 옵션

콜라이더의 영역을 조절할 때 고려해야 하는 것은 플레이어가 '밟는 영역'과 '이미지의 바닥 영역' 두 가지입니다. 각각 콜라이더의 윗부분과 아랫 부분을 의미하며 '밟는 영역'이 너무 높으면 플레이어가 공중에 떠 있는 것처럼 보일 수 있습니다.

그림 6.204 밟는 영역이 높아 플레이어가 공중에 떠 있는 것처럼 보이는 경우

'이미지의 바닥 영역'은 말 그대로 이미지의 가장 바닥 부분에 맞춰 조절하고 '밟는 영역'은 이미지의 높이와는 상관없이 플레이어가 밟았을 때 자연스러운 위치가 될 수 있게 조절합니다. 양옆 길이는 이미지 가로 길이와 동일하게 하거나 조금 좁게 조절합니다.

그림 6.205 플레이어의 자연스러운 위치를 위해 밟는 영역의 높이 조절

세 개의 공중 발판도 바닥 발판과 같은 방법으로 작업하면 모든 실습 과정이 종료됩니다.

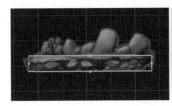
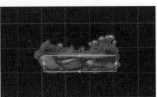

그림 6.206 적절하게 설정된 공중 발판의 콜라이더

완성된 게임의 모습은 다음과 같습니다.

그림 6.207 완성된 게임의 메인 메뉴와 플레이 화면

마치며

지금까지 생성형 인공지능을 활용해 이미지 리소스를 제작하고 실제 게임에 적용하는 과정을 배웠습니다. 처음에는 낯설고 어려웠던 작업들이 지금은 익숙해졌을 것입니다. 여러분은 생성형 인공지능과 생성형 인공지능이 제공하는 무한한 가능성을 경험한 것입니다.

실습으로 진행한 2D 플랫폼 게임은 단초에 불과합니다. 여러분이 적용한 기술과 노하우는 2.5D 게임이나 2D 슈팅 게임 등 더욱 복잡하고 다양한 장르로 확장할 수 있습니다. 다만 기술은 도구에 불과합니다. 진정한 능력은 여러분의 창의력과 열정 속에 있습니다. 그러므로 앞으로의 여정에서도 기술에 의존하는 것이 아니라, 그 기술을 어떻게 활용할 것인지에 대한 비전과 아이디어를 중심으로 나아가길 바랍니다.

또한 이 책의 모든 내용을 이해했다면 이 지식을 다른 이들과 나누는 것도 잊지 않으셨으면 좋겠습니다. 함께 성장하고 학습하는 과정에서 새로운 가능성과 기회를 모두 발견할 수 있기를 기대합니다.

필자가 실습 게임을 개발할 때 사용한 모든 이미지 리소스는 유니티 Project 창의 [MAIN PROJECT] – [image_resources (DEMO)] 폴더에서 확인할 수 있습니다.

Appendix

부록

부록 A

포토샵 준비하기

포토샵은 유료 프로그램이므로 먼저 결제를 해야 합니다. 구글 검색창에 '어도비 플랜'으로 검색하면 나타나는 [Creative Cloud 가격 및 멤버십 플랜]를 클릭해 플랜 구매 페이지에 접속합니다.

또는 주소창에 아래 주소를 입력해 접속할 수 있습니다.

부록 A.1 구글에 '어도비 플랜' 검색 후 [Creative Cloud 가격 및 멤버십 플랜] 접속

- Adobe 플랜 구매 페이지: https://www.adobe.com/kr/creativecloud/plans

포토샵 플랜 선택하기

플랜 구매 페이지에서 아래로 스크롤하면 '포토그래피' 플랜과 'Photoshop' 플랜이 나옵니다.

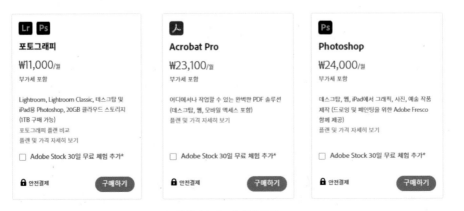

부록 A.2 포토샵 플랜 목록

포토샵(Photoshop) 플랜은 기본적으로 매월 24,000원을 결제해야 하지만, 포토그래피 플랜을 선택하면 매월 11,000원에 포토샵을 이용할 수 있습니다. 다만 포토그래피 플랜은 클라우드 저장 공간[1]과 생성 크레딧[2]의 양이 상대적으로 적습니다.

주의해야 할 점은 두 플랜 모두 1년간의 약정을 맺고 매달 비용을 지불하는 방식이라는 것입니다. 따라서 1년이 지나기 전에 해지할 경우 중도 해지 수수료가 부과됩니다. 이 수수료는 남은 약정 기간의 50%에 해당하는 큰 금액입니다. 중도 해지 수수료 없이 포토샵을 이용하고 싶다면 연간 약정을 맺지 않는 포토샵 플랜을 선택해야 합니다. 하지만 이 경우 매월 37,000원을 지불해야 하므로 비용 부담이 크게 늘어날 수 있습니다. 그러므로 포토샵을 구매할 때는 신중하게 고민하고 플랜을 결정해야 합니다.

아래는 포토샵을 이용할 수 있는 플랜을 정리한 표입니다.

플랜	가격	클라우드 저장 공간	생성 크레딧	중도 해지 수수료
포토그래피	11,000원/월	20GB	250/월	있음
Photoshop(약정 O)	24,000원/월	100GB	500/월	있음
Photoshop(약정 X)	37,000원/월	100GB	500/월	없음

부록 A.3 포토샵을 사용할 수 있는 플랜 목록

어떤 플랜을 선택해야 할지 고민이라면 7일 동안 무료로 체험할 수 있는 체험판 플랜을 이용하는 것이 좋습니다. 체험판 플랜은 구글 검색창에 '포토샵 무료 체험판'으로 검색하면 나타나는 [Photoshop 무료 체험판 및 무료 다운로드] 페이지로 접속한 후 [무료 체험하기] 버튼을 클릭해 이용할 수 있습니다.

---

1   공식 명칭은 클라우드 스토리지(Cloud storage)로 포토샵을 개발한 Adobe에서 제공하는 웹 저장 공간입니다.
2   생성형 AI 기능을 사용하기 위해 필요한 자원입니다. 기능을 사용할 때 1개의 크레딧을 소모합니다.

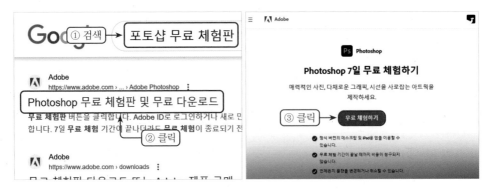

부록 A.4 포토샵 무료 체험판 웹 페이지

포토샵 설치하기

플랜을 결제하고 나면 포토샵을 설치하기 위해 어도비 크리에이티브 클라우드(Adobe Creative Cloud) 페이지로 이동해야 합니다. 주소창에 아래 주소를 입력해 접속합니다.

- Adobe Creative Cloud 웹 페이지: https://creativecloud.adobe.com

어도비사의 모든 프로그램은 어도비 크리에이티브 클라우드에서만 내려받을 수 있습니다. 원활한 사용 환경을 어도비 크리에이티브 클라우드의 PC 버전 앱을 설치합니다. 어도비 크리에이티브 클라우드는 페이지 오른쪽에 있는 [Creative Cloud 앱 설치] 버튼을 클릭해 내려받을 수 있습니다.

부록 A.5 브라우저를 최대화하면 우측에 나타나는 메뉴

또는 페이지 상단에 나열된 목록에서 어
도비 크리에이티브 클라우드 데스크탑
버전을 찾아 [다운로드] 버튼을 클릭해
내려받을 수 있습니다.

부록 A.6 '제안됨' 목록에 표시된 Creative Cloud 데스크탑 버전

설치가 완료되면 프로그램을 실
행합니다. 어도비 크리에이티브
클라우드가 열리면 오른쪽 상단
에 있는 사용자 아이콘을 클릭하
고 [환경 설정]을 클릭합니다.

부록 A.7 Creative Cloud PC 앱 사용자 메뉴

환경 설정 창이 나타나면 [앱]을 클릭한 후 '기본 설치 언어'를 한국어에서 [English
(International)]로 변경합니다. 이렇게 설정하면 어도비사의 모든 프로그램이 영문 버전
으로 설치됩니다.

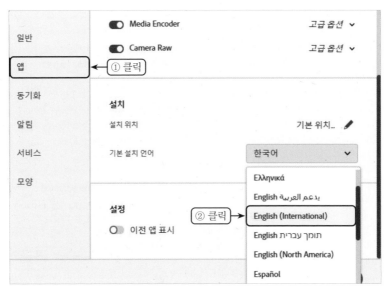

부록 A.8 Creative Cloud PC 앱 환경 설정 창

한글 버전 대신 영문 버전을 설치하는 이유는 인터넷에서 공유되는 대부분의 포토샵 자료가 영문 버전을 기반으로 하고 있기 때문입니다. 포토샵은 매우 다양한 기능을 제공하고 있습니다. 이러한 포토샵의 기능을 이 책에서 모두 다룰 수는 없기 때문에 새로운 기능을 인터넷에서 학습하려면 영문 버전으로 설치하는 것이 좋습니다. 설정을 마쳤다면 [완료] 버튼을 클릭해 변경 사항을 저장합니다.

이어서 포토샵을 설치하기 위해 '내 플랜에서 사용 가능'이라는 문구가 있는 곳에서 포토샵 프로그램을 찾고 [설치] 버튼을 클릭합니다.

부록 A.9 '내 플랜에서 사용 가능' 목록에 표시된 포토샵

설치가 완료되면 포토샵이 '설치됨' 문구가
있는 곳으로 이동합니다. 상단으로 스크롤
해 포토샵을 찾고 [열기] 버튼을 클릭해 포
토샵을 실행합니다.

부록 A.10 '설치됨' 목록으로 이동한 포토샵

기본 환경 설정

포토샵을 사용할 때 기본적으로
알고 있어야 하는 몇 가지 설정
을 살펴보겠습니다. 먼저 화면
왼쪽 상단에 있는 [New file]을
클릭합니다.

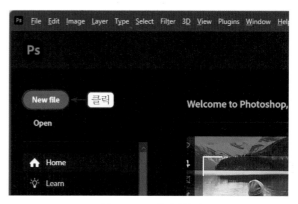

부록 A.11 포토샵 시작 화면

그럼 새로 제작할 프로젝트의 캔버스 옵션을 설정할 수 있는 창이 나타납니다. 창 상단에
는 원하는 작품의 유형에 따라 미리 설정된 값을 적용할 수 있는 버튼이 나열돼 있습니다.
이중에서 [Web]을 선택하겠습니다.

오른쪽 영역에서는 프로젝트의 제목과 캔버스의 크기 등을 설정할 수 있습니다.
[Artboards]라는 옵션은 다양한 해상도에 대응하기 위해 선택하는 추가 옵션입니다. 이번
작업에서는 필요하지 않으므로 해제하겠습니다.

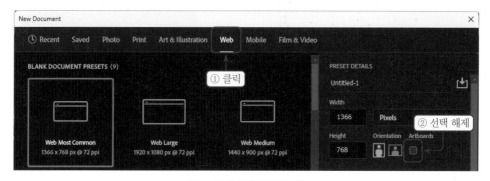

부록 A.12 새 프로젝트 생성 화면

나머지 설정은 그대로 두고 [Create]를 클릭해 새로운
프로젝트를 생성합니다.

부록 A.13 프로젝트 생성 메뉴

이후 본격적인 작업에서는 프로젝트를 새로 생성하는 과정 없이 이미지를 드래그해 붙여
넣는 방식을 사용할 것입니다. 그러므로 프로젝트를 설정하는 구체적인 과정은 생략하겠
습니다.

포토샵의 기본 화면 구성은 다음과 같습니다.

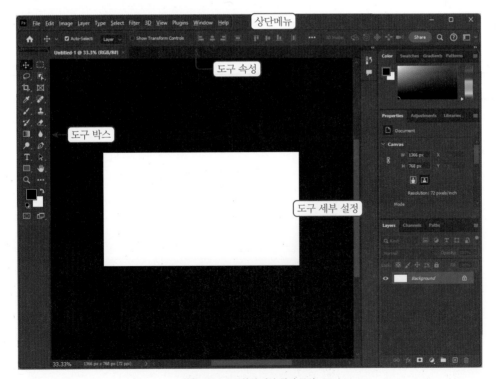

부록 A.14 포토샵의 기본 화면 구성

■ 상단 메뉴

새로운 파일을 열고 닫을 때, 캔버스 크기를 조절할 때 또는 사진의 색을 보정할 때 사용하는 메뉴입니다.

■ 도구 박스

포토샵에서 가장 많이 사용하는 기본 도구가 모여 있는 목록입니다. 도
구 박스가 한 줄로 표시되면 좌측 상단에 화살표를 클릭해 두 줄로 확장
할 수 있습니다.

부록 A.15 한 줄로 표시된 도구 박스

도구에 마우스 커서를 올리면 해당 도구의 이름과 역할을 확인
할 수 있습니다.

부록 A.16 도구의 이름과 역할

또한 도구에 마우스 커서를 올린 상태에서 마우스 오른쪽 버튼을 클릭하
면 해당 도구와 유사한 역할을 하는 다른 도구를 선택할 수 있습니다.

부록 A.17 유사한 다른 도구

■ 도구 속성

도구를 선택했을 때 부가적으로 설정할 수 있는 속성이 표시되는 목록입니다. 특별한 경우가 아니면 거의 사
용하지 않는 메뉴입니다.

■ 도구 세부 설정

도구를 선택했을 때 세부적으로 조정할 수 있는 창이 모여 있는 메뉴입니다.

만약 메뉴의 위치가 원치 않게 변경됐다면 상단에 [Window] – [Workspace] – [Reset Essentials]를 클릭해 모든 메뉴를 초기 화면 구성으로 복원할 수 있습니다.

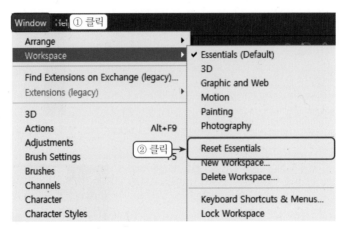

부록 A.18 초기 화면 구성으로 복원하는 메뉴

알고 있으면 좋은 포토샵 기능

포토샵은 사진 편집을 위한 매우 다양한 기능을 제공하고 있습니다. 이러한 다양한 기능은 사진 편집에 대해 무궁무진한 기회를 제공하지만, 그 기능이 너무나 방대해서 무엇부터 해야 할지 모르는 막막함을 주기도 합니다. 그래서 많은 기능을 하나하나 살펴보는 것보다는 활용하려는 목적에 맞는 필요한 기능만 살펴보는 것이 포토샵을 가장 빠르고 효과적으로 사용할 수 있는 방법입니다.

포토샵이 제공하는 기능 중에서 게임 이미지 리소스를 다듬기 위해 알고 있어야 하는 필수적인 기능과 유용한 기능을 자세히 알아보겠습니다.

기본 기능과 단축키

📁 예제 파일: ch04/2.5D 안방.png

먼저 모든 작업에 기초가 되는 기본 기능 중에서 잘 사용하지 않는 것은 제외하고 꼭 알고 있어야 하는 기능 위주로 알아보겠습니다. 각 기능의 단축키는 팔호 안에 표시됩니다.

이미지 불러오기

왼쪽 상단의 [File]을 클릭하고 [Open...]을 클릭해 원하는 이미지를 포토샵으로 불러올 수 있습니다. 자료 폴더에서 '2.5D 안방.png' 이미지를 불러옵니다.

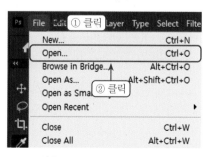

부록 B.1 외부 파일 불러오는 옵션

또는 해당 이미지를 드래그해서 바로 붙여 넣을 수도 있습니다. 이미지를 편집 영역에 붙여 넣으면 기존 프로젝트의 레이어로 추가되고, 그 외에 다른 부분에 붙여 넣으면 이미지의 크기에 맞게 새로운 프로젝트가 생성됩니다.

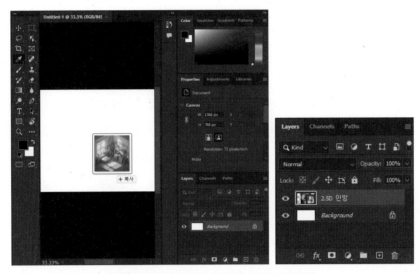

부록 B.2 편집 영역에 불러온 이미지는 레이어로 추가됨

부록 B.3 편집 영역이 아닌 부분에 불러온 이미지는 새로운 프로젝트로 추가됨

시작 화면에서 이미지를 붙여 넣으면 바로 새로운 프로젝트를 만들 수도 있습니다. 이렇게 하면 빈 캔버스를 만들어야 하는 작업을 생략하고 작업을 빠르게 진행할 수 있습니다.

부록 B.4 포토샵 시작 화면에 이미지 드래그 앤드 드롭해 붙여 넣기

화면 이동 (단축키: 스페이스바)

도구 박스에서 Hand Tool(🖐) 도구를 선택하면 화면을 움직일 수 있습니다. 다른 도구를 이용 중일 때 스페이스바를 누르면 Hand Tool로 전환되고 손을 떼면 원래 도구로 전환됩니다. 작업 속도를 향상시킬 수 있는 중요한 기능 중 하나입니다.

화면 축소와 확대 (단축키: Alt + 마우스 휠[3])

도구 박스에서 Zoom Tool(🔍) 도구를 선택하면 화면을 축소하거나 확대할 수 있습니다. 또는 Alt 키를 누른 채로 마우스 휠을 위아래로 움직여 축소하거나 확대할 수 있습니다. 이는 세밀한 부분을 살펴보거나 전체적인 그림을 파악할 때 유용한 기능입니다.

영역 선택 도구

포토샵에서 영역을 선택하는 것은 매우 중요한 작업입니다. 특정 부분을 추출하거나 이동시킬 때, 특수한 효과를 넣거나 포토샵이 제공하는 인공지능 기능을 사용할 때 필수적입니다. 가장 중요한 요소인 만큼 영역을 선택할 때 활용할 수 있는 도구를 다양하게 제공하고 있습니다. 이 도구들의 차이점과 사용 용도는 다음과 같이 정리할 수 있습니다.

---

3 macOS에서는 Alt + 마우스 휠 대신 option + 마우스 휠을 사용합니다.

- Marquee Tool (단축키: M)

Marquee Tool(■)은 영역을 사각형이나 원형으로 선택할 때 주로 사용하는 도구입니다. 단축키는 M입니다.

부록 B.5 Marquee Tool로 직사각형 영역 선택

Single Row Marquee Tool(■)과 Single Column Marquee Tool(■)은 각각 가로줄과 세로줄에 1픽셀 크기의 영역을 선택하는 도구입니다. 이미지의 얇은 스크래치 선이나 접힌 선과 같이 미세한 부분을 수정할 때 유용합니다.

- Lasso Tool (단축키: L)

Lasso Tool(■)은 펜으로 그림을 그리듯이 영역을 선택할 수 있는 도구로 물체의 형태에 맞게 선택할 때 주로 사용합니다. 단축키는 L입니다.

부록 B.6 Lasso Tool로 물체 형태와 유사한 영역 선택

- Object Selection Tool (단축키: W)

  Object Selection Tool(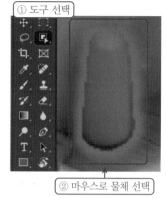) 도구를 사용하면 이미지에 있
  는 특정 요소를 자동으로 선택할 수 있습니다. 도구를 선택
  한 상태에서 원하는 물체를 클릭하거나 물체 주변 영역을
  드래그하면 자동으로 물체의 윤곽선에 맞는 선택 영역이
  만들어집니다. 단축키는 W입니다.

  이 방법은 물체가 배경과 뚜렷하게 구별돼 있을 때 가장 좋
  은 성능을 발휘합니다.

부록 B.7 Object Selection Tool로 물체 선택

- 선택 영역 색으로 채우기 (단축키: Alt + Delete[4])

  원하는 영역을 선택한 상태에서 Alt 키와 Delete 키를 동시에 누르면 선택한 영역이 전경색으로 채워집니다.

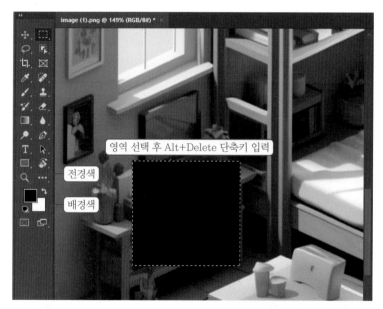

부록 B.8 전경색으로 채운 선택 영역

---

4 macOS에서는 Alt + Delete키 대신 option + Delete키를 사용합니다.

영역을 선택한 상태에서 단축키 Ctrl + Delete[5]를 눌러 선택한 영역을 배경색으로 채울 수 있습니다.

부록 B.9 배경색으로 채운 선택 영역

유용한 기능과 단축키

이번에는 특정 상황에서 자주 쓰이는 유용한 기능들을 살펴보겠습니다. 앞서 기본 기능을
살펴볼 때와 마찬가지로 단축키는 각 항목의 괄호 안에 표시됩니다.

Pen Tool로 특정 요소 정교하게 잘라내기 (단축키: P)

도구 박스에 있는 Pen Tool( ) 도구는 Object Section Tool( ) 보다 번거로운 작
업을 해야 하지만 그만큼 정교한 영역을 선택할 수 있습니다. 단축키는 P입니다. 정교
하게 영역을 선택할 수 있도록 먼저 가시성을 높여야 합니다. 상단에 위치한 도구 속성
메뉴에서 Path로 선택된 옵션을 [Shape]로 변경합니다.

부록 B.10 Pen Tool의 펜 속성을 Path에서 Shape로 변경

---

5 macOS에서는 Ctrl + Delete키 대신 command + Delete키를 사용합니다.

Fill 색상은 투명색으로 설정하고 Stroke는 눈에 띄는 색상으로 설정한 뒤 두께를 1px 로 설정합니다.

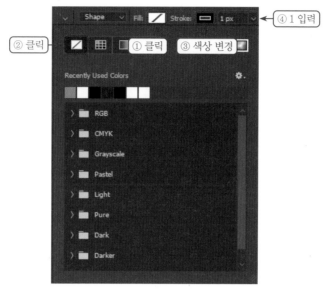

부록 B.11 Pen Tool의 선 속성 변경

Pen Tool(🖊)로 원하는 물체의 영역을 지정한 후 오른쪽 하단의 레이어 창에서 이름 이 Shape-(숫자) 형태로 된 레이어를 찾습니다. Ctrl[6] 키를 누른 상태에서 해당 레이어 의 썸네일을 클릭하면 Pen Tool로 지정한 영역을 선택할 수 있습니다.

부록 B.12 레이어의 썸네일을 클릭해 영역 선택

6   macOS에서는 Ctrl키 대신 command키를 사용합니다.

이제 해당 물체가 있는 원본 이미지의 레이어(이 예시에서는 Background)에서 복사(Ctrl + C[7]) 후 붙여넣기(Ctrl + V[8]) 단축키를 눌러 선택 영역을 잘라낼 수 있습니다.

부록 B.13 배경 레이어를 선택한 상태에서 선택 영역 잘라내기

Pen Tool은 가장 정교하게 요소를 추출할 수 있는 도구 중 하나이므로 사용 방법을 익혀 두는 것이 좋습니다.

요소 크기 조절

추출한 물체의 크기를 원활하게 조절하기 위해 Move Tool(⊕)로 물체를 선택한 후 상단의 도구 속성에서 Show Transform Controls를 활성화합니다.

부록 B.14 Move Tool로 물체를 선택하면 나타나는 속성

이 설정은 기본적으로 요소의 원래 비율을 유지한 채 크기를 조절합니다.

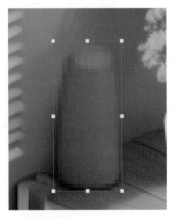

부록 B.15 물체를 클릭하면 나타나는 크기 조절 옵션

---

7 macOS에서는 Ctrl + C키 대신 command + C 키를 사용합니다.

8 macOS에서는 Ctrl + V키 대신 command + V 키를 사용합니다.

고정된 비율을 해제하려면 물체의 크기를 조절하는 영역을 클릭한 뒤 상단의 도구 속성에서 체인 모양 아이콘을 클릭합니다. 또는 Shift 키를 누른 상태로 크기를 조절하면 자동으로 고정된 비율이 해제됩니다.

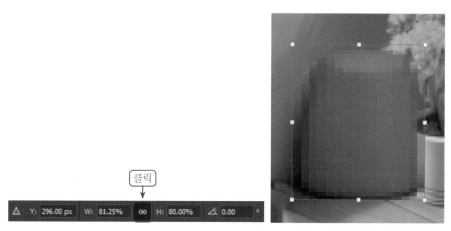

부록 B.16 원본 비율을 해제한 상태로 물체의 크기 변경

도구를 사용해 특정 요소 제거하기 (단축키: J)

Spot Healing Brush Tool(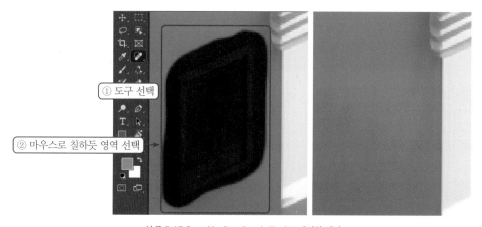) 도구를 사용하면 이미지에 있는 특정 요소를 제거할 수 있습니다. 단축키는 J입니다. 제거하고자 하는 요소를 색칠하듯이 선택하면 해당 부분을 제거하고 주변 배경으로 자연스럽게 합성됩니다. 제거하려는 요소에 정확히 맞춰 선택하기보다는 주변 부분까지 여유롭게 선택하는 것이 좋습니다.

부록 B.17 Spot Healing Brush Tool로 제거한 액자

Fill 기능으로 특정 요소 제거하기 (단축키: Shift + F5)

이미지에서 특정 요소를 제거하기 위해 Fill 기능을 사용할 수도 있습니다. 제거하고 싶은 영역을 선택한 후 Shift 키와 F5 키를 함께 누르면 Fill 창이 나타납니다. 각 옵션을 다음과 같이 설정한 뒤 [OK]를 누르면 요소가 제거되고 배경과 자연스럽게 합성됩니다.

- Contents: Content-Aware
- Color Adaptation: 활성화
- Blending Mode: Normal
- Blending Opacity: 100%

부록 B.18 Fill 기능으로 액자 제거

찾아보기